COACHING &
AUTORREALIZAÇÃO

Descubra como a PNL e a neurossemântica podem ajudar na conquista da autorrealização e superação pessoal e profissional

Apresentação
Michael Hall, Ph.D.

Coordenação editorial
André Percia
Lídia Batista
Mauricio Sita

Literare Books
INTERNATIONAL
BRASIL · EUROPA · USA · JAPÃO

Copyright© 2016 by Literare Books International Ltda
Todos os direitos desta edição são reservados à Literare Books International.

Presidente:
Mauricio Sita

Capa e diagramação:
Cândido Ferreira Jr.

Revisão:
Débora Tamayose

Gerente de Projetos:
Gleide Santos

Diretora de Operações:
Alessandra Ksenhuck

Diretora Executiva:
Julyana Rosa

Relacionamento com o cliente:
Claudia Pires

Impressão:
Rettec

Dados Internacionais de Catalogação na Publicação (CIP)
(Câmara Brasileira do Livro, SP, Brasil)

Coaching & autorrealização : descubra como a PNL e a neurossemântica podem ajudar na conquista da autorrealização e superação pessoal e profissional / coordenação editorial André Percia, Lidia Batista e Mauricio Sita. -- São Paulo : Literare Books International, 2016.

Vários autores.
ISBN 978-85-9455-003-3

1. Autoajuda 2. Autorrealização 3. Carreira - Desenvolvimento 4. Coaching 5. Programação neurolinguística 6. Realização pessoal 7. Sucesso I. Percia, André. II. Batista, Lidia. III. Sita, Mauricio.

16-08660   CDD-158.1

Índices para catálogo sistemático:

1. Autorrealização : Coaching : Psicologia aplicada   158.1

Literare Books International Ltda
Rua Antônio Augusto Covello, 472 – Vila Mariana – São Paulo, SP
CEP 01550-060
Fone/fax: (0**11) 2659-0968
site: www.literarebooks.com.br
e-mail: contato@literarebooks.com.br

O COACHING DA AUTORREALIZAÇÃO

Aqui vai algo surpreendente sobre o campo de atuação do *coaching*: ele não surgiu para pessoas com problemas psicológicos. Não! Em vez disso, surgiu para pessoas normais que querem mais da vida. Quando o *coaching* despontou, na década de 1990, o campo de atuação da Psicoterapia já estava bem estabelecido há quase cem anos como uma forma de ajudar pessoas que sofriam ou eram traumatizadas numa vasta gama de problemas psicológicos. O *coaching* não surgiu para desafiar ou substituir a terapia. Nem para complementá-la.

Iniciando com a descoberta do "jogo interno" de Gallwey (1972) para pessoas que queriam ser o máximo que pudessem, o *coaching* surgiu para oferecer uma nova maneira de refletir sobre a psicologia do desenvolvimento adulto. Com efeito, o *coaching* nasceu dos entendimentos e pressupostos da Psicologia Humanista. A ideia original foi desencadeada pela descoberta surpreendente de Abraham Maslow quando ele identificou dois incríveis "bons espécimes humanos" em seus dois mentores "incrivelmente maravilhosos". Então, sendo um bom behaviorista, Gallwey decidiu estudar esses "bons humanos". Eventualmente isso o levou a modelar pessoas para desenvolvimento de seu pleno potencial – aquelas que exercitam suas capacidades totais, suas habilidades máximas, pessoas que de forma bem-sucedida fazem diferença no mundo.

Essa pesquisa conduziu a uma extensa descrição da autorrealização e suas características. Isso levou ao primeiro Movimento Potencial Humano, que buscou descobrir: de que modo as pessoas encontram e liberam seus mais elevados potenciais humanos? O que emergiu como resultado foi a Psicologia Humanista e, consequentemente, dezenas e dezenas de metodologias fortemente embasadas em habilitar pessoas a serem mais humanas, mais reais e mais bem-sucedidas. Quando o *coaching* explodiu em cena, na metade da década de 90, levou o mundo dos negócios a um turbilhão não como apenas mais um modismo, mas sim, como uma troca de paradigma sobre como considerar a liderança e a gestão de pessoas a fim de trazer à tona o melhor e liberar potenciais.

Muitos anos depois eu tive o privilégio de estudar o primeiro Movimento Potencial Humano (MPH) e descobrir o que matou esse movimento, como isso desencadeou dezenas de movimentos isolados e como esse Movimento foi o fundamento teórico e filosófico da Programação Neurolinguística (PNL). A partir daí, escrevi vários livros sobre Autorrealização: Liberte-se! (2007), Psicologia da Auto-Realização (2009), Liderança Libertada (2009), etc. Em seguida, ao criar os Quadrantes da Auto-Realização, nós, de Neuro-Semântica, lançamos o Novo Movimento de Potencial Humano (2005).

Qual a relação entre coaching e a autorrealização?

Coaching é a melhor metodologia que já encontramos para facilitar a descoberta, desenvolvimento e destravamento dos potenciais humanos, por meio dela uma pessoa pode desenvolver seus significados mais elevados, tornando isso em melhores desempenhos.

O que aprendemos nos últimos 80 anos sobre como funciona a autorrealização? Sabemos que essa é primariamente a função de dois mecanismos distintos – significado e desempenho disciplinado. Quando uma pessoa verdadeiramente realiza o seu melhor, isso lhe é altamente significativo, e ela empregou esforço e disciplina para refinar suas habilidades, e por isso é altamente competente.

Os quadrantes da autorrealização são estabelecidos sobre dois eixos: significado e desempenho. Com essa representação, demonstra a dinâmica entre essas duas variáveis e permite à pessoa identificar em que ponto do processo ela está. Você ou seu cliente tanto podem estar representados na esfera dos subdesenvolvidos (Quadrante I), um artista (II) ou um sonhador (III). Ou, se você considerou significado e desempenho juntos em uma síntese, então a sinergia das duas variáveis traduzirá os sonhos e ações da pessoa no estilo de vida dela, e assim você pode desenvolver potencialmente suas visões e valores mais elevados em seus melhores desempenhos essenciais (IV).

Isso explica por que o *coaching* enfoca essa dualidade – o que as coisas significam para você, como compreende o que está acontecendo, ter clareza sobre o que é importante, expor pontos cegos, estruturar significados mais saudáveis, reformular, etc., e então seguir adiante, agindo, praticando deliberadamente competências necessárias, sendo consistente na prática de algo, bem como sendo persistente e resiliente. Faça isso, e você conseguirá desenvolver potencialmente os talentos e possibilidades que são inerentes em você, e podendo, como *coach*, facilitar esse processo aos seus clientes.

Com essa descrição dos fatores duais da autorrealização (significado e tradução em ação), não é de admirar, portanto, que o *coaching* seja inerentemente desafiador. Aplicar o *coaching* é desafiar as pessoas a confrontar abertamente suas vidas, seus talentos e suas possibilidades, e despertá-las para suas responsabilidades inatas consigo mesmas. Aplicar o *coaching* é desafiar essas pessoas a descobrirem e assumirem sua própria responsabilidade quanto ao que é necessário para tornar seus sonhos em realidade. É desafiá-las a corajosamente vislumbrarem grandes coisas, desenvolverem habilidades em gestão de riscos, e a não se venderem por pouco.

O desafio é incorporado à ideia essencial do *coaching*, e ainda muito mais. Um *coach* precisa entender como o processo de destravamento funciona. Infelizmente, a maioria não o faz. E por que não? Porque não estudou ou não foi treinanda em Psicologia de Autorrealização. *Coaches* treinados em outras psicologias, ou em outros programas de desenvolvimento pessoal, terão, na melhor das hipóteses, apenas fragmentos de peças e perderão, terão falta de uma visão geral de como o destravamento funciona. Como sei disso? Perguntei a dezenas e dezenas deles!

Diga-me, como funciona a autorrealização? Quais são os mecanismos centrais pelos quais essa pessoa identifica possibilidades e então transforma tais potenciais em reais comportamentos e experiências? Como você destrava alguém dessas amarras, trazendo a pessoa de volta à ativa? Como você a libera para seus sonhos e significados, inspirando-a?

Bem poucos *coaches* podem responder a essas questões. Os que atuam com PNL geralmente são capazes de fazê-lo, e os de Neurossemântica são mais capazes de fornecer uma descrição completa, ferramentas de diagnóstico e de se envolverem nas habilidades mais exigidas para facilitar isso. Por quê? Porque nós os treinamos em Psicologia de Autorrealização.

Tem que ser significativo e significativamente exato

A PNL é essencialmente um Modelo de Comunicação, no cerne desse modelo está o Meta-Modelo de Linguagem pelo qual questionamos e desafiamos os clientes a se tornarem cada vez mais precisos, exatos e claros sobre seus sonhos. Por este modelo de linguagem, você pode efetivamente facilitar a primeira Conversa de *Coaching* – a Conversa Esclarecedora. É bastante improvável que você vá muito longe em termos de realização de potenciais se não tiver clareza e precisão suficientes acerca do que quer.

Exatidão e precisão vêm primeiro porque permitem que o sonho se torne em uma visão e em seguida no resultado desejado, direcionando o rumo da sessão de *coaching*. Este é o trabalho número um do *coach* – permitir ao cliente alcançar clareza na compreensão de si mesmo, de seus talentos, potenciais, e a como conseguir o melhor resultado de si mesmo. Enquanto "o mapa não é o território", uma pessoa precisa de um mapa realista, viável e exato para navegar bem pelo território.

Logo a seguir vem o significado. Nós treinamos a autorrealização em segundo lugar ao permitir aos clientes tornarem-se plenamente os criadores de significado que são, e a aumentarem seus poderes. Então, eles podem adicionar significados ricos e emocionantes à visão e eliminarem significados limitantes existentes sob a forma de crenças limitantes, entendimentos, suposições, etc. Muito do *coaching* foca aqui – como delimitar a si mesmo, a própria vida, como reconhecer quadros de significação, como reformular, como enquadrar novamente, etc. Dessa forma, o cliente torna-se cada vez mais capaz de projetar um futuro atraente para si mesmo e seus clientes.

Obviamente a significação envolve valores — valores ricos e revigorantes. Envolve identidade — quem a pessoa é em que está se tornando, significado e intencionalidade. Então o treinador desafia o cliente em termos de desenvolvimento dessas facetas de significado.

Tem que ser implementado, executado e incorporado

O significado e mesmo a significação não é o suficiente. Muitos *coaches* são capazes de despertar a visão e os sonhos, mas não são capazes de facilitar a transferência do significado para a vida do cliente, para que isso se torne a maneira dele de estar no mundo. Todavia, isso é essencial. Esta é a parte da autorrealização do *coaching*.

Em Neurossemântica chamamos a isso de brecha do Saber Fazer — e temos processos pelos quais podemos fechar essa brecha para que aquilo que uma pessoa imagina, sonha e constrói mentalmente possa ser transformado em competências comportamentais. Um processo pelo qual fazemos isso é o padrão Mente-Músculo. Esse padrão da Neurossemântica usa as palavras da pessoa e incorpora respostas (gestos, movimentos, voz, etc.) para envolver cada vez mais do corpo dela (Fisiologia e Neurologia) para ativar o que está na mente, e então isso é codificado em memória muscular.

O eixo de desempenho move-se da ignorância que leva à incompetência para os níveis de competência que resultam em conhecimento e, finalmente, à maestria. Nesse eixo reconhecemos mais de uma dúzia de fatores. São coisas que uma pessoa faz (executa) para implementar o que sabe. Dessa forma, o que é conceitual se torna executado na vida real. Isso o modifica de um sonho para ações de detalhe, estilo de vida e um modo de ser no mundo.

Coaching da autorrealização

Para ser um *coach* de autorrealização, você tem que saber o que as pessoas precisam. É aí que a hierarquia original de Maslow das necessidades humanas fornece uma poderosa ferramenta. Começamos com as necessidades inferiores, as quais são guiadas pelo mecanismo de deficiência. Você precisa dessas coisas, e quando elas lhe faltam, você é conduzido a ir atrás delas. Na verdade, por serem biologicamente fundamentadas, suas faculdades da mente e do corpo são chamadas para a ação, enquanto você experimenta a deficiência.

Você experimenta a deficiência quando está com fome e sede, quando é privado de oxigênio ou de dormir, quando não tem dinheiro suficiente para abrigo ou roupas. Essas são necessidades de sobrevivência. São necessárias para viver. E então há as necessidades de segurança e proteção – é sua necessidade de ter estabilidade na vida, para conhecer seu mundo, saber como proteger a si mesmo e à sua família, lidar com os desafios e riscos da vida inteligente. Quando essas necessidades não forem supridas, você vai sentir níveis debilitantes de stress, que vão vir à tona na forma de emoções negativas e todos os tipos de ansiedades.

Em seguida há suas necessidades de amor e carinho – as necessidades sociais. Estes são os requisitos para a saúde física e mental enquanto um ser social – de que você está conectado, você pertence. Esta é a necessidade de ligação, de toque, de sentir amor e cuidados, empatia e compreensão. E com as necessidades sociais vem a necessidade de se sentir valorizado e estimado. É a necessidade de saber que você importa, de que é alguém, que tem valor, que é tratado com dignidade e respeito.

Então, com a satisfação dessas necessidades inferiores, ao menos num nível mínimo, as necessidades maiores e humanas emergem. Isso acontece porque as necessidades de menor deficiência são necessidades animais. Os animais de inteligência mais elevada precisam dos valores desses primeiros quatro níveis. Satisfazer somente essas necessidades é ser apenas "um bom animal". As necessidades humanas peculiares aparecem depois das necessidades inferiores.

As necessidades mais elevadas começam com conhecimento, informação, significado, significação, e então assumem a forma dos muitos aspectos do significado – beleza, música, ordem, justiça, igualdade, lealdade, excelência, matemática, contribuição, fazer a diferença, dar amor, compaixão, etc. Este é verdadeiramente o reino humano. Quando você entra nele, o mecanismo direciona essas necessidades a mudar. Já não é a deficiência que impulsiona essas necessidades, é a abundância. Maslow as chamou necessidades-existenciais, porque trata-se de ser quem e o quê você é e pode ser. Não tem a ver com fazer ou ter. E quando você satisfaz essas necessidades, elas não vão embora. Não! Em vez disso, elas crescem. Elas se expandem, aumentam a capacidade, e você quer mais.

Com a deficiência conduzindo as necessidades inferiores, quando você as satisfaz, elas se vão. Elas se reduzem porque não mais motivam você. Com a abundância dirigindo as necessidades mais elevadas, quando você as satisfaz, elas se expandem e crescem. O primeiro caso é um padrão "quanto mais, menos"; o segundo é um padrão "quanto mais, mais". Muito diferente. E importante para o *coach* de autorrealização conhecer. Há muito mais para o processo de *coaching* de autorrealização. Você vai encontrar muito mais do que aqui neste livro. Mais pode ser descoberto nos livros de Maslow, assim como no meu próprio.

L. Michael Hall, Ph.D.

Sumário

1 **Planejamento de metas**
Adalberto Barbosa Ribeiro — p. 11

2 **Sucesso × valores**
Alan Oliveira & André Borzi — p. 19

3 **Assumindo o controle de suas crenças inconscientes**
Ana Carolina Almeida — p. 25

4 **Jogando xadrez**
André Luiz dos Santos — p. 31

5 **Os sete passos para adotar escolhas assertivas**
Ariadine Coelho — p. 39

6 **Avaliação DISC como ferramenta de suporte ao coach**
Athon Côrtes — p. 47

7 **Mapeando sua mente, produzindo um mapa da sua vida**
Ayumi Matsui Noé — p. 55

8 **As crenças e significados e a autorrealização**
Beatriz Bruehmueller — p. 63

9 **Você pode e consegue o que desejar**
Carla Ruggeri — p. 71

10 **Coaching vocacional**
Carmen Adell — p. 79

11 **Coaching: uma profissão com propósito e alma**
Cirlei Moreno — p. 87

12 **Empreenda você mesmo. Dez atitudes que vão levar você ao sucesso!**
Clarissa Dantas & Laira Lopes — p. 95

13 **Estratégia da felicidade**
Cristiana Wadt & Giobert M. Gonçalves Jr. — p. 103

14 **Despertando potenciais**
Cristiano Moreira — p. 111

15 **A significância do significado**
Dilnéa Cesone — p. 119

16 **Autorrealização e comunicação compassiva**
Eduardo Estellita — p. 127

17 **A autorrealização como consequência da autoliderança**
Eduardo Sakai — p. 135

18 **Desperte! Sua melhor versão está lhe esperando!**
Eliene da Silva Santos — p. 143

19 **Coaching e comunicação**
Fernando Augusto — p. 151

20 **O líder coach e a maturidade aplicável à tarefa**
Fernando Borges Vieira — p. 159

21 **Coaching e autorrealização**
Hilton Nascimento — p. 165

Sumário

22 — Qualidade de vida melhor para participantes de programas de preparação para a aposentadoria
José Floro — p. 173

23 — Excelência: do significado à performance
Juliana Karklis — p. 181

24 — As competências essenciais para realizar o seu melhor eu!
Juliana Leal — p.189

25 — Autorrealização: superar limites em busca dos objetivos
Junior Braz — p. 197

26 — Autorrealização
Lene Oliveira — p. 205

27 — O poder extraordinário do perdão para uma vida de sucesso e prosperidade
Leonardo Oliveira — p. 211

28 — Vida com propósito: o segredo para a autorrealização
Lídia Batista — p.217

29 — Coaching e o resgate do poder de ação
Lilah Kuhn — p. 225

30 — Coaching com PNL na prática
Lúcia Roberta A. Luna & Cesar Alves Campanha — p. 233

31 — Entre, fique à vontade! A casa é sua!
Luiz Márcio Andrade — p. 241

32 — A teoria dos três autos – a chave para a autorrealização
Manuel Cortez — p. 249

33 — Meditação - processo facilitador no alcance da autorrealização
Maria Cristina Pesce — p. 257

34 — Experimente ser você e construa uma carreira de sucesso
Marta Andrade — p. 265

35 — Processo de coaching: uma arte
Neide Izabel Minati — p. 273

36 — Canvas como ferramenta de coaching para a autorrealização
Reinaldo Koei Yonamine — p. 281

37 — Autorrealização – o trabalho de uma vida!
Reinaldo Paiva — p. 289

38 — Você: o grande criador de significados
Sandra Regina Amaral Martinhago — p. 297

39 — Qualidade de vida
Silvio Laranjeira — p. 305

40 — Shangri-LÁ ao alcance de todos
Simone Negrão — p. 313

41 — Coaching & autorrealização: PNL ressignificando crenças para o sucesso
Taís G. Santos & Prof. Douglas de Matteu, Ph.D. — p. 321

42 — O coaching a serviço de tornar as pessoas mais leves e confiantes na vida
Terezinha Lorenzon — p. 329

43 — Quem você pensa que é?
Valéria Abreu — p. 337

1

Planejamento de metas

"Qualquer coisa na vida que valha a pena ter vale a pena trabalhar para ter!"
Andrew Carnegie

Adalberto Barbosa Ribeiro

Adalberto Barbosa Ribeiro

Pedagogo formado pela Universidade Vale do Acaraú. *Master practitioner* formado pela Unipensi. *Coach* executivo formado pela Unipensi. *Coaching* integral sistêmico formado pela Febracis. Analista Soar formado pela SOAR Global Institute. *Coaching* de carreira no Método Carma, escritor.

Contatos
www.adalbertobarbosa.com.br
Facebook: Adalberto Barbosa Coach
(85) 99921-2661

Vou compartilhar um pouco da minha vida e dos desafios por que passei. Por algum tempo fui resistente a mudanças; achava, quando criança, que meu pai iria se aposentar pela empresa em que trabalhava, e tudo seria e continuaria às mil maravilhas, porém, com o passar do tempo, grandes transformações foram acontecendo. Houve a chegada da CPU, da linguagem DOS e, aos poucos, do famoso Windows, tudo em apenas 15 ou 20 anos, e eu achando que isso acontecia apenas em filme de ficção. Então, chegaram a internet – primeiro por telefone, depois a que temos hoje, com fibra óptica, e por rádio – e os celulares, e desde essa época comecei a compreender a seguinte frase:

"Nada é permanente, exceto a mudança."
Heráclito

Foi então que fichas caíram, e a realidade que se apresentava a minha frente estava me mostrando que precisava aceitar as mudanças, buscar o conhecimento necessário e parar com o pensamento rígido e inflexível de que tudo era para sempre.

Após perder meu emprego, que imaginava ser para sempre, tive de buscar novos cursos, uma vez que, durante o período em que estava empregado, não havia me atualizado, o que acabou me prejudicando. Em razão disso, precisava procurar uma forma de voltar ao mercado de trabalho. Nesse período, observei que para algumas oportunidades de emprego havia inúmeras exigências e também que algumas pessoas, quando empregadas, acomodam-se em sua zona de conforto.

Então me vi diante de uma situação nova, na qual não sabia aonde ir, que rumo seguir; o futuro parecia-me incerto. No entanto, tive o apoio de minha família e consegui, graças a essas novas dificuldades, fazer um curso por uma empresa de recolocação profissional. Depois do contato com o professor, que é *coach*, iniciei meus estudos de programação neurolinguística (PNL) e, em seguida, o processo de *coaching*.

Estou contando resumidamente o que aconteceu comigo para mostrar a você, caro leitor, como é importante contar com a ajuda das pessoas, sejam parentes, sejam amigos, bem como fazer um planejamento pessoal e profissional.

Observe: antes de perder o emprego, eu não tinha um planejamento de vida. Mas, após perdê-lo, tive de organizar minha vida para essa nova realidade e compreendi o que é gostar de planejar. Até então minha vida havia sido meio atrapalhada, desorganizada, não tinha um propósito. Eu estava literalmente deixando a vida me levar, no automático, sem compreender que, se estava desempregado, não era por culpa da empresa, ou da economia, mas sim por causa de mim mesmo, pois compreendi que profissionais são responsáveis por si mesmos, investem horas de seu tempo planejando e estudando a fim de continuar atualizado, evitando, assim, a zona de conforto.

Caro leitor, compreenda que tudo aquilo que deseja realizar nesta vida – passar no vestibular, comprar uma casa, casar, ter filhos, ser um profissional reconhecido, ser um executivo de alto desempenho, preparar-se para a aposentadoria ou algo ainda mais simples – requer planejamento, ou seja, parar suas tarefas diárias por um tempo, mesmo em casa após um dia de trabalho e de estudo, e refletir respondendo às seguintes perguntas básicas.

O que quero ser, ter e fazer em três anos? O que quero ser, ter e fazer em cinco anos? O que quero ser, ter e fazer em dez anos? E, se tudo o que escrevi não acontecer, você tem um plano B?

Sim, posso estar repetindo o que outros professores falam e outros autores escrevem, porém, para que seus sonhos aconteçam, é preciso refletir um pouco. Podem ser minutos, horas ou dias, o importante é, nesse tempo, conseguir estabelecer e escrever suas metas, procurando defini-las o mais especificamente possível, ou seja, definir a data de início, como alcançá-las e a data para concluí-las.

Consegue perceber que essas são três questões básicas de um planejamento?

Infelizmente, só ouvi falar na palavra planejamento em 2003, quando fazia um curso, e compreendi que nosso país passava por grandes mudanças, e termos como planejamento empresarial e planejamento familiar, entre outros, deixavam de ser assuntos específicos voltados apenas a algumas pessoas e precisavam ser conhecidos por toda a sociedade.

Lembre-se: na descrição de uma meta, você precisa definir e colocar no papel o que deseja ser, fazer e ter, observar como fará para realizar, a data de início e a de conclusão. Com um planejamento adequado, você é capaz de evitar dissabores, seja em sua vida pessoal – com o orçamento domiciliar, o futuro dos filhos, a saúde de toda a família –, seja em sua vida profissional, em sua empresa ou indústria.

Explicando assim, parece simples, não é mesmo? Então, por que algumas pessoas não conseguem colocar seus sonhos no papel nem alcançá-los?

Porque algumas pessoas precisam mudar seus próprios hábitos e assumir compromissos que antes não precisavam; e nada melhor que um profissional *coach* para ajudá-lo a organizar e traçar esse planejamento pessoal e profissional.

Ser autorrealizável tem a ver com planejar o tempo necessário, analisando os prós e os contras das escolhas que se desejar fazer, sempre lembrando que você é a única pessoa responsável pela vida que leva hoje. Assim, é fundamental perceber e assumir a responsabilidade por aquilo que acontece em sua vida, seja bom, seja ruim, pois foi em razão de suas escolhas anteriores que elas ocorreram. Portanto, antes de começar seu planejamento, reflita sobre os pilares espiritual, vida conjugal, filhos, saúde e parentes; além dos pilares profissional, financeiro, social, emocional, entre outros.

Lembre-se de que, ao refletir sobre cada um desses pilares, você precisa usar o pensamento sistêmico.

Eu explico. Pensamento sistêmico consiste em pensar nas pessoas envolvidas no processo de mudança que você deseja realizar em sua vida e, quando ao tomar uma decisão ou fazer uma escolha, seus familiares, parentes, amigos, diretores, chefes, subordinados, colaboradores, todos eles vão sentir as mudanças.

Adalberto, eu preciso pensar em todos os envolvidos?

Sim, precisa, porque, pensando nos envolvidos, evitará possíveis infelicidades, prejuízos financeiros, entre outros. Por esse motivo, ao usar a palavra planejamento, compreenda que não é possível realizar escolhas para sua vida sem que você envolva as outras pessoas que fazem parte dela.

Deixe-me dar alguns exemplos simples.

Vamos dizer que você escolha melhorar sua forma física, entretanto gosta de comer doces, beber refrigerantes ou tomar bebidas fermentadas e, neste momento, você tem amigos que o acompanham. Mas, como você escolheu melhorar a forma física, sua nutricionista explicou que você precisará diminuir eventuais saídas, bebidas e doces, portanto seus amigos também estarão envolvidos nesse processo.

Vamos a outro exemplo. Digamos que você escolha mudar de emprego, mas tem esposa e filhos. Nesse caso, eles serão afetados por sua escolha, pois precisarão se adaptar.

Quando definir o que deseja, passará para a etapa de se perguntar como conseguirá alcançar tal meta, correto?

> "Se eu não tenho, é porque eu não sei; porque, se soubesse, já teria."
> Paulo Vieira
> Presidente da Febracis

Agora, pergunto: você tem o conhecimento necessário para fazer tudo aquilo que planejou para alcançar sua meta?

Eu, Adalberto, não tinha, mas agora sei onde buscar o conhecimento. Em razão disso, posso alcançar minhas metas?

Se sua resposta for sim, siga adiante, vá para outra etapa do processo.

Mas, se sua resposta for não, sugiro que pare, pense e responda: como conseguirá o conhecimento necessário para alcançar sua meta ou seu sonho?

Hoje, a tecnologia, o ensino a distância (EAD), os cursos *on-line* e as plataformas de ensino tornaram acessível a busca por esse conhecimento que falta (lembre-se de que sou da geração que viu o surgimento da CPU, da internet e do celular e tive de me adaptar urgentemente às mudanças; foi algo que fiz para sobreviver na vida profissional e pessoal, mas atualmente você tem um aparato maravilhoso a seu dispor).

O estudante pode realizar um plano de estudos visando entrar no mercado de trabalho; o empreendedor pode estudar para construir um negócio; o executivo pode estudar formas de liderar melhor; e o aposentado pode estudar e, com base em sua experiência de vida, ensinar o caminho aos mais novos.

Consegue observar que é um ciclo?

Uma ou outra variação pode acontecer, mas em todas as faces de nossa vida é preciso colocar foco especial no planejamento para alcançar nossos sonhos.

Dica: pessoas como mentores, professores e empresários adoram ajudar contando suas experiências e mostrando, de forma simples, em que momentos cometeram equívocos e quando tiveram êxito em suas escolhas. Por isso, a orientação delas pode ajudá-lo a encontrar o melhor caminho para buscar suas metas.

E, claro, é imprescindível determinar uma data de início e uma de fim, pois, desse modo, você estimula seu compromisso de alcançar o que deseja.

Durante esse caminho e após o período de planejamento, quando iniciar a ação para alcançar suas metas, lembre-se de comemorar as pequenas conquistas, procurando adquirir flexibilidade para, se necessário, adaptar-se a possíveis melhorias no planejamento.

Pequenas conquistas são coisas simples, por isso muitas vezes você não as percebe e, portanto, não as valoriza, porém nossos familiares, amigos, entre outros, as veem.

Digamos, por exemplo, que você tenha a meta de eliminar dez quilos em três meses. A meta para cada mês é emagrecer 3,3 quilos, porém, no primeiro mês, você conseguiu eliminar dois quilos. Essa foi uma pequena vitória, pois houve mudança dos hábitos alimentares. Comemore isso!

Outro exemplo é quando se deseja aprender a guardar 10 % para a aposentadoria, mas se conseguiu guardar 2%. Comemore!

Lembre-se: comemorar essas pequenas conquistas vai fortalecê-lo e deixá-lo mais próximo de suas metas, tornando-o uma pessoa ou um profissional autorrealizado. E, compreenda, mudança de hábitos demanda tempo e prática diária.

A autorrealização na vida de uma pessoa pode ocorrer de várias formas, como comprar uma casa, fazer uma viagem internacional, pagar um bom colégio para seu filho, aprender uma nova língua, voltar a frequentar a universidade após os 70 anos ou, ainda mais simples, aprender a ler.

Por meio do processo de *coaching*, você será orientado a eliminar ou evitar o que chamo de falta de propósito para a vida.

Quando não temos um propósito definido, podemos cair em armadilhas, entre as quais posso citar:

- ° Ansiedade
- ° Insatisfação
- ° Depressão
- ° Irritação

Quando você tem um propósito bem definido e consegue montar um planejamento com seu *coach*, pode evitar o que citei, ou qualquer outra coisa, e, mesmo que algum imprevisto aconteça, terá força para dar a volta por cima e continuar, pois, com o *coach*, você conseguirá, por meio dos exercícios propostos e de acompanhamento, construir uma visão de futuro, compreenderá e terá flexibilidade para melhorar o caminho e alcançará suas metas.

Lembre-se dessas palavras quando estiver buscando alcançar suas metas:

> "Deus, dê-me a serenidade para aceitar as coisas que eu não posso mudar, coragem para mudar as coisas que eu possa e sabedoria para que eu saiba a diferença: vivendo um dia a cada vez, aproveitando um momento de cada vez..."

No caminho que desejar seguir, mesmo realizando um planejamento com escolhas que respeitem o pensamento sistêmico, usando a autorresponsabilidade, você precisa compreender que tudo está interligado.

Então, eu, Adalberto, não posso ser irresponsável e dizer que, realizando todos os exercícios, respeitando todas as etapas do processo, você terá sucesso em alcançar sua meta na data prevista, pois preciso lembrá-lo de que fatores externos como a economia, a política, doenças e até mesmo fatores climáticos podem afetar o resultado, dependendo de qual é sua meta.

Por isso insisto: procure um profissional de *coaching* comprometido com você. Esse comprometimento é o daquele profissional que, mesmo após concluir com você o processo de definir metas e objetivos nas sessões, acompanha o seu desenvolvimento. Compreendo perfeitamente que o *coach* precisa de clientes e é importante que estes tenham sucesso, mas também acredito que o profissional que ama o que faz nunca esquece as pessoas que passaram por sua vida e ele conseguiu ajudar.

Compreendo também que quem passa pelo processo de *coaching*, em alguns casos, tem mudanças tão impactantes e rápidas na vida que tanto ele como seus familiares, e demais envolvidos, as sentirão, e nada melhor que seu *coach* para ajudá-lo a compreender todo o processo, orientando-o nesse período de mudanças de hábitos e comportamentos.

> "Torna melhor cada pessoa que cruzar o meu caminho."
> Edson Carli
> Fundador do Método C.A.R.M.A

Essa frase que Edson Carli escreveu em seu livro mostrou a ele o seu propósito de vida. Para mim, ela resume perfeitamente o que eu fazia inconscientemente muito antes de conhecer a PNL ou o *coaching*.

Autorrealização e planejamento são duas situações em que uma depende da outra. Unindo a autorrealização e o planejamento, você terá uma visão completa dos passos necessários para alcançar suas metas e compreenderá seu caminho no passado, no presente e no futuro.

No livro Atitude metal positiva, Carli cita que, quando você busca suas principais metas, há uma tendência natural de usar sete dos princípios de sucesso. São eles:

1 Iniciativa pessoal
2 Autodisciplina
3 Visão criativa
4 Pensamento organizado
5 Atenção controlada (concentração do esforço)
6 Orçamento de tempo e dinheiro
7 Entusiasmo

O livro também cita algo que acho importante que você saiba e compreenda muito bem, que são as sete virtudes:

1 Prudência
2 Fortaleza
3 Temperança
4 Justiça
5 Fé
6 Esperança
7 Caridade

Com elas, você terá um caminho mais tranquilo e digno e será a diferença na vida de algumas pessoas que tiverem contato com você.

"O sucesso profissional (autorrealização) depende de muitos fatores, mas, invariavelmente, ele chega mais cedo para quem está preparado."
Edson Carli - Fundador do Método C.A.R.M.A

Planejamento de sua vida pessoal e profissional, por meio do processo de *coaching*, foi a forma que encontrei de compartilhar com você a importância de buscar estar preparado para uma vida de autorrealização, respeitando de forma sistêmica todos os envolvidos.

Acredito que em um relacionamento, seja em um casamento, seja em uma empresa, não precisamos fazer com que o outro sofra para que eu alcance o sucesso. Podemos sim, com o pensamento sistêmico, realizar um planejamento eficiente e eficaz, proporcionando harmonia e equilíbrio nas tomadas de decisão.

Caro leitor, a autorrealização está em colocar o foco em um planejamento muito bem definido. Para isso, você pode contar com a ajuda de um *coach*, profissional indicado para ajudá-lo a definir com precisão o que você deseja alcançar e como.

2

Sucesso × valores

Existem pessoas que têm extrema dificuldade em lidar com o sucesso, pelo simples fato de não reconhecerem suas próprias conquistas. Neste texto, exploramos duas ferramentas fundamentais para acabar com essas limitações. Ambas foram testadas e comprovadas em sessões de *coaching* e *autocoaching*. Esperamos que também façam a diferença em sua vida!

Alan Oliveira & André Borzi

Alan Oliveira

Formado em Administração de Empresas com especialização em Gestão de Jovens Talentos e Motivação de Equipes pela Fundação Getulio Vargas (FGV), autor, palestrante, *coach* e especialista em Programação Neurolinguística (PNL), atua há mais de dez anos na liderança de equipes de diferentes áreas, como TI, RH e Operações; atualmente é diretor executivo da MO&PC e, o mais importante de tudo isso, PAI do Davi, minha grande inspiração. "Para ter sucesso na área de humanas, é necessário GOSTAR DE GENTE!".

Contatos
coachpalestrante@gmail.com
Fanpage: www.facebook.com/treinamentoedesenvovimento/
http://coachepalestras.wixsite.com/alanoliveira

André Borzi

Cofundador do Núcleo Brasileiro de Coaching e *coach* de transição de carreira e novos negócios. Formado em Sistemas de Informação, com ênfase em Planejamento Estratégico, pela Universidade Presbiteriana Mackenzie. Especialista em PNL, aplicada em cinco anos de experiência com treinamentos de alto impacto. Consultor de tecnologia por mais de 12 anos. Instrutor de treinamentos de formação em *Coaching*, PNL e Oratória. Pai, marido, filho e irmão, apaixonado pela família e grato a Deus. "Fazer a diferença no mundo não é minha opção, é missão. E isso desperta o que há de melhor em mim".

Contatos
www.andreborzi.com.br
www.nbccoaching.com.br/
andre.borzi@nbccoaching.com.br
Skype: andre.borzi

Você já deve ter se deparado com duas reações bem diferentes para um determinado fato. Por exemplo, no seu trabalho, quando alguma mudança é informada, alguns colegas reagem de forma positiva, mas, infelizmente, a maioria reage negativamente. Isso ocorre porque as experiências de cada pessoa lhe trouxeram até o momento presente e marcaram sua vida de forma positiva ou negativa. Um colega que passou por mudanças e se sentiu prejudicado em um emprego anterior encarará de forma negativa uma mudança no trabalho atual. Em contrapartida, um colega que se beneficiou com mudanças no passado avaliará positivamente uma mudança. Essas experiências que nos fazem reagir de modo diferente de outro indivíduo são chamadas de mapas. Cada pessoa tem seu mapa, que pode ser alterado para que as experiências negativas fiquem no passado e não interfiram no futuro.

No mundo atual, em que o sucesso, para a maioria das pessoas, está ligado diretamente à saúde financeira, entendemos que nossa realização está atrelada aos nossos bens. Muitas vezes nos sentimos realizados quando comparamos nossos bens aos do vizinho. No entanto, as pessoas se esquecem de olhar para suas próprias capacidades e para seus esforços na busca pela conquista de seus objetivos, que é o que realmente pode lhes trazer resultados positivos.

A autorrealização, por sua vez, está diretamente ligada aos dois pontos abordados acima: o seu mapa e como ele interpreta o seu sucesso. Se suas experiências de vida indicarem que seu sucesso depende do dinheiro que você tem, é assim que você vai levar sua vida. Algumas pessoas entendem o sucesso como ter uma família bem estruturada, outras como somente ter saúde. Isso varia de pessoa para pessoa.

O papel do *coach*, nesse caso, é ajudar o cliente (*coachee*) a entender seus valores e modelar, com a Programação Neurolinguística (PNL) e a Neurossemântica, o mapa criado por todas as experiências que ele viveu.

Para demonstrar a eficiência do *coaching* nesse processo, vamos descrever como duas ferramentas podem ser usadas para redefinir o mapa do *coachee*, ajudando-o a interpretar a autorrealização de forma diferente. Essas ferramentas podem ser usadas no *autocoaching* para mudar o seu mapa.

Ferramenta "eu de sucesso"

Estamos acostumados a ouvir que os outros são "pessoas de sucesso". Com essa ferramenta, vamos trazer sensações e sentimentos que o farão se lembrar de seus momentos de sucesso, de seu "EU DE SUCESSO". O processo é muito simples, mas muito poderoso, e, por meio dele, você perceberá que até pequenos momentos de êxito podem realizá-lo plenamente.

Passo 1 – Busque em sua memória um momento em que você obteve muito sucesso. Um momento de realização, no qual você sabe que fez a diferença. Aquele instante em que você sentiu a felicidade plena dentro de si, sabendo que você foi o principal responsável por isso. Traga esse momento de forma bem clara em sua mente e descreva-o detalhadamente em uma folha.

Passo 2 – Dando um passo atrás nesse momento de muito sucesso, perceba qual foi o principal desafio que você enfrentou para alcançar esse objetivo. Qual foi a principal mudança que você precisou fazer? Escreva qual foi a atitude determinante para obter o sucesso.

Passo 3 – Defina agora quando e o que o fez entender que deveria ter essa mudança de atitude. O que o fez encarar esse desafio de forma tão corajosa e determinada?

Passo 4 – Pense e defina agora: do momento em que você entendeu que deveria encarar esse desafio, essa mudança, quais passos o levaram até o momento de seu sucesso?

Passo 5 – Relendo os passos adotados acima, pense e escreva quais foram as crenças e as atitudes que o impulsionaram a alcançar esse objetivo, esse sucesso?

Passo 6 – Releia as crenças e as atitudes que teve nesse momento determinante para seu sucesso e perceba, dentro de si mesmo, como você se sentiu quando realizou essas mudanças?

Passo 7 – Com esse sentimento de mudança, para melhor, com atitude e determinação, perceba a força que o move, a força que o faz ir além, a força que define seu "EU DE SUCESSO".

Passo 8 – Agora, entendendo a força que o move, utilize, na primeira oportunidade que aparecer, essa mesma força. Mesmo que a ação não seja tão grandiosa quanto o momento que você imaginou nessa vivência, utilize esse mesmo empenho para realizá-la. Nesses pequenos momentos, sinta as mesmas sensações de realização e de sucesso que você sentiu naquele momento grandioso. Perceba que o sucesso não tem tamanho. O tamanho do nosso sucesso somos nós que definimos.

Ferramenta de valores

Como mencionado no começo do texto, nosso mapa é formado pelas experiências que vivemos desde a infância. Recebemos e absorvemos tanta informação que às vezes não conseguimos identificar o que realmente é importante para nós. Não conseguimos compreender, com facilidade, o que realmente tem valor em nossa vida.

Com essa ferramenta, ao parar por um momento e analisar os valores existentes, conseguimos identificar quais campos de nossa vida mais valorizamos. Temos também a oportunidade de compartilhar esses valores com as pessoas que convivemos, identificando até mesmo se essa é uma visão interna que temos ou se a exteriorizamos.

Depois que identificamos nossos valores, podemos confrontá-los com nossos objetivos. Conseguimos entender que não adianta determinar uma meta se ela vai contra os nossos valores. Muitas pessoas se sabotam criando desculpas para não realizar seus sonhos. Mas, muitas vezes, na verdade, elas desistem porque seus valores não são compatíveis com seus objetivos.

Essa ferramenta é fundamental para a autorrealização, pois não existe autorrealização quando suas ações não concordam com seus valores.

Passo 1 – Observe atentamente o quadro abaixo e anote os dez valores que mais identifica em você.

Desafio	Família	Rotina
Competitividade	Reconhecimento	Comprometimento consigo
Responsabilidade	Poder	Reputação
Liberdade	Aceitação social	Fama
Excelência	Compaixão	Individualidade
Previsibilidade	Respeito	Estabilidade
Segurança	*Status*	Comprometimento com o próximo

Se identificar outro, inclua na lista dos dez.

Passo 2 – Dos dez valores identificados, encontre os cinco mais importantes e escreva-os por ordem de importância, de um a cinco.

Passo 3 – Valide esses valores confrontando situações em que eles aparecem. Por exemplo, se você identificou que o valor um é família e que o valor dois é *status*, imagine uma oportunidade de grande crescimento em sua empresa, mas que, como consequência, afetasse o tempo de convivência que você tem hoje com a sua família. Você abriria mão desse crescimento, que lhe traria mais *status*, para priorizar sua família? Se sua resposta for sim, você validou a ordem um e dois. Porém, se responder que abre mão dos momentos em família por esse *status*, você já identificou que *status* deveria ser o número um e família, o número dois. Proceda do mesmo modo com os demais valores, comparando o dois com o três, o três com o quatro e o quatro com o cinco.

Passo 4 – Com os cinco valores bem definidos, escolha dez pessoas que realmente façam parte da sua vida e questione-as sobre essa ordem. Pergunte se elas mudariam a ordem dos seus valores ou se a deixariam da forma que você definiu. Anote as mudanças. Como exercício extra, você pode entender e identificar quais atitudes suas influenciaram essas pessoas para que fizessem essas mudanças.

Conclusão

Agora você definiu os valores determinantes para reconhecer seu sucesso pleno. Você também sabe qual caminho o leva à sensação de realização. Seguindo esses passos e lembrando que suas metas não podem contrariar seus valores, chegou o momento de viver o melhor de sua vida. Seja no cenário pessoal, seja no profissional, reconheça suas conquistas, suas ações ecológicas, seus pequenos e grandes sonhos. Perceba a diferença que você faz em sua própria vida e na das pessoas com que interage. E todos os dias, antes de dormir, lembre-se de cada ação que você realizou e melhorou sua vida ou a vida do próximo. Agradeça a si mesmo pela diferença que fez no mundo!

3

Assumindo o controle de suas crenças inconscientes

Você já tem a vida que quer? Se você pudesse ser, ter e fazer qualquer coisa neste mundo, o que seria? Você acredita que já nasceu com todas as crenças que tem hoje? Todos temos potenciais a ser liberados para que possamos viver TUDO o que desejamos, e aqui você pode descobrir e experimentar construir os mais ricos significados para uma vida plena e de autorrealização

Ana Carolina Almeida

Ana Carolina Almeida

Sócia-diretora do Dialogue – Instituto Brasileiro de Treinamentos. Iniciou suas atividades como especialista na área de Comunicação Profissional e vem há anos atuando como *coach*, palestrante e treinadora em desenvolvimento humano/comportamental em várias regiões do país. É cocriadora do treinamento *Coaching* Transformacional, responsável por transformar a vida de centenas de pessoas. Empreendedora, consultora organizacional e em comunicação profissional, *coach*, palestrante e treinadora, tem formação em Fonoaudiologia, com mestrado em Comunicação Profissional pela PUC-SP, *meta-coach* pela International Society of Neuro-Semantic (ISNS), *trainer* internacional em Neurossemântica pela ISNS, *trainer* em Programação Neurolinguística pela Society of NLP, *professional and personal coach* pela Sociedade Brasileira de Coaching e World Coach Society (WCS).

Contatos
www.institutodialogue.com.br
carolmeida@gmail.com
Facebook: /anacarolinacoach e /institutodialogue
Instagram: @anacarolinacoach
Skype: anacarolmeida
(91) 98226-9088 / (91) 98125-9929

Você já tem a vida que quer? Se pudesse SER, TER e FAZER qualquer coisa neste mundo, o que você SERIA, TERIA ou FARIA? Neste artigo você vai conhecer de que maneira suas forças internas influenciam todos os seus resultados, começando pelo SER, em vez do TER ou do FAZER. Você vai descobrir quais sementes estão dentro de você e como fazer um direcionamento consciente da sua mente para alcançar resultados de sucesso e SER aquilo ou quem você realmente deseja ser. Vamos juntos?

Como seria descobrir e transformar o que você traz no fundo da sua mente para se tornar o melhor que você pode se tornar?

Quando você nasceu, herdou de seus pais, avós e bisavós características físicas como altura, cor do cabelo e dos olhos e alguns traços físicos particulares que só você tem.

Agora eu lhe pergunto: você acredita que já nasceu com todos esses pensamentos que tem hoje? Você acha que, ao nascer, já acreditava no que acredita sobre a vida, sobre si mesmo, sobre dinheiro, sobre relacionamentos, sobre seu futuro?

Quantas pessoas você conhece que se questionam? Quantas pessoas você acredita que questionam seus comportamentos, seus pensamentos, suas próprias crenças e maneiras de enxergar a vida? Quantas pessoas têm consciência de como operam internamente?

Tudo o que experimentou, viu, ouviu e sentiu até hoje fez de você quem é! A maioria das pessoas acredita que sua vida já está decidida e não poderá ser muito diferente de como já está. Existem restrições internas que levam a esses pensamentos e o impedem de liberar todos os seus potenciais.

Somos seres de possibilidades, repletos de poderes naturais e forças internas capazes de nos fazer gerar resultados ilimitados para nós mesmos. Existe um caminho para que você possa liberar seus potenciais internos, de modo a se tornar tudo o que está projetado para você ou tudo o que você deseja SER. Imagine que a maioria das limitações existentes em nossa vida está em como construímos molduras internas de crenças e significados.

As molduras internas da maioria das pessoas não são tão motivadoras, a voz interna de muitas pessoas fala mensagens limitantes e conta histórias desmotivadoras sobre elas mesmas. Viver no automático e com respostas prontas sobre o que se pode ou não fazer tornou-se comum, e, por esse motivo, as pessoas que conseguem trabalhar sua própria mente de forma diferente e com direcionamento consciente saem na vantagem.

Se ainda não tem pensamentos fortalecedores, quais você poderia colocar no lugar desses que mantêm dentro de sua mente?

Existem prisões emocionais, físicas e mentais, e, se você quer produzir o seu melhor e ser o melhor que pode se tornar, é importante se libertar dessas prisões. E uma das principais correntes que aprisiona o ser humano e o impede de viver todos os sonhos possíveis são as crenças. De acordo com Michael Hall (2012), construímos a matriz de nossa mente com molduras mentais e emocionais por meio das quais definimos nossa realidade. Essa matriz é composta de camadas sobre camadas de crenças que formam nosso sistema de direcionamento interno, pelo qual atribuímos significados sobre nós mesmos, o que é e não é possível, quem somos e aonde vamos chegar. Embora essas crenças nos pareçam invisíveis, elas são muito poderosas por nos fazerem sentir que o que elas determinam é real.

Restringimos nossa vida e nossos resultados por nos apropriarmos de crenças, ideias mentais e emocionais que nos proíbem, criam tabus e recusam permissões para nossa vida. Como um conjunto de regras interno, as crenças limitantes são ideias e entendimentos tóxicos que atuam como pontos cegos auto-organizáveis, impedindo-nos de ver as possibilidades.

Quantas pessoas você conhece que acreditam que, por terem nascido com aquela vida, naquele lugar e daquela forma, vão viver assim sempre? Nós, seres humanos, nos prendemos a crenças falsas e as vemos como reais, defendemos nossas ideias e vivemos de acordo com o que elas pregam. E o mais fascinante é que podemos alterar completamente nosso destino modificando nossas crenças. Assumir o controle de sua vida é se tornar livre das prisões de sua própria mente. Isso é possível porque todas as crenças construídas são suscetíveis a mudanças, e, assim como as autorizamos, podemos desautorizá-las e criar novas crenças no lugar dessas.

Nossa mente é repleta de histórias e pensamentos sobre nossos comportamentos, nossa identidade e sobre quem seremos. Começamos a criar nossas crenças quando dizemos SIM a essas ideias. "Sim, é verdade", "Sim, você não é bom o suficiente", "Sim, você é fraco demais", "Sim, você não terá sucesso na vida", "Você nunca vai conseguir". Quando esses pensamentos são validados ou confirmados, ou seja, quando passamos a acreditar que são reais, eles passam a ter uma força ainda maior sobre nossas ações e nossa vida, pois passam a ser aquilo que chamamos de CRENÇAS. Não importa quão ridículos esses pensamentos possam parecer aos olhos de outras pessoas, se você acredita neles, então vão ter lógica para você. E, por acreditar e repetir tantas vezes a si mesmo, aquilo que, inicialmente, era somente uma ideia passa a ser o que você acredita sobre o mundo, sobre si ou sobre como as coisas funcionam, e, então, você molda sua identidade.

Em nosso inconsciente existe uma série de pensamentos que confirmamos a todo instante. Segundo a visão da Neurossemântica, essa é a diferença entre pensamentos e crenças. Mesmo não sendo reais, elas nos declaram o que é ou não, o que é verdadeiro ou não, certo ou errado, o que pode ou não; e todo o nosso sistema responde neurologicamente a essa crença, que se tornou muito mais que um simples pensamento. Neurossemanticamente, o efeito é que nosso sistema busca tornar reais as crenças, de modo que passamos a metabolizá-las como se fizessem parte de nós mesmos. Não é a verdade que determina uma crença, mas a confirmação/validação desse pensamento. Uma vez confirmado, você passa a crer nele e a construir novos significados.

Alguns desses pensamentos foram validados quando ainda éramos crianças. Pessoas significativas para você podem ter dito coisas que pareceram certas: "Você vai conseguir tudo o que quiser", ou "Você não é bom nisso", ou "Do jeito que você é, nunca será um bom profissional". Viver uma experiência emocional muito intensa, como experimentar uma sensação de medo ou frustração intensamente ou ver algo acontecer repetidas vezes, também nos faz validar pensamentos como se fossem reais, transformando-os em crenças. A magia da Neurossemântica é poder despertar potenciais que você sequer imaginou possuir e mostrar um caminho para aprender verdadeiramente a tomar conta de seu sistema mente-corpo. O conhecimento e a possibilidade de mudanças das crenças fazem parte desse caminho sem volta.

Essas camadas sobre camadas em nossa matriz mental atuam como níveis mais elevados em nossa mente, que governam, modificam, modulam, controlam, dirigem e organizam nossos níveis primários e, consequentemente, nossos passos e resultados.

Somos seres criadores de significados, positivos ou negativos. Primeiro, inventamos ideias sobre o que pensamos ser real e, então, acreditamos nelas. Em nossa matriz interna de significados, criamos crenças sobre crenças acerca de vários assuntos ou situações diferentes e, assim, construímos nosso senso de realidade do mundo em que vivemos. Para mudar uma crença, é necessário desacreditar nela. Quando desacreditamos em algo, também geramos comandos para nosso sistema mente-corpo-emoção deixar de considerá-lo real, criando uma descrição daquilo que desacreditamos que não é.

Para seguir uma vida de autorrealização, liberando possibilidades e com o comprometimento em viver seus sonhos, existe um passo importante a ser dado: ser capaz de detectar suas crenças fortalecedoras e limitantes e trabalhar com elas. Crenças possibilitadoras favorecem o processo de liberação de potenciais e desencadeiam uma profecia autorrealizável; já crenças limitantes agem como barreiras e dificultam sua liberação. Toda crença afirma algum significado do que você valida ou desvalida, agindo como uma consciência em nível mais elevado. Entenda, funcionamos a partir de significados que criamos, e não apenas de instintos. Se não há conhecimento interno sobre como você está operando, então você contará apenas com seus instintos.

Se você está disposto a ser tudo aquilo que sonha e deseja com todas as células de seu corpo, se você se compromete consigo mesmo a alcançar seus melhores resultados e liberar seus maiores potenciais, então vou convidá-lo a fazer um direcionamento consciente de sua mente para identificar seus próprios significados e crenças que herdou ou criou durante sua vida:

1. Escreva uma lista de todos os pensamentos, crenças e significados limitantes que você tem sobre si mesmo, sobre sua vida e sobre o que deseja alcançar. Responda: "Eles funcionam para você?", "Quão melhor eles poderiam funcionar?".
2. Faça uma lista como a primeira, mas coloque todos os pensamentos, crenças e significados fortalecedores.
3. Para cada um dos pensamentos/crenças/significados limitantes que você criou, responda: "Que outros diferentes significados eu poderia dar a isso?", "O que mais isso poderia significar?". Escreva até cinco significados diferentes do primeiro.
4. Para cada significado, escreva como você o construiu, o que viu, ouviu ou sentiu que o fez criá-los e comece a tomar consciência de seu processo de criação de significados.

Em cada resultado de sucesso existe um caminho ou uma estratégia mental para despertar potenciais e viver a vida que você deseja ter. Não estou apenas compartilhando informações aleatórias, mas ferramentas que eu mesma já utilizei quando criei inúmeros significados limitantes e me senti completamente fora de meus poderes pessoais. Posso dizer que me tornar consciente dos meus processos internos e assumir o controle da minha vida me ajudou a liberar potenciais, a viver a vida que desejei, e isso fez TOTAL diferença para mim. E nessa caminhada como *coach* e treinadora na área de desenvolvimento humano/comportamental na Dialogue – Instituto Brasileiro de Treinamentos – tenho visto centenas de pessoas transformarem sua própria realidade e criarem resultados de sucesso a partir da tomada de consciência de sua matriz e da construção de novos significados.

Você está pronto para dar os próximos passos?

Meu desejo é que, de alguma forma, esta leitura tenha feito sentido para sua vida e contribuído para a construção de poderosos significados e que você continue sua jornada de desenvolvimento contínuo. Faço um convite especial para que conheça mais sobre nosso trabalho e nossos cursos acessando o site www.institutodialogue.com.br e facebook.com/anacarolinacoach e /institutodialogue.

4

Jogando xadrez

E se a vida fosse um grande jogo, em que cada "lance" determinasse algo ou alguma possibilidade? Assim o vejo: eu, você, nós, num grande tabuleiro chamado vida; aprender e evoluir pode ser determinante para o xeque-mate. Fico imaginando como seria para você, neste exato momento, poder ver, sentir, perceber e visualizar a intenção "escondida" atrás de um lance, de uma jogada. Vamos jogar uma partida?

André Luiz dos Santos

André Luiz dos Santos

Master Practitioner em Programação Neurolinguística (PNL) Sistêmica; Terapeuta Formação em Mantra e Musicoterapia por Otávio Leal (Dhyan Prem); outras abordagens espiritualistas; busca constante de novos recursos e ferramentas objetivando integração e interação com as técnicas de PNL; voluntário espírita atuando em vários segmentos; expositor, orador e palestrante vivenciando a palavra como fonte inspiradora da mudança interior, trazendo a reflexão como proposta de mudança; gestor de segurança empresarial e patrimonial, com foco em prevenção de perdas e riscos; formação acadêmica focada no treinamento e na interação com o profissional que atua em campo; vivência em grandes empresas possibilitando exercitar a liderança com propósitos; utilização das ferramentas de PNL agregando valor à mudança e possibilitando a construção ao propor que o indivíduo seja a mudança que deseja no mundo.

Contatos
aluiz791.wix.com/espacoandreluiz
aluiz791@gmail.com
www.facebook.com/AndreLuizSantos
(11) 96622-2074

Você sabe jogar xadrez?

Você conhece as regras desse jogo? Conhece as peças? Conhece os movimentos? Você sabia que o jogo de xadrez é um combate? Você sabe a diferença da torre, do cavalo, do bispo, da rainha, do rei e dos peões? Fico imaginando como seria para você, agora, neste momento, comparar esse maravilhoso jogo com a vida. Sim, com a vida real, a sua vida. Como seria para você conhecer as regras e saber jogar de modo que cada movimento determinasse outro movimento do oponente ou que, a cada movimento consciente, você atuasse a fim de se fortalecer e aumentar a possibilidade de um xeque-mate. Fico imaginando ainda como seria para você perceber a jogada de seu adversário e conseguir ver, sentir o que está por trás de cada intenção e como seria para você reagir às mudanças necessárias durante o jogo. E se você perder a batalha (jogo), como seria para você? E se você vencer o jogo (batalha), como seria para você? Você está preparado? Você é flexível? Você hoje, neste momento, possui recursos ou técnicas que poderia utilizar nesse jogo? Convido-o a refletir e a vivenciar comigo uma experiência real que trouxe muito, muito aprendizado, iniciando essa caminhada com um primeiro passo: a mudança.

Vivenciando a mudança

No ano de 2015, solicitei minha demissão a uma empresa em que percebia, sentia, enxergava que não tinha uma linha hierárquica aberta a mudanças, uma vez que ela era muito resistente ao projeto a que eu vinha direcionando a equipe. Interessante como a vida em momentos como esse acaba propiciando algumas novas possibilidades. Aceitei, então, o novo desafio de desenvolver um projeto e implementar um sistema de treinamento em que as pessoas fariam a diferença, o que vinha de encontro exatamente ao que eu buscava desde a minha formação em Gestão de Segurança, com um trabalho de conclusão de curso voltado à questão humana, à formação, ao desenvolvimento e ao treinamento das pessoas, valorizando o executor final, ou seja, aquele que está em campo, e também olhando para o líder e gestor, peça fundamental no processo de implantação e consolidação de um projeto.

Realizadas as primeiras negociações com a linha diretiva, percebi que havia uma grande vontade de mudar e também de buscar soluções que deveriam estar pautadas no resultado final, trazendo, claro, lucratividade à empresa, mas com o desafio de não ter ocorrências (sinistros) no local de trabalho. Nessa empresa, de porte entre pequeno e médio, mas intencionando crescer em seu campo de atuação, havia uma linha gerencial, uma segunda linha de supervisão e liderança e uma linha executora. Teoricamente a linha a ser trabalhada seria a gerencial, porém logo no início percebi um grande desafio nessa linha e até mesmo alguma resistência, embora não declarada. Portanto, teria de conseguir estabelecer comunicação com essa importante linha gerencial. O fato é que fui a campo para construir algo que nem mesmo eu sabia exatamente o que nem como era, apesar de ter um mapa mental a ser seguido inicialmente e também um modelo que até então era utilizado na empresa. Esse modelo certamente serviria de base, porém ali a mudança fora iniciada, conhecendo o que se trabalhava e naturalmente adequando o que fosse possível naquele momento.

Iniciando os trabalhos em campo, pude perceber, sentir, constatar a carência de informação e formação direcionada, pois havia pessoas, liderança, mas faltava fazer ou implementar algo, ou, ainda, trazer algo que necessitaria ser construído. Que movimento fazer? Que peça mover? Como posicionar cada peça desse jogo, de forma a ter possibilidade de competir e até sonhar em ganhar? Logo de início passei a fazer o que particularmente gosto: ouvir as pessoas e saber delas a sua percepção da empresa. Logicamente nem todos declaravam abertamente seus sentimentos, mas pouco a pouco, com simplicidade, algumas peças foram movidas e algumas informações e informes foram declarados, contribuindo inicialmente para uma percepção real da empresa e das necessidades a serem supridas.

A pergunta seguinte foi: a regra desse jogo é conhecida? As pessoas ou os colaboradores estão dispostos a aprender essa regra? Para fazer algo é fundamental ter o conhecimento necessário, porque somente assim podemos entender e desempenhar o que é preciso com maestria. Esse foi o primeiro grande desafio, pois a maioria das pessoas demonstrava uma carência enorme de algo ou de um movimento que precisaria ser feito. Qual seria esse movimento? Que peça utilizar?

Cobrança de resultados

Nesse momento a linha diretiva queria saber de resultados, mesmo porque desafios importantes e determinantes aconteciam no contexto, ou seja, fora dado um xeque. Mas não era um xeque-mate!

Importante e imprescindível foi deixar claro à linha diretiva que o projeto a ser implantado necessitaria tanto do apoio dela quanto da linha gerenciadora e principalmente precisaria do tempo necessário para maturação; deixamos claro que o projeto seria viabilizado em médio ou até longo prazo, com real possibilidade de ser aculturada na empresa. Argumentos aceitos, o projeto continuou e buscou consolidação.

Comunicação

Preponderante para que tudo acontecesse, fora identificado imediatamente a necessidade de comunicar, informar, dividir para somar. Criado e implantado o simples, ou seja, por meio da tecnologia (WhatsApp) fora criado um grupo de liderança, daqueles que atuavam junto à base e com a linha de supervisão e liderança; passou-se a publicar diariamente dicas, orientações e reforços, e essa importante linha passou a ter mais recursos para interagir.

Nesse momento também fora implantado um manual de treinamento, trazendo a posição da empresa e o direcionamento formal para situações do cotidiano; dando suporte imediatamente às ações e às decisões com maior embasamento. Seguindo ainda o lema "conhecer para realizar", passamos a formar pessoas que formariam pessoas.

Utilizando conhecimentos da Programação Neurolinguística (PNL), foram identificadas as reais necessidades do profissional que atua em campo para que assimilássemos as informações e pudéssemos interagir de acordo com as normas e as orientações da empresa. Embora tivéssemos algo formatado, um manual de treinamento, necessitávamos de algo que fosse complementar e relevante, algo em que a percepção visual fosse explorada, ou seja, se há experimentação, há reação, e assim foi criada a primeira onda de treinamento com apoio visual de vídeos relacionados às ocorrências mais graves, procurando relacioná-los ao material formal de treinamento. O impacto causado naqueles que receberam o treinamento inicial formal e depois tiveram complemento do vídeo como reforço foi imediatamente observado, ou seja, as pessoas passaram a atuar entendendo um pouco mais seu papel em campo, bem como suas responsabilidades ao executar as normas e as orientações recebidas.

Desafio

O desafio nesse momento era enorme, ou seja, envolver e comprometer as pessoas com um objetivo comum significava a necessidade de trabalhar em equipe. Na teoria e no papel, tudo seria possível, entretanto, no grande tabuleiro, o momento fundamental acontecia em campo, no qual a linha gerencial detinha o comandado; os colaboradores, por sua vez, seguiam a princípio as orientações dessa linha; era necessário, portanto, que o "estranho no ninho" ganhasse e conquistasse espaço, e mais uma vez a atuação e o reconhecimento em campo foram determinantes e fundamental, ou seja, sendo ouvinte, orientador, flexível, persistente, formador e, acima de tudo, acreditando nas pessoas e no potencial daquela liderança intermediária, além de seguir a premissa: "Não sabendo que era impossível, foi lá e fez". A presença mostra-se fundamental.

Percebia-se que era possível para alguns e, se é possível para alguém, é possível para todos; constatação feita e crença de que o desafio poderia e seria vencido; seria possível executar.

Em um movimento maior da empresa, iniciou-se um período de reuniões semanais, que, como ocorre em todo início, foi bastante desafiador, pois, apesar de a linha diretiva acreditar no processo como um todo, havia a questão individual e coletiva de direcionar e até motivar a linha gerencial, no sentido de ela aceitar e colaborar com os processos de mudança, agora mais e mais dirigidos a toda a empresa, e não mais somente a uma linha de atuação. O desafio era a mudança pessoal e profissional para a permanência ou não na organização. Muitos e maiores recursos consolidaram-se nela, trazendo novos profissionais, novos desafios e propostas de mudança. Mais do que nunca o movimento das peças acarretava movimentos opostos, novos desafios e também possibilidades.

Tivemos a segunda e a terceira ondas de treinamento, adequando o material, consolidando outros e importantes recursos e continuando com o foco na linha executora. Assim, tínhamos uma supervisão e liderança que sabia executar e com papel fundamental de multiplicação. Como desafio permanente, foram consolidadas as linhas diretivas, gerenciais e supervisão/liderança, mantendo "vivo" o processo e a possibilidade de continuidade, ou seja, há implantado um material de referência para quem chega, o qual conscientiza esse profissional de seu papel executor e exige da liderança uma rápida reação nos processos de mudança.

Continuidade

Decorridos alguns meses, o processo mostra sinais de maturação, o que se reflete na apuração dos resultados, ou seja, denota ajustes mais conscientes e rápidos, focados no desvio da curva. Em geral, percebemos que a empresa mantém seus resultados mais pautados e identificados. Observamos que o profissional atua de forma mais clara e consciente de seu papel. Há profissionais que se destacam, tornando-se potenciais futuros gestores ou até mesmo futuros gerentes para a empresa.

Ainda assim, existe a possibilidade de movimentar as "peças" com segurança, ou seja, a empresa executa mudanças e adequações sem perder a essência, tendo em seu DNA consolidado e implantado a execução e o cumprimento das normas básicas de atuação e prevenção, no sentido da busca e da compreensão do papel a ser desempenhado.

Cada dia mais se exigirá do profissional sua atuação e sua percepção da sazonalidade e das mudanças de contexto, cobrando movimentos rápidos e mais direcionados a mudanças ou adequações profissionais e até pessoais.

A questão da resiliência se fará cada vez mais presente, possibilitando o reconhecimento das mudanças e da necessidade de adequação. Outra questão imperativa será a motivação pessoal, ou seja, o gestor e líder desempenhará papel fundamental nesse processo, pois está mais que provado que, ao movimentar corretamente uma peça, as possibilidades de êxito são enormes e possíveis.

Ponte para o futuro e consolidação do processo *coaching*

Fico imaginando como seria para você – sim, para você – compreender como funciona esse importante e determinante jogo, de xadrez ou da vida, pessoal ou profissional, e, assim, poder caminhar, fazer sua jogada, sabendo, compreendendo e até prevendo a reação do seu oponente ou da vida, tornando-se mais e mais seguro, compreendendo os recursos que possui, buscando novos por meio do aprimoramento e do conhecimento pessoal e profissional, para dessa forma interagir no processo, colaborando eficaz e eficientemente ou, mais ainda que isso, gostando do que realiza e produz, sabendo comemorar seus resultados e suas conquistas, sabendo recomeçar sempre que necessário e empoderando-se de algo maior, muito maior.

Acreditar por saber realizar com maestria, ou seja, realizar utilizando os recursos disponíveis e buscar até outros recursos ou possibilidades, tendo consciência de que sair de um problema e entrar nesse desafio denotou que foi possível. Nesse momento joga-se com mais conhecimento. Novos desafios, o ambiente pode até se mostrar hostil, mas é o ambiente do jogo, conhecido; o comportamento traz agora mais responsabilidade e consciência.

Diante da situação vivenciada, fica evidente e claro que as pessoas fazem diferença na vida, no jogo ou no negócio, ou seja, temos uma importante ferramenta nas mãos quando conseguimos fazer jogadas e propor movimentos; quando uma pessoa compreende e gosta de executar algo, temos a possibilidade da excelência, porém identificar pessoas que desejam fazer parte de um processo ou de uma empresa poderá ou não ser determinante para um resultado pautado em algo consolidado. Temos uma linha muito determinante, que é a liderança, e, quando se consegue fazer esse executor/líder compreender seu papel, os resultados são quase imediatos; a linha gerencial deve interagir de forma proativa e presente, estimulando e atuando de forma a ser autoridade, e não poder, conquistando, assim, os profissionais que agirão com a maestria desejada, sendo ecológico no sentido de ouvir, respeitar e falar a verdade, sabendo verbalizar para construir.

É possível aplicar esse modelo ao seu negócio, mapear, enxergar o tabuleiro, posicionar as peças e direcionar o trabalho, adequando-o a esse jogo maravilhoso, de xadrez, da vida, das pessoas, do profissional e buscar no executor, seja em qual linha estiver, a excelência do jogo. É possível.

Se é possível para alguém, é possível para você!

Referências
SHEN, Claudio. *NLP Master Trainer Internacional & Coach Claudio Shen* (material de formação Practitioner 2015 e Master Practitioner 2016). Disponível em: <www.golfinho.com.br>. Acesso em: abril.2016.

5

Os sete passos para adotar escolhas assertivas

A autorrealização está ligada às nossas escolhas, que são baseadas nos filtros perceptivos que escolhemos para conduzir nossos caminhos rumo à harmonia, ao equilíbrio e ao sucesso. E, para a associação positivas desses filtros, várias técnicas e ferramentas da Programação Neurolinguística (PNL), aliadas ao *coaching*, foram explanadas e exemplificadas por meio dos "sete passos para adotar escolhas assertivas"

Ariadine Coelho

Ariadine Coelho

Master coach (2014); especialista em *coaching* ericksoniano (*coaching* com técnicas de hipnose – 2014); *business and executive coach* (2013); analista comportamental (2012) e *professional and self coach* (2012) pelo Instituto Brasileiro de Coaching. Especialista em eneagrama pelo Instituto Rennove (2014). Pós-graduada em Gestão Estratégica de Pessoas pelo Grupo Unic – Rondonópolis-MT. Graduada em Gestão do Agronegócio pela Universidade Federal de Viçosa-MG. Atua na empresa Anjos da *Self Coaching* com desenvolvimento de pessoas, gestores e equipes por meio das modalidades *Coaching* de Carreira, *Coaching* para líderes, *Coaching* de Vida, análise comportamental para alocação de profissionais em empresas, *workshops* e palestras para grupos, com temas sobre produtividade, motivação, comprometimento, autoconfiança e autoconhecimento.

Contatos:
www.anjosdaself.com.br
ariadine@anjosdaself.com.br
https://br.linkedin.com/pub/ariadine-coelho/32/155/819
Skype: anjosdaself

Introdução

O processo de *coaching* é constituído de uma vasta gama de ferramentas que torna a vida das pessoas mais descomplicadas, atuando no enaltecimento de seus potenciais e no desenvolvimento dos pontos de melhoria. As atividades são baseadas em diversas áreas de conhecimento, levando o indivíduo, ou o grupo, à expansão de consciência, o que permite novas captações de elementos antes despercebidos. Esses elementos são informações relevantes para diferentes sinapses, considerando novos cenários mais positivos e condizentes com seus objetivos de vida.

É possível acelerar quaisquer processos de desenvolvimento humano por meio da Programação Neurolinguística (PNL), amplamente utilizada por *coaches*. Como parte da PNL, existe o modelo de metaprograma, desenvolvido por L. Michael Hall, Ph.D., psicólogo cognitivo, *trainer* internacional de PNL e empreendedor. Esse modelo consiste no crivo das nossas percepções de acordo com o ambiente externo, o que o autor chama de filtros perceptivos, que seriam o que sentimos em relação ao que observamos do meio. Nossas crenças, valores e percepções seriam alguns tipos de filtro, o que sentimos em relação aos estímulos.

Para conceber um cenário de vida harmônico com nosso estímulo por desenvolvimento pleno, precisamos mudar nossos filtros perceptivos, compreendendo nosso momento atual e identificando quais elementos conduzem nossas escolhas de vida. E, paralelamente, é necessário visualizar nossos objetivos em curto, médio e longo prazos, para saber se o que recebemos está de acordo com o que gostaríamos de acolher para nos motivar e ir de encontro às nossas conquistas.

A autorrealização está ligada diretamente às nossas escolhas, baseadas nos filtros perceptivos que escolhemos para conduzir nossos caminhos rumo à harmonia, ao equilíbrio e ao sucesso. E, para que esses filtros sejam associados de forma mais acelerada, várias técnicas e ferramentas da PNL, aliadas ao *coaching*, foram explanadas e exemplificadas por meio dos "sete passos para adotar escolhas assertivas".

Os sete passos para adotar escolhas assertivas

1. Saindo da inércia

Lembre-se de que sair da inércia é entrar em movimento ou aplicar uma força maior em algo que já está em movimento. Esteja sempre em movimento. Quando algo está diferente do que você gostaria, há duas formas de reverter a situação:

a) Fazer de forma diferente;
b) Fazer a mesma coisa com intensidades e energias diferentes.

Um exemplo de situação que vivemos costumeiramente é o da dieta ou da necessidade da atividade física. Geralmente as pessoas se animam, pagam uma academia por seis meses e vão, fielmente, durante um mês. Depois a situação volta a ficar como estava anteriormente. A grande dica, nesse caso, é começar aos poucos. Ninguém se torna um maratonista em um mês. É preciso modificar hábitos. Comece tirando quinze minutos para fazer uma curta caminhada ou levar seu cachorro para passear; insira uma fruta ao dia em sua alimentação; se você demora dez minutos para almoçar, que tal aumentar dois minutos? Pequenos hábitos modificam nossas vidas gradualmente. Escolha atividades que serão condizentes com seus gostos, e não com a moda. Se a moda estiver de acordo com suas preferências, ótimo; senão avalie alternativas. Tendemos a ser melhores naquilo que fazemos com carinho.

2. Crie um gatilho

O gatilho é uma estratégia utilizada como alavanca, estímulo; trata-se de um disparo para lembrar você de algo. Quando acompanhado por uma lembrança positiva, pode ajudá-lo a interromper um pensamento nocivo ou simplesmente a associar uma ação a uma lembrança.

Lembre-se ou crie um momento muito especial que o deixe extremamente feliz. Dê a esse momento um acompanhamento musical. Quando tiver criado um contexto maravilhoso, com um filme bem vivo e claro na cabeça, imagine-se tirando uma fotografia dessa imagem. Guarde-a e crie uma forma de visualizá-la sempre que precisar de estímulo. Pode ser um estalar de dedos ou a união das mãos. Tanto faz. O importante é que a ação faça você se lembrar dessa imagem, que o remeterá à sensação.

Decisões assertivas estão ligadas à relevância. Ao acionar o gatilho, ele o conectará com lembranças poderosas e fará com que você reflita sobre seu propósito de vida. Assim, você não será conduzido àquilo que não é fundamental.

3. Desconecte-se

Olhe seu passado com honra e respeito e, então, vire-se para a frente, pois é lá que está o seu futuro.

Desconectar-se do que não faz mais sentido para você é importante, pois tira toda a carga desnecessária para abrir espaço às informações que serão relevantes a partir desse novo momento de sua vida. Lembrando que você é responsável por toda a coleta e descarte das novas informações a partir de agora.

Dicas de como se desconectar:

- Reconhecer a voz interior com teor negativo e prejudicial e mudar o teor do que está sendo comunicado, dando um novo contexto a ela.

Exemplo: sua voz interior lhe diz: "Não assuma essa responsabilidade, pois você não será capaz". Diga à sua voz interior: "Eu sei que você está com medo de assumir essa responsabilidade, e mesmo assim digo que é possível, pois eu sou capaz". Ou simplesmente: "Eu sou, SIM, capaz".

- Inserir hábitos e ações positivas

Exemplo: se você está habituado a acordar às 7 horas todos os dias, experimente acordar às 6h45 e ouvir músicas que o inspiram nos 15 minutos restantes. Se preferir, pode se alongar, tomar o café da manhã mais tranquilamente, planejar seu dia de acordo com as prioridades, enfim, qualquer coisa que traga mais qualidade ao seu dia.

Se você repete a mesma ação várias vezes, é muito provável que isso se torne um hábito. Desafie-se.

- Entender quanto o meio está exercendo sua força sobre você ou se você está exercendo sua coragem nesse meio.

Observe se suas decisões têm dependido apenas de você ou se a maior parte das suas ações está condicionada às demandas apresentadas pelo meio em que você vive; quanto você está vivendo ou sobrevivendo. Sinta sua energia, entenda o fim do seu dia: se você está desgastado ou se está agradecendo por um bom dia.

Se, ao fazer essa observação, verificar que está apenas suprindo expectativas de outras pessoas, entre em movimento.

- Perdoe-se

Perdoe-se por todos os seus comportamentos nocivos, por todas as suas ações negativas, por todos os seus pensamentos desastrosos. Ninguém faz escolhas pensando que aquilo dará errado. Se você optou por algo em algum momento da sua vida, foi porque naquele momento era o que lhe parecia mais adequado e, se não foi, sempre é tempo de fazer diferente. Então, pare de culpar-se, perdoe-se e vá em frente. Sempre é tempo de transformar-se.

- Perdoe aos outros

Somos seres humanos passíveis de erros. TODOS NÓS. Se você pode errar e acertar, outras pessoas também têm esse direito. Perdoar não é ser complacente, mas deixar com o outro o que é dele e seguir sua vida em paz.

Somos incompletos, e quem nos completa são os outros. Então, seja paciente e compreensivo. Isso acaba sendo um espelho. Se você emanar amor, o amor virá para você.

4. Seja gentil e compreensivo com as suas demandas

Não espere que as pessoas iluminem e orientem o seu caminho. Seja sua própria luz. Você deve estar se perguntando por que ser gentil com escolhas assertivas.

Vivemos um momento em que nos cobramos muito, em que precisamos despontar, fazer todas as atividades que nos aparecem para estarmos adequados à sociedade. Quando nos damos conta, estamos fazendo muitas coisas que nem serão tão aproveitadas, mas precisamos fazer para seguir o fluxo.

É nesse momento que sugiro a gentileza a si mesmo. Reflita sobre tudo o que tem feito. Quão gentil você tem sido consigo mesmo? Quantas vezes disse não a algo que só lhe seria prejudicial, como os cursos da moda que tem feito apenas para ajustar-se, pois não seriam uma escolha se não houvesse a pressão social? Ou quando aceitou que alguém lhe dissesse que você não é capaz?

Seja compreensivo consigo mesmo; cobre-se o suficiente; planeje-se e faça o que for conveniente para si mesmo, e não para os outros (eles têm suas preferências, entenda as suas); descubra o que o deixa feliz e invista em você. Diga a si mesmo o quanto você é especial.

Treine sua compaixão. Quando você muda sua forma de enxergar as pessoas e treina sua compaixão, consegue ir além das percepções que sempre teve. É como se afinasse seus ouvidos para o bem e focasse seus olhos no que verdadeiramente importa: somos todos uma mesma espécie, carentes de carinho e de tolerância.

Desconectar-se é fazer uma avaliação das informações que não farão sentido para o seu momento ou sua vida. É deixar com o outro o que é do outro e tomar para si o que é seu. Isso é assertividade.

5. Torne-se compreensível

Sua forma de interação social condiz com o que você busca.

A comunicação eficaz é uma grande ferramenta para as escolhas assertivas.

Se você consegue receber as informações de que necessita de forma clara e sucinta para sanar quaisquer dúvidas e lidar de forma pontual com suas resoluções, as escolhas tenderão a ser assertivas.

É sempre um dilema a questão da comunicação assertiva. Como ser persuasivo e ter uma comunicação clara?

Para que disponha de habilidades de comunicação, é preciso que você visite os sentimentos que aquela pessoa ou situação demanda. Se a demanda for de amor, você precisará visitar esse sentimento dentro de você para que haja uma interação pertinente ao momento. Se não houver o que visitar, permita-se a honestidade. Saiba quando é preciso buscar esse sentimento em outra pessoa ou situação. Você só saberá doar o que possui. Se não possui o que lhe é demandado, sugiro novamente que entre em movimento.

Treine as habilidades de comunicação. Olhe para quem está lhe enviando uma mensagem ou recebendo uma sua; seja verdadeiro; sorria; se não compreendeu, pergunte; reflita antes de responder; fale o suficiente; não julgue; isente-se de preconceitos; não fofoque; mantenha-se gentil; não seja prolixo.

6. Modele-se nas pessoas influentes

A modelagem é uma técnica da PNL que, sucintamente, identifica padrões de comportamentos de pessoas e os mapeia transformando esses dados em informações para serem utilizadas por outras pessoas.

Como praticar? Observe a ferramenta a seguir.

Modele-se nas pessoas influentes

No campo referência, da tabela na próxima página, insira alguma pessoa que possua a competência referida na coluna à esquerda. Visite em sua memória, quais são as características que tal pessoa possui que a torna um referencial nesse quesito. Em seguida, insira quais serão as suas ações que o direcionarão a incorporar esses elementos. O campo mensuração refere-se à forma que você desenvolverá para compreender sua evolução.

7. Pratique sua gratidão

A gratidão é um sentimento que nos abre os olhos para todas as coisas que recebemos e para todas as coisas que não queremos nem recebemos. É nossa forma de ver que somos únicos e temos o suficiente.

Se podemos escolher algo hoje, é porque passamos por situações que nos prepararam para esse momento. A gratidão é a forma de nos descobrirmos para ligar os pontos necessários de toda a nossa vivência e características para entender o que, verdadeiramente, é bom e importante no agora.

Para ajudar você a tornar a gratidão um hábito, sugerem-se três perguntas, que, quando feitas antes de dormir, lhe trarão mais clareza:

Competência	Referência	Característica desejo modelar	Ações (passos para desenvolver as características)	Mensuração (o que precisa acontecer para que você saiba que conquistou tal competência?)
Empatia				
Inteligência emocional				
Não julgamento				
Conhecimento técnico				
Abstração				
Facilidade em linguagem corporal				
Responsabilidade e comprometimento				
Gentileza				
Resiliência				

1. Por que valeu a pena viver o dia de hoje?
2. Se pudesse refazer este dia, o que eu faria de diferente?
3. Quais são minhas gratidões neste dia?

Considerações finais

Sua permissão de ir além fará com que seus sonhos sejam grandes objetivos com ações. Esse é o papel do *coaching*: fazer com que você perceba seu potencial e amplie a cada dia sua visão de mundo, despertando seus melhores e maiores desejos e mostrando-lhe quão apto está para alcançá-los. Para tanto, é preciso que haja o alinhamento do que pensamos com o que sentimos. Tomar decisões assertivas é respeitar e praticar o amor e a compreensão com quem mais importa em sua vida: VOCÊ. Que suas decisões assertivas o conduzam à sua missão de vida.

Referências

ELLERTON, Roger. *Metaprogramas da PNL*. Disponível em: <www.renewal.ca/nlp17.htm>. Acesso em: 8 set. 2015.

MARQUES, J. R. *Leader coach: coaching como filosofia de liderança*. São Paulo: Ser Mais, 2012.

ROBBINS, A. *Poder sem limites: o caminho do sucesso pessoal pela Programação Neurolinguística*. 6.ed. São Paulo: Best Seller, 1987.

6

Avaliação DISC como ferramenta de suporte ao coach

A ferramenta DISC foi concebida a partir dos trabalhos de William Moulton Marston, em 1928, e continua a ser uma ferramenta bastante útil para autoconhecimento, recrutamento, formação e aumento do entrosamento de equipes, entre outras aplicações. Veremos a seguir o que é essa ferramenta e como ela pode auxiliar no trabalho de um *coach*

Athon Côrtes

Athon Côrtes

Terapeuta, PNL *master practitioner*, *meta-coach*, analista DISC.

Contatos
www.proximonivel.net.br
ajimendez@gmail.com

Como você descreveria sua maneira de interagir com as pessoas? Será que é visto no ambiente profissional como uma pessoa bastante decidida, em alguns momentos até mesmo autoritária? Ou talvez seja aquele amigão de todo mundo, sempre muito extrovertido e comunicativo, mas que às vezes precisa parar mais para ouvir os outros? Quem sabe seja uma pessoa que gosta de bastante liberdade em sua área de atuação? Ou talvez se sinta mais seguro em um ambiente em que as regras e os procedimentos são bastante claros?

Já foi comprovado que as competências interpessoais têm um papel mais importante no sucesso profissional que as competências técnicas e também são bem mais difíceis de obter. Uma parte importante da aquisição dessas habilidades é o autoconhecimento, somado ao reconhecimento dos padrões dos comportamentos dos outros, o que resulta na melhor resposta para cada situação.

A avaliação DISC

Uma ferramenta inestimável para resolver essa equação é a avaliação DISC, criada com base na pesquisa do psicólogo William Marston publicada no livro Emoções das pessoas normais, de 1928. A partir desse trabalho, observou-se que existem quatro comportamentos básicos manifestados pelas pessoas. Esses comportamentos manifestam-se em níveis variados e combinam-se entre si. Geralmente um ou dois desses comportamentos destacam-se mais que os demais, mas todos possuímos em algum nível todos os quatro. São eles:

1. Dominância: é a característica de como a pessoa se comporta no enfrentamento de desafios e na busca por resultados. É definida por Marston como a "explosão de energia para remover oposições, que cresce na proporção direta do tamanho do obstáculo, seguidamente a um senso de encanto com o aumento dessa energia, tão intenso quanto ela é expelida". Esse comportamento tem uma característica ativa em relação ao ambiente e uma atitude lógica, desafiante e questionadora em relação a ele. O foco é moldar o ambiente, superando oposições para atingir seus objetivos.

Alguém com alto índice na escala de dominância é uma pessoa muito decidida, que se comunica de maneira bastante objetiva, ou seja, é um líder natural. Gosta de ter autonomia e de desafios, mas pode ser muito competitiva às vezes. Como ponto de atenção tem a tendência de colocar o foco nas metas em vez de nas pessoas, por isso pode ser encarado como pouco empático ou até autoritário e egocêntrico.

Uma pessoa com baixo índice na escala de dominância terá uma atitude menos orientada a metas e mais orientada a pessoas, por isso será menos confrontadora, menos exigente, mais gentil e hábil em evitar conflitos, porém deve estar atenta para não parecer indiferente.

Uma personalidade famosa que, em minha opinião, exemplifica bem o comportamento de alguém com alto índice de dominância é Donald Trump.

2. Influência: essa característica qualifica como o indivíduo lida com as pessoas ao seu redor. A definição de Marston usa como metáfora a atração gravitacional, "na qual o corpo maior atrai o menor, e, durante esse fenômeno, o corpo maior se apropria da força do menor para seu próprio uso e se estabelece uma progressiva aliança entre eles". Isso não quer dizer que o influente manipule os outros para seu benefício, mas sim que a persuasão é uma parte destacada de sua personalidade e de sua forma de interagir com o ambiente.

A influência é uma qualidade ativa, assertiva, que tem ênfase em relacionamentos e pessoas. A pessoa que possui alto índice de influência será vista como brincalhona, animada, persuasiva. Porém, em alguns momentos, precisa se policiar para não ser invasiva nem brincalhona em excesso ou para não perder o foco do momento; pode também ter dificuldade para ouvir os outros.

Uma pessoa com baixo nível de influência pode ser considerada introspectiva, discreta e concentrada e, em virtude disso, pode acabar se isolando demais, sendo esse seu ponto de atenção.

Uma personalidade famosa que, em minha opinião, exemplifica as características da influência é Oprah Winfrey.

3. Estabilidade: essa característica determina como é o ritmo da pessoa ao lidar com as mudanças do ambiente. Ao contrário das características anteriores, que eram mais ativas, essa tem caráter mais reflexivo, a pessoa tem um ritmo mais moderado, pensa mais antes de agir. Sua ênfase maior é no relacionamento e na colaboração. Alguém com alto nível de estabilidade gosta de rotina, é calmo, transmite confiança e se dá muito bem em funções que valorizem mais quem trabalha certo do que quem trabalha rápido. Trabalha muito bem em equipe, até mesmo ajudando a mantê-la unida nos momentos difíceis. É capaz de realizar trabalhos repetitivos sem se aborrecer. Porém, como todo perfil tem pontos fracos e fortes, uma pessoa com alto nível de estabilidade pode ser resistente a mudanças, ser encarada como lenta ou ter dificuldade para trabalhar em ambientes competitivos ou de muita pressão.

Em contrapartida, alguém com baixo índice de estabilidade se dá muito bem trabalhando em lugares agitados, onde tenha de fazer várias coisas ao mesmo tempo, com prazos apertados. No entanto, pode ter dificuldade para compreender pessoas mais calmas. Além disso, em razão de seu ritmo agitado, pode acabar se esquecendo de alguma tarefa.

4. Cautela: é a variável que informa como a pessoa lida com regras e procedimentos criados por outros. Em relação ao ambiente, a pessoa com alto índice de cautela comporta-se de modo mais reflexivo, é bastante questionadora, lógica e objetiva, mais orientada a fatos que a pessoas. Muito meticulosa e detalhista, muitas vezes se apega a detalhes insignificantes e pode até emperrar processos por causa disso. Esse é o tipo de funcionário necessário em funções em que a atuação dentro de normas e procedimentos é mais necessária que a criatividade. Para um setor de controle de qualidade, esse perfil é excelente!

O inverso é verdadeiro para uma pessoa com baixo índice de cautela, a qual precisa ter liberdade de atuação e a possibilidade de expressar sua criatividade. É mais intuitiva e gosta de ter um panorama geral das situações. Pode ser vista como indisciplinada por querer realizar as tarefas "do seu jeito".

A pessoa pública que, em minha opinião, exemplifica a característica da cautela é o piloto Niki Lauda.

Perfil	Pontos fortes	Pontos de atenção	Ambiente favorável
Dominância	Assertivo, decidido, líder natural, focado.	Empatia com os colegas, avalia se não está sendo exigente e autoritário demais, gerencia melhor os conflitos.	Ambiente em que trabalhe com pouca supervisão e tenha muita liberdade de decisão e oportunidade de comandar.
Influência	Falante, brincalhão, afetivo, persuasivo.	Presta atenção para não ser mau ouvinte, cuida para não cometer alguma indiscrição, procura manter o foco.	Trabalhos em que seja esperado contato com o público e o trabalho de equipe.

Estabilidade	Paciente, calma, consistente, colaborador.	Pode se dar por vencido, resiste a mudanças, pode ser encarado como passivo.	Trabalho num ambiente previsível, que ofereça segurança, em que a rotina não seja excessivamente perturbada por imprevistos.
Cautela	Meticuloso, cumpridor das expectativas, preciso, detalhista.	Pode se apegar a detalhes insignificantes, pode travar o processo por aderir a alguma regra.	Locais em que a adesão a regulamentos e a disciplina sejam valorizadas, funções que exijam pessoas com atenção a detalhes.

Tabela 1: Resumo das características DISC.

A união das iniciais dessas características forma o acrônimo DISC (em inglês, *Dominance, Influence, Steadiness* e *Compliance*). É importante destacar que esse não é um sistema de avaliação do comportamento rígido e rotulador, mas uma indicação de tendências. As pessoas podem se ajustar a alguma situação em que seja necessário variar para cima ou para baixo em até dez pontos seu índice normal de uma característica DISC. Porém, é importante ter consciência de que trabalhar de maneira contínua numa situação que fica muito fora do nosso perfil comportamental gera estresse em nosso sistema, o que não colabora em nada para nossa saúde e autorrealização.

Essas quatro características básicas nascem das percepções do indivíduo em relação ao ambiente. Simplificando bastante, podemos dizer que os dominantes e os influentes modelam o ambiente às suas necessidades, pois enxergam que possuem o poder pessoal para isso; já os cautelosos e os estáveis possuem maior capacidade de adaptação e ajustam-se ao ambiente. Os dominantes e os cautelosos percebem o ambiente como não favorável, ou pouco receptivo, por isso têm mais foco nos fatos; ao passo que os influentes e os estáveis o percebem como mais amistoso e receptivo, por isso têm mais foco nas pessoas.

Mas como funciona a ferramenta DISC?

A avaliação DISC funciona por meio de um tipo de questionário chamado de "escolha forçada", no qual o respondente escolhe numa relação quatro adjetivos que melhor o descrevem e o que menos o descreve. Esse formato é o mais indicado para prevenir que o respondente escolha as opções que considera socialmente mais aceitáveis. Não é que se espere que as pessoas trapaceiem, mas existe uma tendência normal de as pessoas verem a si mesmas e se apresentarem sob uma luz positiva. Todas as opções oferecidas são socialmente aceitáveis, mas direcionadas às quatro dimensões DISC. Com base nessas respostas, é feita a avaliação da personalidade e são traçados três gráficos, a partir dos quais é possível obter uma série de informações.

Essa ferramenta propõe-se a mensurar características que são abstratas, mas ela tem apresentado resultados, se não iguais, no mínimo consistentes quando uma mesma pessoa realiza o teste em momentos diferentes da vida. Porém, é possível que alguns eventos emocionalmente muito significativos alterem o perfil DISC de alguém para o resto de sua vida. Por último, ainda que exista um perfil DISC que possa ser o mais adequado a cada tipo de atividade, um não é melhor que o outro. Todos apresentam forças e fraquezas. Todos possuem um contexto em que suas habilidades são as mais eficazes.

As aplicações da ferramenta são muitas, como harmonização de conflitos em grupos, consultoria, recrutamento e seleção de pessoal, formação de equipes, desenvolvimento de liderança, autoconhecimento, aprimoramento das competências sociais para interagir bem com diversos perfis. A grande lição que aprendemos com a ferramenta é que não existe ninguém com um perfil certo ou errado, mas sempre existe um contexto em que nossas características podem ser aproveitadas com eficácia, todos possuímos diferentes motivadores que, quando descobertos e explorados, são um degrau para a excelência. Acima de tudo, ela mostra que flexibilidade é poder! E para encontrar a resposta mais adequada para qualquer situação, temos de olhar além de nossos paradigmas, buscando entender a perspectiva de nosso interlocutor, a fim de conseguir perceber outras nuances que fazem parte do contexto.

Coach	Empresas	Desenvolvimento pessoal
Melhoria de seu processo de comunicação com cada perfil.	Recrutamento e seleção de perfis mais adequados à função.	Autoconhecimento

Coach de equipe identifica por meio dos perfis individuais os verdadeiros pontos de alavancagem do desempenho do grupo.	Formação e desenvolvimento de equipes cujos perfis atuem bem juntos.	Desenvolvimento profissional conhecendo seus pontos fortes e os de aprimoramento.
Coach individual identifica as necessidades e os motivadores do *coachee*.	Recrutamento e desenvolvimento de lideranças.	Desenvolvimento de competências específicas para uma atribuição pretendida.
Mapeamento comportamental.	Redução de conflitos interpessoais.	Aumento de suas competências sociais interagindo melhor com diversos perfis.

Referência

FERRAZ, Eduardo. *Seja a pessoa certa no lugar certo*. São Paulo: Editora Gente, 2013. pp. 43-74. Formação de Analista DISC.

7

Mapeando sua mente, produzindo um mapa da sua vida

Você já fez um mapa da sua vida? Este artigo coloca em prática um conjunto de técnicas e conhecimentos para fazê-lo. Um mapa mental registra seu passado, seu presente e seu futuro, estimulando a conexão com o diálogo interior. O resultado é um guia de autoconhecimento inspirado em técnicas de *Coaching* em Liderança, Programação Neurolinguística (PNL), *Design Thinking* e Mapas Mentais (Tony Buzan)

Ayumi Matsui Noé

Ayumi Matsui Noé

Consultora em Gestão de Pessoas pelo centro de treinamento e Universidade Corporativa Krypton, *leader coach, trainer* em Programação Neurolinguística e *designer* gráfico.

Contatos
contato@uckrypton.com.br
mapasdavida@gmail.com

Você, atencioso leitor, já fez um mapa da sua vida?

Se sua resposta foi sim, certamente tem uma visão da sua linha de tempo. Se sua resposta foi não, que tal fazê-lo agora? Crie um mapa para compreender os objetivos da sua vida, revendo fatos marcantes do passado, valorizando o presente e programando ações para um futuro próximo. Acompanhe o desenvolvimento dessa ideia neste momento. Simplesmente, separe um lápis e um papel em branco para mapear sua vida. Você registrará as representações da sua mente como um roteiro da sua vida. Vale a pena reservar um tempo sozinho, em um ambiente tranquilo, criando a oportunidade para entrar em contato com sua voz interior. Compreenda seus pensamentos e registre-os. Desenvolver seu autoconhecimento é um objetivo rico e inteligente que promove um estado emocional de segurança. Um modo eficaz de se autoconhecer é traçar sua linha do tempo, analisar fatos e ações do passado, do presente e do futuro. É importante ressaltar que você poderá refazê-lo sempre que sentir necessidade.

Escrever é um recurso que auxilia na expressão de nossos pensamentos. Com técnicas baseadas nos princípios de Programação Neurolinguística (PNL), ferramentas do *coaching* e ideias do *design thinking*, você visualizará sua mente com os mapas mentais. De posse desses conhecimentos práticos, o mapa mais importante da sua vida estará em suas mãos.

Você é o único especialista capaz de compreender seus pensamentos. Nenhum mapa é igual a outro. Mapear seus objetivos pessoais e profissionais diariamente é algo que pode ajudar a alinhar seus objetivos. Não se trata apenas de um mapa, mas de vários. Nada de tabelas formatadas, padronizadas. Mapeando sua mente, sua verdadeira identidade estará registrada e confirmada tal como um mapa territorial elaborado detalhadamente por um cartógrafo.

Qual é a utilidade de um mapa cartográfico? Ele é a representação gráfica de um território com detalhes técnicos, no qual é possível interpretar o território real. Partindo desse conhecimento, a PNL baseia-se na obra de Alfred Korzybski (1879-1950), autor do conceito de semântica geral, que criou a expressão "Mapa não é território". Interpreta-se que as representações da mente humana, ou seja, nossas representações internas podem ser expressas de modo verbal, identificando uma possibilidade da nossa percepção subjetiva da realidade individual diante da realidade objetiva da realidade exterior. Um tradicional exemplo é pensar em um limão ou ler a palavra limão, o que nos estimula a salivar, mesmo não vendo o fruto verdadeiro à sua frente. Sentiu? Salivou ao pensar no limão? Um código o estimulou sinestesicamente. Portanto, pensar algo, seja real, seja fictício, estimula nosso cérebro, que processa as informações já impressas internamente.

Sugere-se que o Mapa da Vida (MDV) seja estruturado graficamente como um mapa mental (Tony Buzan), por meio de palavras-chave, desenhos e esquemas em troncos. Como no *coaching*, perguntas orientadoras incentivam a encontrar as respostas internas dos seus *coachees*. Ao registrar seu pensamento num simples papel, é possível conferir sua identidade e seu estilo. Os desenhos-chave são âncoras muito úteis. Nesse caso, não há necessidade de fazer um desenho bonito, mas ele deve simbolizar sua verdadeira impressão cognitiva. O mais importante é você entender o resultado dos seus estados emocionais, que resultam do momento de uma determinada ação num contexto específico que está sendo identificado. O resultado desse processo é aumentar seu autoconhecimento e promover a sensação de segurança em todos os planos da sua vida.

Acreditar num futuro positivo

Se pensar no futuro lhe causa alguma ansiedade, medo e tensão, sinta-se aberto ao conceito de que "prevenir é melhor que remediar". Prever o futuro é um ato de coragem, como um filme cinematográfico, que estimula as emoções humanas ilusoriamente, mas ao qual adoramos assistir somente para vivenciar seus dramas. Escrever o filme da sua vida pode ser útil como um treino (*coach*) para o papel da sua vida, e nela você é o ator principal, o diretor e o roteirista.

Ter a capacidade de autoquestionar-se, buscar e encontrar respostas, conduzir as ações com o estado emocional adequado é se autorrealizar, ou melhor, é formular seus objetivos. O objetivo da raça humana é perpetuar no belo planeta Terra as nossas capacidades, como a inteligência e a criatividade, que evoluem a cada dia, a cada segundo. Aprendemos, treinamos e executamos de maneira surpreendente nosso papel como seres humanos na sociedade. Seja uma ação positiva, seja uma negativa, causa um resultado a si próprio ou a alguém. Ter foco em habilidades positivas é um bem para a humanidade, ao passo que eliminar hábitos negativos é um ganho pessoal e social.

É importante estar motivado e treinado para algum objetivo mais desafiador, estar preparado para suportar dificuldades e buscar se relacionar bem. A mente humana não descansa. Vivemos em grupo no teatro da vida, somos o principal diretor ou líder na nossa linha de tempo. Os coadjuvantes são a equipe de apoio, e sem eles o filme da vida não roda. Na maioria das vezes, desejamos o final feliz do filme. Assistir ao filme da sua vida pode ser tão emocionante e verdadeiro quanto um filme de ficção, que é um estímulo ideológico de emoções surreais. Imagine abrir sua tela mental e compreender os capítulos da sua vida? Quanto mais elaborar mapas dos mais diversos planos da sua vida, mais experiência terá. Seus critérios de escolha se desenvolverão a seu favor, seus objetivos e sua opinião serão mais coerentes com seus questionamentos internos. Produzir mapas mentais da sua vida será cada vez mais satisfatório e resultará num sentimento seguro das suas emoções. Sua representação mental resultará num nível de autoconhecimento mais evoluído a cada mapeamento.

Como construir o mapa da vida

O mapa da vida é um recurso útil para visualizar nossas ações e analisar nossas emoções resultantes das nossas escolhas, que tiveram ou não alcançados seus objetivos.

Na infância, mesmo não alfabetizados, somos capazes de registrar nossa percepção por meio de representações gráficas, por mais primitivas que sejam. Os desenhos rupestres são uma marca histórica diante da necessidade de identificar um fato no passado. Podemos comparar um desenho de caça como uma representação de um fato que um ancestral desejou registrar na parede da caverna, visando algum objetivo. Qual seria o objetivo daquele ancestral registrar o desenho rupestre naquele momento? Transmitir algum aprendizado aos outros integrantes do grupo? Podemos identificar a natureza da criatividade humana, o instinto de sobrevivência, e concluir que nasciam estratégias em busca de proteção e conforto desde aquele período. Sobrevivemos até hoje graças a excelentes estratégias.

Nossa mente está continuamente produzindo novas ideias, mesmo com a intensa influência de informações bastante formatadas presentes nos padrões da vida moderna. Voltar a registrar seu mapa com suas próprias mãos, demonstrar seus sentimentos no momento presente diante deste mundo interessante e desafiador, é uma terapia rica e construtiva. Sua vida é fluida e contínua, e o maior objetivo diante do roteiro da vida é viver o presente e dormir realizado. Se algo não foi alcançado dentro do planejado e o sentimento de culpa surge, o que pensar? Que você possui todos os recursos dentro de você para criar uma nova estratégia. Pergunte-se: como mudar a direção de um objetivo?

Mágica da vida

A mágica da vida é valorizar o presente. Desenvolva uma autoavaliação das emoções que surgem diante de cada ação realizada ou a realizar. Somente você decide agir, pensar, viver. O mapa da vida pode auxiliá-lo no registro, na avaliação e na programação da mente para que se torne segura de si. Vivemos o mundo externo, e sempre fica em segundo plano reorganizar nosso mundo interno. Estar conectado de forma equilibrada com a realidade é uma conexão com ambas as partes. Questione, avalie, registre, encontre sua verdade. Agir com inteligência emocional promove resultados positivos, e o sentimento de realização torna-se maior.

Um roteiro de trabalho é apresentado a seguir para que você comece a fazer o seu primeiro mapa da vida. Você criará outros mapas com base nos seus objetivos.

1. Ferramentas necessárias:
   - Folha de papel
   - Lápis, caneta – se desejar poder utilizar cores variadas
   - Vontade de autoconhecimento
   - Estar só, com o mínimo de interferência externa

2. Autoquestione-se:
   - Estimule seu diálogo interno com perguntas orientadoras para obter respostas verdadeiras.
   - Como está seu momento presente?
   - Neste instante em que você lê este livro, está em busca de respostas para sua vida?
   - Qual é sua emoção positiva agora? Registre-a no mapa.
   - Você que se tornar mais seguro de suas ações e suas emoções?

3. O esquema na página seguinte é uma sugestão gráfica de um mapa da vida com perguntas orientadoras para seu treinamento.

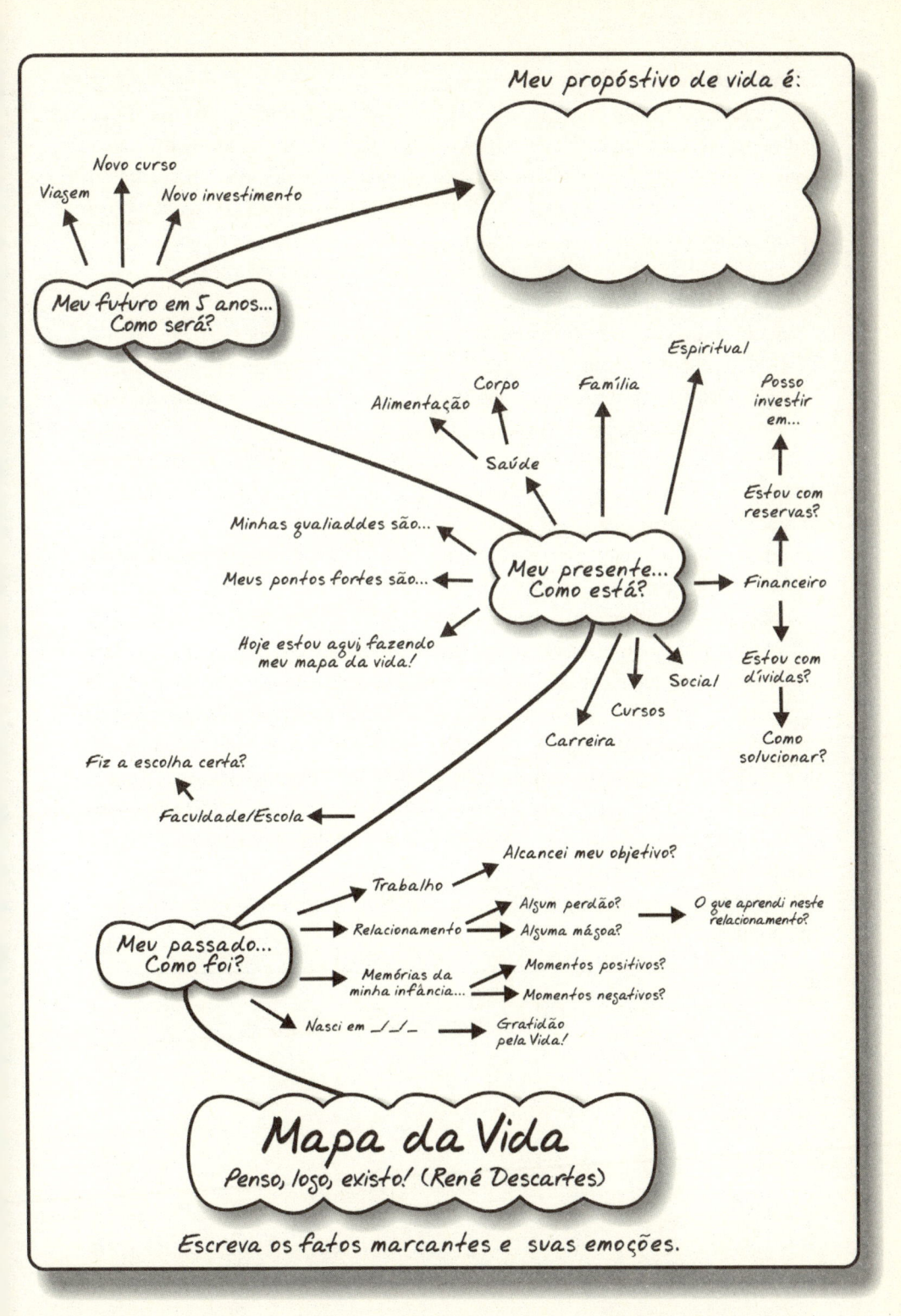

Mapa da Vida

Penso, logo, existo! (René Descartes)

Meu propóstivo de vida é:

Meu futuro em 5 anos... Como será?
- Viagem
- Novo curso
- Novo investimento

Meu presente... Como está?
- Alimentação
- Corpo
- Saúde
- Família
- Espiritual
- Financeiro
  - Posso investir em...
  - Estou com reservas?
  - Estou com dívidas?
  - Como solucionar?
- Social
- Cursos
- Carreira
- Minhas qualiaddes são...
- Meus pontos fortes são...
- Hoje estou aqui, fazendo meu mapa da vida!

Meu passado... Como foi?
- Faculdade/Escola → Fiz a escolha certa?
- Trabalho → Alcancei meu objetivo?
- Relacionamento → Algum perdão? / Alguma mágoa? → O que aprendi neste relacionamento?
- Memórias da minha infância... → Momentos positivos? / Momentos negativos?
- Nasci em _/_/_ → Gratidão pela Vida!

Escreva os fatos marcantes e suas emoções.

Ayumi Matsui Noé

A primeira experiência

Após essa primeira experiência de registrar seus pensamentos, é possível identificar os recursos citados na introdução deste artigo. A PNL utiliza o princípio de que mapa não é território e extrai seus processos internos do questionamento dos seus processos emocionais, registrando-os por meio da escrita. Os objetivos são reprogramar os pensamentos, reformular objetivos e agir através da condução pela comunicação com o mundo externo, reduzindo os conflitos internos.

O *coaching* é aplicado utilizando perguntas-chave que estimulam a voz interior para um autoconhecimento de seu consciente e seu inconsciente.

Surge, então, o *design thinking*, utilizado na esfera corporativa para aplicar um *brainstorming* na vida pessoal e na profissional. As estratégias e os objetivos vão surgindo conforme as palavras e os símbolos mencionados.

E construímos, assim, o mapa da vida, por meio da escrita, inspirado nos recursos dos mapas mentais para identificar nossos pensamentos e analisar nossos comportamentos.

Elaborar o primeiro mapa é o passo inicial para novos mapeamentos semânticos e gráficos. Registrar a complexa visão da vida como mapas mentais, conceituais ou diagramas é um recurso que facilitará o autoconhecimento, reorganizando a mente, reformulando os objetivos e orientando suas estratégias. A emoção estará sob controle de quem constrói um mapa da vida. É um ato de coragem mapear o contexto da vida. Identificar uma crença que impede alguns sonhos que se deseja realizar no caminho da vida. Passo a passo, como em um roteiro de cinema, é possível transformar e evoluir para melhor como ser humano. Somos dotados de elevada inteligência e infinita criatividade e capacidade de sobrevivência. Somos capazes de nos adaptar ao cenário que nos rodeia e somos inteligentes naturalmente para superar os desafios diários.

Cada mapa é único e inovador. Seu tesouro é encontrar o verdadeiro propósito da sua vida.

8

As crenças e significados e a autorrealização

Como as crenças e os significados atribuídos à vida, ao trabalho, aos eventos, etc. interferem no caminho da autorrealização

Beatriz Bruehmueller

Beatriz Bruehmueller

Palestrante, instrutora, psicóloga e *Meta-coach*. Graduada em Psicologia Organizacional e Clínica pela Universidade de Cuiabá (UNIC-MT); bacharel em Ciências Contábeis; pós-graduada em Desenvolvimento de Recursos Humanos para a Qualidade pela Universidade Estácio de Sá-RJ; pós-graduada em Comportamento Humano nas Organizações pela Universidade Federal de Mato Grosso; *trainer* em PNL e Neurossemântica certificada pela International Society of Neuro-Semantics; *master coaching e (holo)mentoring & holomentoring* ISOR pelo Instituto Holos; curso de Hipnose e Hipnoterapia Ericksoniana pelo IMERJ. Coautora dos livros: Liderança e Espiritualidade, 2015 (Leader); PNL nas Organizações, 2015 (Leader); Planejamento Estratégico para a Vida, 2015 (Ser Mais). Mais de 20 anos de experiência em treinamentos comportamentais em liderança e desenvolvimento de equipes. Experiência de dez anos em gestão de pessoas e projetos sociais. Desenvolve programas de treinamento comportamental para empresas.

Contatos
www.beatrizbruehmueller.com.br
beatrizb.psi@gmail.com
Skype: Beatriz Bruehmueller
(65) 99604-1234 / 3627-6219

Buscando nas ideias e nos trabalhos desenvolvidos por Abraham Maslow e outros do Movimento do Potencial Humano, assim como nos estudos de um de seus seguidores, dr. L. Michael Hall, que trazem como grande contribuição a questão do que significa ser um ser humano funcionando plenamente, um ser humano que está muito além das neuroses, um ser humano que pode viver com significado e paixão, gostando da vida, descobrindo seus potenciais, amando, contribuindo e fazendo a diferença. O presente artigo, escrito a partir desses estudiosos e também de outros conhecimentos e autores, assim como da minha experiência como *coach*, tem por objetivo apresentar um dos aspectos relevantes sobre a questão da autorrealização, que são os significados e as crenças que se atribuem a nossa vida, ao nosso trabalho e as suas consequências.

Conhecer nossas crenças e os significados atribuídos nas diversas áreas da vida nos proporciona um novo olhar para a forma como criamos nossa realidade, com nossos pensamentos, emoções e valores, e como isso impacta na qualidade de nossa vida.

O ser humano, por meio de sua mente autorreflexiva, consegue atribuir significados aos eventos e às experiências vivenciados na sua vida. A cada significado atribuído, através do que pensamos e sentimos, trazemos para nosso sistema mente-corpo-emoção um colorido, uma cadeia de características que dá origem aos seus metaestados.

Metaestados são estados acima dos estados. Estado é a resultante que se expressa em nosso corpo, em nossa neurologia, em consequência de um evento externo, do significado que atribuímos a ele e da emoção que sentimos em virtude dele.

Michael Hall aprofundou-se nos trabalhos de Maslow, principalmente na hierarquia das necessidades, segundo a qual todo ser humano tem necessidades que obedecem à certa hierarquia, o que ele simbolicamente representou por meio de uma pirâmide. Iniciando pela base da pirâmide, temos as necessidades básicas, que são: necessidades fisiológicas (fome, sede, etc.), necessidade de proteção e segurança (sobrevivência em longo prazo), necessidades de pertencimento e amor (afiliação e aceitação), necessidades de estima (realização e ganho de reconhecimento).

Já na parte superior da pirâmide estão as metanecessidades, que são: necessidades cognitivas (conhecimentos e compreensões), necessidades estéticas (ordem e beleza) e necessidade de autorrealização (realização de potenciais).

Maslow descobriu que as necessidades humanas são hierarquicamente dinâmicas e ativas, de modo que, com a satisfação de uma classe de necessidade, outra classe de necessidade emerge. "O homem é uma hierarquia de necessidades, com as necessidades biológicas na base da hierarquia e as necessidade espirituais no topo" (Maslow, 1971, p. 186).

Para Maslow, todo ser humano já nasce com um potencial para se autorrealizar, porém observamos que uma porção significativa das pessoas não consegue chegar ao topo da pirâmide. E isso não ocorre apenas nas classes sociais menos favorecidas; ao contrário, podemos encontrar pessoas das diversas classes sociais que não conseguiram chegar ao topo, à autorrealização.

Um dos fatores que contribuem para que o ser humano não se autorrealize é sua tendência de diminuir nossa humanidade, não reconhecendo todo o potencial que temos a desenvolver, porque não nascemos prontos. Para nos tornarmos autorrealizados, é necessário ter consciência da nossa verdadeira natureza e nos empenharmos nesse caminho, pois autorrealização é um processo, uma "tarefa" para a vida toda.

É certo que podemos "viver" conformados com menos, ser uma expressão "pobre" do que poderíamos ser, entretanto é importante considerar o que diz Maslow a esse respeito: "Se você planeja deliberadamente ser menos do que você é capaz de ser então vou alertá-lo de que será profundamente infeliz o resto de sua vida. Você estará evitando suas próprias capacidades e possibilidades".

Durante os últimos 20 anos realizando trabalho com equipes e também atendimentos individuais, pude testemunhar o que Maslow realmente queria dizer na citação acima. Encontrei muitas pessoas realizando trabalhos de que não gostavam, no qual não se sentiam realizando algo que fosse significativo para si mesmas. Pareciam presas àquela situação. Investigando esse aspecto, encontrei diversas razões, como, por exemplo, o fato de elas estarem presas a boas remunerações, a boas condições de trabalho e também à acomodação. Porém, os motivos no íntimo de muitas pessoas que se sentiam prisioneiras de suas atividades, que para elas eram desgastantes e de que não gostavam, mas mesmo assim as mantinham, eram suas crenças sobre si mesmas e sobre o trabalho. Entre elas existem crenças acerca da importância da atividade diante da opinião da família e/ou da sociedade; crenças sobre si mesmas com relação à sua in/capacidade de realizar outra atividade e/ou in/capacidade de aprender outras habilidades, etc. Essas crenças, em sua maioria, colocavam a pessoa numa condição de descrença sobre seu potencial de realização.

Para melhor compreensão, vamos inicialmente trazer os conceitos sobre crença e os tipos identificados.

O que são crenças?

Segundo Joseph O'Connor (2006, p. 321), "Crenças são as generalizações que fazemos sobre os outros, sobre o mundo e sobre nós mesmos que se tornam nossos princípios operacionais. Agimos como se fossem verdadeiras e são verdadeiras para nós".

Entre essas crenças, podemos identificar, segundo Robert Dilts (1993, p. 28), três tipos: crenças sobre causas, crenças sobre significado e crenças sobre identidade.

Crenças sobre causa passam pelos filtros da nossa vivência. Se uma pessoa acredita que x é a causa de alguma coisa, seu comportamento vai ser direcionado para fazer x acontecer, ou impedir que aconteça, no caso de consequências negativas.

As crenças sobre significado são aquelas que determinam o que um acontecimento significa, ou seja, se ele é importante ou necessário. O que significa para alguém ter câncer? Se uma pessoa tem câncer, será que isso significa que ela é ruim e está sendo punida? Isso significa que ela precisa fazer modificações no seu estilo de vida? As crenças sobre significado causarão comportamentos congruentes com a crença.

As crenças sobre identidade incluem causa, significado e limites. Qual é a causa de você fazer alguma coisa? O que significa o seu comportamento? Quais são seus limites pessoais? Ao modificar suas crenças sobre sua identidade, a pessoa muda de alguma maneira.

Nossas crenças podem nos impulsionar para a realização ou podem nos limitar, nos paralisar e impedir que tenhamos a ação/atitude necessária perante as circunstâncias e são impeditivos da realização. É possível que as pessoas que não se autorrealizaram estejam presas a crenças limitantes, principalmente sobre si mesmas, e que atribuam significados pobres à vida, ao trabalho e a seus próprios potenciais.

Lembro-me de uma ocasião, como gestora de pessoas de uma empresa, em que conversava com um empregado, homem de 25 anos, e sugeria que ele voltasse a estudar, visto que ele concluíra apenas o Ensino Fundamental, para que pudesse galgar outros postos dentro da empresa. Foi um grande choque para mim ouvir dele que estava velho para voltar a estudar e que não daria conta. Observemos que em sua fala ele nos mostra a crença sobre identidade, que envolve o significado que tem sobre idade para estudar ("estou muito velho") e também sobre sua capacidade de aprender um novo trabalho ("não vou dar conta"). Ambas as crenças são limitantes e desempoderadoras. Pessoas com essa qualidade de crenças terão dificuldades para realizar projetos e mudanças necessárias e, principalmente, para se autorrealizar, pois suas crenças apontam para os significados que elas atribuem ao trabalho e a si mesmas.

Sabemos que o meio em que vivemos exerce grande influência sobre nós, pois as crenças que temos, em sua maioria, são aprendidas em nossa família e nos diversos grupos sociais de que participamos desde a primeira infância. Podemos continuar a nos esconder atrás dessa condição, concordando com o que dizia Maslow, "o homem tem se vendido barato", ou podemos ir além e considerar o que o filósofo existencialista Jean-Paul Sartre ponderava a respeito do homem e seu destino: "O essencial não é aquilo que se fez do homem, mas aquilo que ele fez daquilo que fizeram dele". Para Sartre, o homem é o construtor de seu próprio destino. Assim como ele, acredito que o ser humano é o agente de sua vida, construtor de sua realidade, independentemente da condição que tenha recebido.

Não conseguimos simplesmente existir, como alguém que todos os dias faz as mesmas coisas: acorda no mesmo horário, toma o mesmo café, pega sua condução, vai para o trabalho e lá realiza suas atividades mecanicamente. E, assim, passam dias, meses e anos, e ficamos esperando as férias para poder fazer algo diferente. O interessante é que às vezes até as férias viram rotina: acordar em determinado horário e simplesmente fazer alguma coisa. E tudo vira um grande vazio, uma vida pobre, sem valor, sem sentido. O ser humano nasceu para muito mais, para expressar seu potencial máximo, para se autorrealizar. Embora alguns consigam, muitos ficam aquém.

"O que diferencia um ser humano que tem ânsia pela vida e outro que parece não se importar se vive ou morre?", questiona Viktor Frankl, médico psiquiatra, fundador da Logoterapia, que viveu horrores no campo de concentração em Auschwitz. Apesar da fome, do frio e da brutalidade que experimentou diariamente, esperando a cada momento o próprio extermínio, conseguiu superar todos os limites e encontrar uma razão para fazer a vida valer a pena. Assim, a partir de suas experiências pessoais e observando seus companheiros de infortúnio, chegou às questões que fazem com que um ser humano queira continuar a viver ou desistir da vida. À medida que perguntava sobre os motivos que os mantinham vivos, foi fundamentando seus estudos sobre o comportamento humano, que ele intitulou Sentido de vida. E, observando aqueles que, apesar de todos os maus-tratos, se mantinham vivos, pôde concluir que o ser humano que tem uma razão ou um motivo para viver, se manterá vivo, ao passo que aquele para o qual a vida já não faz sentido e não encontra, portanto, razões para viver, mais facilmente desiste dela. "É o ser que sempre decide o que é", diz Frankl.

Analisando esses estudos de Frankl, acrescento que "ter uma razão ou um motivo para viver" está diretamente ligado ao que acreditamos sobre nós, sobre o ser humano, sobre a vida e principalmente sobre as razões para viver. Quem tem um "sentido de vida" tem crenças e significados empoderadores, possibilitadores, o que confere grande valor a si mesmo e ao significado que sua vida e sua contribuição trazem ao seu meio/mundo.

"É possível mudar crenças? É possível mudar significados?" A resposta a essas perguntas é SIM, podemos mudar o que quisermos. Para isso, basta tomarmos consciência de como estamos pensando, acreditando, e os significados que estamos atribuindo. Segundo o dr. Hall, significados são ideias sobre o que acreditamos que as coisas são, o que acreditamos que as coisas significam, o que acreditamos sobre o que causam as coisas, etc. Assim, primeiro inventamos nossas ideias sobre aquilo que pensamos ser real e verdadeiro e então acreditamos nelas. E, por acreditarmos, construímos nosso sentido e sentimento de realidade. Isso acontece dessa forma porque uma crença é um comando para nosso sistema nervoso – aquilo em que acreditamos dá ordens para que seu sistema mente-corpo-emoção o torne real. Isso também é verdade para aquilo que você desacredita. Uma descrença é uma descrição daquilo que você acredita que não é. Como uma consciência mais elevada, toda crença afirma algum significado ou significância acerca do que você valida ou desvalida.

Então, quando tomamos consciência de que somos os criadores dos significados e de que nossa vida tem o colorido que lhe atribuímos a cada momento, por meio dos significados que damos a cada evento de nossa vida e a nós mesmos, assim como atribuímos significados desempoderadores, podemos atribuir novos significados adequados às situações, os quais confiram valor e grandeza ao que é valoroso. Se temos crenças limitantes, que foram aprendidas, da mesma forma podemos aprender novas crenças, substituindo-as por crenças que nos favoreçam alcançar o que quisermos.

Em termos de liberar potenciais e se autorrealizar, dr. Hall afirma que "ser capaz de detectar suas crenças e pôr para fora seu sistema de crenças o capacita a identificar suas crenças tanto favorecedoras quanto limitantes e trabalhar com elas".

Por meio do *coaching*, podemos proporcionar às pessoas entrar em contato com os significados que dão a si próprios, à sua vida, ao seu trabalho, aos eventos, aos seus objetivos e às suas metas, além dos resultados que esses significados e crenças conferem ao longo de suas vidas, possibilitando, a partir daí, a criação de novos significados e crenças, mais adequados e alinhados com seus reais objetivos e potenciais, possibilitando o caminhar para a autorrealização. Como afirmamos, a autorrealização é um processo, um projeto para a vida, e um dos passos importantes é o trabalho com as crenças e os significados. Desejo que você possa alcançar o topo da pirâmide e tenha uma vida rica de significados e de sentido.

Referências

DILTS, Robert. *Crenças: caminhos para a saúde e o bem-estar.* São Paulo: Summus, 1993.

HALL, L. Michael. *Liberte-se! – estratégias para autorrealização.* Rio de Janeiro: Qualymark, 2012.

O'CONNOR, Joseph. *Manual de Programação Neurolinguística PNL.* Rio de Janeiro: Qualymark, 2006.

9

Você pode e consegue o que desejar

Coaching transforma sonhos em realidade, envolve sua imaginação e é extremamente prático, porque lida com metas e realizações. E todos nós podemos, sendo hábeis mestres das técnicas do *coaching* ou intuitivos leigos em busca de nossos sonhos, fazer perguntas e encontrar as respostas dentro de nós mesmos para a busca de nossos ideais

Carla Ruggeri

Carla Ruggeri

Master coach pelo Instituto Brasileiro de Coaching (IBC), com certificação internacional pela European Coaching Association (ECA), pela Global Coaching Community (GCC) e pelo Integrated Coaching Institute (ICI). Bacharel em Administração de Empresas pela Universidade Presbiteriana Mackenzie, com MBA Executivo em Gestão pelo Insper (SP), acumula 22 anos de experiência profissional na área de Recursos Humanos em organizações multinacionais do setor financeiro. *Master practitioner* em Programação Neurolinguística (PNL), com formação em Terapia Regressiva Reconstrutiva pela Asociación Española de Técnicas Regresivas Aplicadas (AETRA) e vivência em Constelações Sistêmicas. Atua como *coach* apoiando pessoas na conquista de seus objetivos e de sua evolução, maximizando a utilização de seu potencial nos âmbitos pessoal e profissional. Coautora do livro Master coaches – técnicas e relatos de mestres do coaching, com o capítulo "A contribuição do coaching para a evolução humana", e autora do artigo "O papel do coaching na evolução humana", publicado na Coaching em revista, nº 00, ambos da Editora Ser Mais.

Contato
cruggeri@carlaruggericoaching.com.br

Há alguns anos, em outro artigo que escrevi, mencionei que a maioria das pessoas vive com o piloto automático acionado. Trabalham, casam, convivem com as pessoas que amam de maneira rotineira, mecânica e distante, cumprem os compromissos sociais e profissionais sem ponderarem se estão seguindo o caminho que um dia haviam de fato sonhado.

Além disso, o mundo moderno, com a tecnologia cada dia mais avançada, o acesso fácil a um grande volume de informações e os aplicativos inovadores, desafia-nos a pensar de forma diferente e criativa para que nos adaptemos e acompanhemos a evolução de um mercado de trabalho altamente competitivo.

Somados os ingredientes de uma vida conduzida de forma automática e a pressão dos tempos modernos, as pessoas estressam-se pelo acúmulo de obrigações e frustrações. Não se sentem realizadas, e há sempre uma lacuna a ser preenchida, mas não sabem como fazê-lo.

O primeiro passo é ter a coragem de admitir para si mesmo que está infeliz com sua condição atual e está disposto a buscar preencher esse vazio. Por mais simples que possa parecer, esse primeiro passo normalmente é um dos mais difíceis, uma vez que o ser humano normalmente se autoboicota por meio de um processo de autoengano totalmente inconsciente. E o autoengano é poderoso, porque, para que acreditemos em uma mentira contada a nós mesmos, ela precisa ser muito sedutora. E aí está o perigo! A mentira que criamos é tão sedutoramente maravilhosa que ela só pode ser verdade e, por isso, acreditamos nela. Torna-se uma crença e, como nesse caso ela faz a pessoa infeliz, é limitante.

Parece contraditório, eu sei. Deixe-me esclarecer com um exemplo: visualize uma moça, vamos chamá-la de Lina. Filha de pais pobres residentes em uma favela de São Paulo, a mãe trabalha como faxineira e o pai, como pedreiro. Lina trabalha desde os 14 anos para ajudar em casa e, seguindo o exemplo da mãe, também limpa residências como faxineira diarista. Até os 25 anos ela se sentia incompleta, como se algo faltasse em sua vida. Ela não queria só aquilo, mas, em seu íntimo, ela tinha a crença de que tinha nascido para ser igual à mãe, trabalhadora honrada, responsável e cumpridora de suas obrigações. Essa era a sua mentira sedutora. Entretanto, um dia ela acordou e percebeu que poderia cursar uma faculdade e seguir uma carreira. Deu o primeiro passo! Foi quando decidiu estudar Psicoterapia

Infantil e hoje paga a mensalidade da faculdade com o que ganha fazendo faxinas. Mas paralelamente já iniciou um estágio na área de seu curso, e seu sonho é atuar de fato como psicoterapeuta depois de formada.

Adquirida a consciência de que você deseja mudar algo em sua vida, a próxima pergunta a responder é: o que quer mudar?

Também pode parecer algo simples de ser respondido, mas novamente a maioria das pessoas depara com barreiras internas a serem transpostas. A primeira é o medo da mudança em si. A situação atual é incômoda, mas é conhecida, e tudo o que é conhecido traz conforto. Já a mudança é justamente o oposto, pois ela implica se questionar como o contexto desconhecido será. E essa sensação gera incertezas, inseguranças... medo!

Realizar um processo de autoconhecimento facilita e é fundamental para todos os indivíduos, independentemente da condição social, do nível acadêmico ou do cargo exercido na profissão. Quanto melhor você se conhece, melhor interagirá com o mundo ao seu redor e com todas as suas possibilidades. Assim, se você ainda não iniciou esse processo, recomendo que o faça quanto antes. Mas já aviso que, quando começar, nunca mais parará, pois a cada dia nos conhecemos um pouco mais, descobrimos algo novo a nosso respeito.

Contudo, antes de responder o que quer mudar, talvez você sinta necessidade de responder a outra pergunta: o que você quer para sua vida? O que busca?

Somos rodeados por expectativas e exigências das mais diversas magnitudes e intensidades em todos os meios em que estamos inseridos, sejam elas de cunho profissional, familiar, social, religioso ou de outras comunidades de que você participe. Muitas pessoas ainda somam uma autocobrança exagerada, elevando os níveis de expectativa e exigências a patamares ainda mais altos, às vezes insuportáveis.

A dura realidade, os problemas diários, o viver de forma mecânica causam estresse, acabam com o equilíbrio e a paz de espírito e, se não cuidados a tempo, geram as famosas síndromes e distúrbios que lotam os consultórios de psicólogos e psiquiatras, quando não desencadeiam doenças físicas ainda mais graves.

No entanto, você pode mudar, pois temos a principal arma para isso: nosso cérebro. E a principal maneira de usar essa arma é fazendo perguntas por meio das quais você buscará suas respostas. Mas atenção! Tenha coragem e faça as perguntas que realmente serão transformadoras para a sua vida.

Pode parecer óbvio para alguns, mas não o será para todos. Quando for definir o que você deseja, pense cuidadosamente naquilo que quer, no positivo. Seu cérebro o induzirá a pensar em tudo aquilo que você não quer, e isso o tirará do foco.

Um resultado, um estado desejado é o que você quer. Algo que você não tem em seu estado atual. O resultado é o alcance do estado desejado, porém, para que aconteça, ele deve ser imaginado minuciosamente, planejado e executado. Ao determinar um resultado, tornamo-nos conscientes da diferença entre o que temos e o que desejamos. Essa diferença é o "problema" ou, como prefiro chamar, a "conquista" ou o "desafio". Quando entendemos a dimensão do desafio e temos certeza do nosso estado desejado, podemos planejar nosso caminho de um ponto a outro e tornamo-nos proativos, assumimos a propriedade do desafio e começamos a trabalhar a solução. Observe que, quando não sabemos o que queremos, normalmente estamos empenhados em trabalhar para alcançar os resultados de outras pessoas e tornamo-nos pessoas desmotivadas e sem energia.

Na PNL, um resultado é aquilo que você deseja. E desafios não podem ser conquistados a não ser que você defina um resultado. Para iniciar a jornada entre o estado atual e o estado desejado, há quatro perguntas básicas a fazer:

1. Em que direção estou indo? Estou indo para o estado desejado?
2. Por que estou indo para lá? Quais são os valores que me guiam nesse sentido?
3. Como chegarei lá? Qual é a estratégia para a minha jornada?
4. E se algo der errado? Plano B, gestão de risco e planejamento de contingências.

Também é importante manter o pensamento voltado para os resultados. Com o passar dos anos, noto que as pessoas estão cada vez mais emaranhadas no pensamento voltado para os problemas, preocupadas em observar os erros, atribuir culpas e fazer críticas destrutivas, como se somente coisas ruins acontecessem e como se as pessoas as causassem deliberadamente. O pensamento voltado para problemas faz com que o problema, quando de fato existe, seja ainda mais difícil de ser resolvido, porque ele parece maior do que realmente é. Quando focamos o pensamento no resultado, as pessoas tornam-se mais participativas e colaborativas.

Uma forma de treinar nosso cérebro a manter o pensamento no resultado é manter o foco no positivo. Shawn Achor, pesquisador, estudioso e palestrante premiado pela Universidade de Harvard, dedica sua área de interesse à felicidade e ao potencial humano com abordagem direta da Psicologia Positiva. Shawn, em uma de suas palestras, garante que as pessoas se tornarão muito mais felizes e produtivas a partir do 21º dia, apenas seguindo uma receita básica que compartilho a seguir.

1. Todos os dias, escreva em um diário:
    a. Três coisas novas pelas quais você é grato;
    b. Relate uma experiência positiva nas últimas 24 horas.
2. Medite diariamente por três minutos, mantendo uma energia relaxada.
3. Pratique atos de gentileza aleatórios diariamente.

Mas, voltando à busca do estado desejado, como você saberá se atingiu o resultado? À medida que você for evoluindo em seu caminho, como saberá se está tendo sucesso? Há algumas formas de evidenciá-lo, pois é importante monitorar se continua seguindo na direção certa para alcançar seu resultado. As evidências precisam ser na quantidade adequada e exatas para medir o progresso.

Outro elemento fundamental para atingir o estado desejado é o plano de ação. É ele que vai ajudá-lo a responder à pergunta: o que fazer a seguir? Portanto, dedique tempo e elabore um plano de ação detalhando o resultado almejado; as evidências a monitorar; quando, onde e com quem trabalhar; recursos a dispor; qual o controle necessário; se a identidade desse resultado tem a ver com quem você é; quais são as causas e as consequências (quem é afetado de alguma forma e, se de forma negativa, como minimizar); em quanto tempo o resultado deve ser atingido; etc.

Alguns resultados são mais importantes e/ou têm dimensões maiores que outros. Até aqui, enquanto você lê este texto, seu estado desejado pode ser restabelecer o relacionamento com um ente querido, ou casar-se com quem já se relaciona, ou divorciar-se, ou ter um filho, ou adotar um filho, ou ter um animal de estimação, ou mudar de emprego, ou pleitear uma promoção, ou comprar um imóvel, ou... as possibilidades são inúmeras. Agora, avançando um degrau acima, e se seu estado desejado for encontrar o seu propósito de vida, descobrir o que lhe trará a realização máxima, a satisfação plena e inquestionável?

Há a história dos dois operários de construção que foram questionados a respeito do que estavam fazendo. O primeiro respondeu: "Estou assentando tijolos". E o segundo disse: "Estou construindo o prédio mais moderno da cidade". Qual estava mais motivado e trabalhava melhor? Essa é a diferença quando encontramos o propósito.

Pesquisadores descobriram que as pessoas que acreditam que suas vidas têm valor, que encontraram um propósito maior, apresentaram menor probabilidade de morrer mais cedo do que as outras. Viktor Frankl publicou um estudo com prisioneiros em campo de concentração (Experiences in a Concentration Camp) no qual revela que aqueles que tinham um forte propósito para viver foram os que sobreviveram. Para ele, isso aconteceu, pois acreditavam que tinham algo importante a realizar. A partir daí, Viktor desenvolveu a logoterapia – de logos, que em grego significa "sentido" ou "significado" – e passou a trabalhar junto a pacientes com câncer, nos quais também observou melhor sobrevida quando estes encontram sentido nas coisas que têm a realizar.

Quando descobrimos nosso propósito de vida e o aliamos ao nosso trabalho, entramos naturalmente em um círculo virtuoso, que se retroalimenta: o propósito gera felicidade, que energiza para o trabalho com satisfação plena e motivação, o que resulta em superação, alta produtividade e autorrealização. Assim, você estará entregando mais do seu propósito, o que gerará mais felicidade, que energizará para a entrega de mais trabalho com plena satisfação e motivação, o que resultará em superação, alta produtividade e autorrealização...

Propósito de vida → Felicidade → Energia positiva → Satisfação plena → Motivação → Superação → Alta produtividade → Autorrealização → Propósito de vida

A notícia boa é que isso será tão natural no seu dia a dia que você não precisará recorrer mais às ótimas técnicas da Psicologia Positiva para manter seu cérebro positivo e, consequentemente, manter-se feliz e produtivo, porque isso já será parte intrínseca de você.

E, como escreveu Valéria José Maria, "[...] não basta estar feliz e realizar algo. É preciso ser feliz e sentir-se realizando a vida".

Está preparado?

Referências

FRANKL, Viktor E. *Em busca de sentido - um psicólogo no campo de concentração*. São Paulo: Vozes, 2008.

LAGES, Andrea, O'CONNOR, Joseph. *Coaching com PNL, o guia prático para alcançar o melhor em você e em outros*. Rio de Janeiro: Qualitymark, 2013.

Site:

ACHOR, Shawn. *The happy secret to better work.* Disponível em: < https://www.ted.com/talks/shawn_achor_the_happy_secret_to_better_work?language=pt-br > Acesso em:

10

Coaching vocacional

O Ensino Médio acabou, e agora?
Passos para a escolha de uma carreira de sucesso

Carmen Adell

Carmen Adell

Psicóloga e *coach* formada pelas Faculdades Metropolitanas Unidas (FMU), especialista em Psicologia Cognitivo-comportalmental. *Professional & life coaching* certificada pelo Behavioral Coaching Institute (BCI) e *coaching* vocacional e de carreira pelo Instituto Maurício Sampaio (IMS). Participante do 2º Congresso Nacional de Autodesenvolvimento (CONADE) e membro do Congresso Nacional de Programação Neurolinguística (CONAPNL). Formação em Psicoterapia Breve, com extensão na área Hospitalar e da Saúde, Drogas e Dependência Química, pelo Centro de Estudos e Pesquisa em Psicologia da Saúde (CEPPS); em Gestalt Terapia pelo Instituto Gestalt Terapia; Psique do Adolescente, Sintomas do Homem Contemporâneo, Filosofia e Psicanálise. Realizou pesquisa junto a crianças com deficiência intelectual na A.A.C.D., no Lar Escola São Francisco e nas Casas André Luiz. Desenvolveu trabalho sobre Saúde Mental no Sanatório João Evangelista. Oferece, ainda, atendimento em *life coaching*, *coaching* vocacional, *coaching* de carreira e psicoterapia.

Contatos
www.carmenadell.com.br
carmen@carmenadell.com.br
www.facebook.com/carmenadell
WhatsApp (11) 99659-8873

Introdução

Todos sabemos como o processo de amadurecimento do jovem é cercado por questões inquietantes e como, na maioria dos casos, essa fase passa a ser extremamente desafiadora na hora de optar por uma carreira.

Vestibular, carreira, profissão, sonho, vocação, metas, aptidão, futuro, realização pessoal. Na mente do jovem, essas palavras transitam em ritmo frenético, consequência daquela pergunta infalível que todos fazem ao final do Ensino Médio: que profissão escolher?

Os jovens estudantes do Ensino Médio, os que iniciam o Ensino Superior ou mesmo aqueles que acabam de se formar ou enfrentam os desafios do primeiro emprego atravessam, em sua maioria, períodos de ansiedade, angustias e incertezas. Muitas vezes esses sentimentos estão presentes porque os jovens acreditam estar fazendo uma escolha para a vida inteira, e é nesse momento que se instalam as pressões externas e internas, e, em certos casos, todos esses sintomas acabam se tornando patológicos e originando diversas doenças psíquicas, como depressão, pânico e transtornos emocionais graves.

O jovem precisa compreender que, embora seja uma escolha muito importante, ela não é necessariamente para toda a vida, porque muita coisa pode mudar pelo caminho. Esse momento é só o começo de uma longa jornada profissional. Escolher a profissão não significa definir toda a sua carreira, pois não há como prever o futuro só pela escolha profissional.

Mais importante ainda é entender que a profissão é um dos componentes do seu projeto de vida, e é preciso ter em mente que o mercado muda, as pessoas mudam, e muitas vezes será necessário ajustar todas essas necessidades no meio do caminho.

Como direcionar o jovem nesse processo?

A adolescência e a juventude são fases do crescimento marcadas por fenômenos culturais, e para entendê-las necessitamos, cada vez mais, compreender o desenvolvimento humano e a transformação que cada geração adulta define. Distúrbios emocionais são característicos dessa fase e um motivo permanente de preocupação por parte de pais e educadores. Problemas de relacionamento entre pais e adolescentes ocorrem pela falta de comunicação e de critérios para estabelecer os parâmetros necessários para a mudança de comportamentos. O jovem precisa se tornar gestor de sua própria vida, uma vez que ele quer conhecer o novo, e, para tanto, é imprescindível que conte com o apoio e a confiança dos pais.

As competências profissionais são debatidas a todo momento no mundo empresarial. A concorrência, o processo de globalização, a internacionalização e a tendência contemporânea de fusão entre empresas acabam instalando um processo que diminui os espaços e o tempo para a execução de tarefas, levando a questões que vêm à tona e resultam numa crise de mercado sem precedentes.

Passar por um processo de *coaching* durante o Ensino Médio, a graduação ou a pós-graduação é um fator de grande relevância, pois o novo profissional vai sair do nível de sua jornada acadêmica sabendo quem é, o que ele quer realmente fazer e como ser um companheiro e líder melhor para seus parceiros, lembrando que o líder do passado sabe dar ordens, mas o do futuro sabe pedir.

Aprender a lidar com decisões, cumprir prazos, conseguir verbalizar de maneira estruturada suas ideias junto aos superiores das empresas, ser participativo, saber lidar com equipes, usar sua intuição para identificar habilidades positivas e tomar decisões com clareza e firmeza, alinhadas com os valores da corporação, são aspectos importantes para quem estará à frente de exigências do mundo empresarial e da vida como um todo.

Tomar a decisão mais acertada? Qual profissão mais combina com o seu perfil? As respostas a essas questões são fundamentadas por meio da busca de informação, que deve iniciar pela descoberta de si próprio, para, assim, explorar rigorosamente as carreiras existentes, o mercado de trabalho e as muitas frentes em que se pode atuar.

Quando tem papel ativo sobre sua escolha, o jovem adquire segurança e autoconfiança em suas decisões; e investir nesse processo é essencial para se colocar de forma integral na carreira.

Pais, filhos e mercado de trabalho

Entender um pouco como o desafio do *coaching* vocacional atua nos faz refletir sobre algumas questões relacionadas às influências positivas e negativas, sobre o apoio e o papel dos pais na construção do projeto de vida de seus filhos e sobre as exigências do mercado de trabalho nos dias de hoje.

Além das inúmeras preocupações dos pais de adolescentes em relação ao estudo, à sexualidade, às drogas, à violência, às amizades e à tecnologia, ao término do Ensino Médio existe ainda a busca por fórmulas que possam ajudar seus filhos a se prepararem para o futuro, mais especificamente para o mundo do trabalho.

Muitos pais procuram escolas "fortes", com ensino "puxado", na esperança de que deem conta do que acreditam ser essencial para um vestibular de sucesso e investem em cursos extras, como de informática, pré-vestibular, inglês, etc. Mesmo assim, muitos jovens desistem do curso superior, desistem da universidade e transferem-se diversas vezes de universidade e de curso, o que resulta em muitos conflitos e gasto.

A evasão universitária, segundo pesquisas recentes, é de 40% a 50%, sendo 30% dos casos provenientes de cursos da Universidade de São Paulo (USP).

Se formos um pouco mais adiante, de acordo com pesquisa realizada pelo International Stress Management Association (ISMA), a prevenção e o tratamento do estresse no mundo, apontou que, no Brasil, cerca de 80% dos profissionais ativos no trabalho estão insatisfeitos. Certamente essas pessoas escolheram uma profissão na fase de término do Ensino Médio, e as decisões tomadas nessa idade possuem alta margem de erro. Além disso, é provável que tenham recebido influências externas que acabaram gerando conclusões e conhecimentos que indiretamente podem ter comprometido sua escolha.

Conhecemos também os índices de adultos que sofrem de depressão e outras doenças psicossomáticas em razão do trabalho, pessoas que vivem amarguradas e tristes porque não são realizadas profissionalmente.

Pensando que o "mundo do trabalho" engloba não só profissões, mas toda sua forma de atuação, como empregado, empregador, empreendedor, investidor e profissional autônomo, lembro-me de um artigo recente em que um *chief executive officer* (CEO) mencionou alguns pontos essenciais que ele e a cultura de sua empresa avaliam quando procuram um profissional para contratar, os quais, infelizmente, são características que não são trabalhadas na educação básica:

- Ser multicultural
- Ter multiplicidade de vivências
- Entender de pessoas
- Ter flexibilidade
- Desafiar a zona de conforto
- Possuir capacidade de reaprender
- Possuir capacidade de reinventar-se
- Ter humildade

Nosso ensino apresenta o que chamamos de *"gap"*, que significa o distanciamento entre o que as escolas e as universidades ensinam e o que o mercado efetivamente exige.

Estamos falando de competências ou inteligências que vão além do conhecimento técnico, as quais, embora importantíssimas, não garantem vaga na universidade nem mesmo sucesso profissional dentro de uma empresa conceituada.

Como ajudar seus filhos?

Procure o momento ideal e observe a rotina de seus filhos. Entenda sem críticas as necessidades que eles possuem e acompanhe mais de perto o dia a dia deles.

Coaching e *coaching* vocacional
Conceitos de base
O processo de *coaching*

Coaching é um método desenvolvido e reconhecido internacionalmente que proporciona a autorrealização e o autoconhecimento, direcionados ao alcance de suas metas e seus objetivos, alinhados para uma vida equilibrada com seus valores, sua missão e seu propósito de vida.

Portanto, *coaching* é um processo objetivo, guiado por um conjunto de informações crescentes oriundas de sessões, estabelecendo metas, com a finalidade de atingir transformações positivas na vida.

Por meio do reconhecimento das habilidades e das diferentes oportunidades de cada um, propicia-se a mudança de atitude, ou mesmo a adequação de um comportamento, transformando seus objetivos em atitude e também o resultado atingido – ou o encaminhamento para isso.

Coaching vocacional

Os objetivos do *coaching* vocacional são preparar o jovem para o futuro e promover seu autoconhecimento e seu desenvolvimento pessoal.

Por meio da metodologia aplicada, o *coach* torna-se parceiro de pais e educadores e conscientiza o adolescente para que este desenvolva suas competências, construa um caminho transformador e tenha autonomia no final do processo para trilhar os caminhos que escolheu.

Dessa maneira, o *coaching* vocacional possibilita que o indivíduo se desenvolva por si próprio e promova o desbloqueio de potencialidades usando seus próprios recursos. Tem como finalidade gerar excelência em atitudes e competências.

O *coach* atua como um profissional que gera motivação, rendimentos, capacidade de comunicação. O *coach* é um agente facilitador do jovem que está em busca de respostas, decisões e soluções.

Assim, o aluno identifica do que necessita, o que quer, o que merece e os recursos internos e externos com que pode contar e estabelece prazos adequados para alcançar seus objetivos. Além disso, descobre e reconhece seus valores, as oportunidades e o que poderia impedi-lo de chegar ao seu objetivo e aprende, ainda, como planejar uma estratégia para entrar em ação.

Metodologia e fundamentação teórica do *coaching* vocacional

Algumas metodologias compõem esse processo, as quais fazem parte das próprias ferramentas e das filosofias do *coaching*. Por exemplo:

- Inteligência emocional
- Psicologia positiva
- Neurociências
- Estilos de aprendizagem
- Programação Neurolinguística (PNL)

Alguns especialistas e pensadores contribuem para que esse embasamento teórico seja desenvolvido, como Jean Piaget, pensador construtivista que desenvolveu o conceito da epistemologia genética, e Lev Vygotsky, com a teoria histórico-cultural, abordagem conhecida como sócio-histórica.

Etapas do *coaching* vocacional

Autoconhecimento

O autoconhecimento é uma das etapas de grande importância e de descobertas para o jovem.

Nesse momento, são aplicadas algumas ferramentas que possibilitam levantar o perfil cognitivo e emocional do indivíduo. Trata-se da oportunidade de identificar suas habilidades, seus talentos, seus interesses e suas motivações e aprender a usar seus pontos fortes, impulsionando-os a seu favor. Outro aspecto importante é a elaboração de estratégias para superar suas fraquezas e as influências negativas. É um momento de muita reflexão e conscientização de suas próprias crenças limitantes, como elas agem e como podem ser desafiadas.

Planejamento

Um dos segredos para alcançar o sucesso é o planejamento. Nada acontece de fato sem um bom planejamento.

É preciso traçar ações efetivas no tempo certo, as quais tragam respostas mensuráveis e tangíveis. Tudo isso deve ser programado e colocado no papel. É preciso que isso ocorra de forma elaborada, visualizando um cenário futuro e com prazos estratégicos.

Muitas vezes há a tendência de desviar planos estabelecidos, o que ocorre também por falta de adequação e inclusão de novos hábitos.

Fatores como perda de tempo, atividades improdutivas, saber distinguir o que é importante e o que urgente, por exemplo, são práticas determinantes para que um planejamento possa gerar resultados positivos.

Pesquisa

Fazer com que o jovem desvende os mistérios que existem por trás de uma carreira é o grande desafio da etapa de pesquisa.

As pesquisas sugeridas vão desde conhecer o mercado educacional – ou seja, as faculdades, as universidades, as diferentes modalidades de ensino, a grade curricular – até entrevistar e visitar profissionais que atuam nas carreiras de interesse, a fim de conhecer e acompanhar mais de perto sua rotina de trabalho, como é o retorno financeiro e o ambiente dos diversos segmentos do mercado.

Nessa etapa, muitas vezes, o jovem se depara com algumas diferenças entre seus levantamentos de pesquisa e a realidade dos acontecimentos, ou seja, ele tem a oportunidade de constatar fatos que envolvem o dia a dia do profissional, de acordo com suas experiências e as interferências culturais, sociais e familiares.

Finalmente, quero dizer que, embora os jovens apresentem diversos graus de maturidade, certamente nenhum deles desenvolveu sua maturidade plena na fase de sua escolha profissional.

Sendo assim, todos eles, por mais que tenham alguma ideia do que querem exercer profissionalmente, ainda buscam um sentido de vida que não sabem qual é, têm dificuldade para enxergar as consequências de suas escolhas, pois não conseguem ter estabilidade suficiente para manter suas atividades e reconhecer sua fase de instabilidade.

Meu trabalho de *coaching* e *coaching* vocacional é dirigido a ajudar aquele jovem que deseja fazer sua opção profissional a seguir um caminho para ser feliz e se autorrealizar, ou o recém-formado que está perdido ao terminar seu curso universitário, ou mesmo jovens profissionais, adultos empreendedores, que enfrentam uma transição de carreira, um conflito de ordem pessoal ou algum fator impeditivo que comprometa a realização de seu sonho. Assim, o jovem torna-se capaz de trilhar seu caminho de sucesso, além de conhecer e aprender a lidar com as adversidades dessa jornada fantástica!

Vamos tornar nossos jovens profissionais capacitados técnica e emocionalmente e fazê-los compreender que uma carreira de sucesso depende de vários fatores, como personalidade, aptidões, interesses, motivações, valores, os quais frequentemente sofrem influência do meio externo. Suas próprias crenças limitantes são determinantes e muitas vezes impeditivas para alcançar seus objetivos e planejar seu projeto de vida.

11

Coaching: uma profissão com propósito e alma

O *coaching* é a ciência que tem transformado a minha vida como *coach* e a de *coachees* que vêm até mim. É uma conexão de alma, pois focamos no que temos de melhor e integramos luz e sombra, sendo esse o caminho para a transcendência. *Coaching* é um processo que nos faz ser, planejar, realizar e alcançar resultados profundos. Quando nos conhecemos, caminhamos para a cura e transformamos nosso destino

Cirlei Moreno

Cirlei Moreno

Master coach, coach Ericksoniana, *self professional coach* pelo Instituto Brasileiro de Coaching (IBC), com certificação internacional por European Coaching Association (ECA), Global Coaching Community (GCC), International Coaching Council (ICC), International Association of Coaching Institutes (ICI), Metaforum International, PRME e Global Compact da ONU, Graduate School of Master Coaches (BCI). *Master practitioner* em Programação Neurolinguística pelo Instituto VOCÊ. Mestre em Ciências por Institutos de Pesquisa/SCT/CIP/SP. Psicóloga formada pelas Faculdades Guarulhos. Há 20 anos palestrante motivacional, sobre desenvolvimento pessoal, acumulação compulsiva, empregabilidade, habilidades de falar em público, etc. Voluntária para questões de Amamentação, HIV. Coautora do livro: Amamentação e HIV/Aids: saberes e práticas para além do modelo higienista, responsável pelo capítulo 8, "Drama da supressão do leite materno: o relato de mulheres soropositivas e as recomendações nacionais", e pelo capítulo 10, "Não amamentação: o dilema a ser vivenciado por mães HIV positivo".

Contatos
www.cirleimorenocoach.com.br
cirleimorenocoach@hotmail.com
www.facebook.com/cirleimorenocoach
(11) 98901-5520

Este texto tem como base minha experiência como *coach* e meu processo de *autocoaching*.

A paixão e o amor movem um *coach*. O *coaching* (processo) é um movimento que gera energia e transcende a razão e a emoção. Orienta-nos rumo à evolução em todos os níveis neurológicos e atua no passado e no futuro a partir do aqui e agora. Amplia a sabedoria humana e a transforma.

A partir da confiança de um ser humano (*coachee* – cliente) em outro ser humano (*coach* – profissional que atende), o *coaching* revela ser a mais poderosa ferramenta de transformação da pessoa, consciente e inconscientemente. O *coach* possui habilidades, conhecimentos e atitudes lapidadas para a atuação, com vistas a ajudar seu *coachee* a alcançar objetivos e metas em sua vida pessoal, profissional ou espiritual (aspirações). Atua diretamente no autoconhecimento, nas possibilidades de mudança de carreira, na melhoria da liderança, em questões conjugais, de paternidade ou maternidade, no empoderamento para amamentação ou em qualquer aspecto que o *coachee* deseje modificar ou entender.

O processo de *coaching* nos auxilia no desenvolvimento de habilidades e competências que estão latentes e nos esclarece pontos importantes: quem somos nós? O que fazemos? Por que fazemos o que fazemos? Aonde queremos chegar? Como chegaremos lá? Como aprender a fazer fazendo? Como manter o foco rumo ao objetivo? Tudo isso sem perdermos a essência de quem somos.

Um dos encantos do *coaching* em minha opinião é podermos usar e expor nossa própria vulnerabilidade e experiência, para que nosso *coachee* compreenda que experiências compartilhadas nos fortalecem e que vulnerabilidade é força.

Assim, o *coach* e o *coachee* firmam uma parceria para a realização de metas e objetivos em curto, médio ou longo prazo, de forma prática, sendo esse um método extremamente eficaz.

É uma filosofia que garante a percepção natural na melhoria e no aumento da qualidade de vida, por meio da busca de respostas que começam a ser respondidas no presente. Depende apenas do esforço individual. *Coaching* é ação!

Coaching é olhar nos olhos do *coachee* e senti-lo em toda a sua humanidade, é um bem-querer, é um estar com o outro tão profundo que nossos pensamentos e palavras se tornam um. Uma conexão de almas, de seres humanos que estão prontos para evoluir. *Coaching* não é para qualquer pessoa, mas para aquele que quer se libertar de crenças limitantes e arrancar as correntes da dúvida, empoderando-se de si mesmo, de seu Eu melhor.

Ser e estar, *coach* ou *coachee*, é uma missão para construir consciência e responsabilidade per si.

Coaching pressupõe o desenvolvimento por meio do autoconhecimento e da autoconsciência. Essa noção não é nova, Sócrates já defendia o conceito "conhece-te a ti mesmo".

A abordagem durante o *coaching* é tão sutil e profunda que permite encontrarmos recursos para alavancar o processo e atuar certeiramente no objetivo traçado, o que torna o processo rápido e eficaz, transformando metas, sonhos ou desejos em realidade.

O processo de *coaching* tem esta incumbência, fazer com que o *coachee* se perceba e identifique seus pontos de melhorias e as crenças limitantes que o impedem de ter uma vida abundante, feliz e plena.

Ser competente como *coach* requer adaptabilidade, flexibilidade e uma postura de abertura para descobrir caminhos para avançar nos processos de mudança. A paixão pelo ser humano, pela vida e pela crença de que o *coaching* verdadeiramente transforma vidas faz com que o *coach* mantenha sua confiança e, com essa energia, motiva o *coachee*, proporcionando-lhe reflexões, desafios e ações. São estímulos constantes que movem o *coachee* a evoluir por inteiro, modificando seu ambiente, seu comportamento, seu trabalho. Alicerça a postura do *coachee*, por meio de suas declarações diante do mundo acerca de quem é e qual a sua missão neste movimento que é a vida. O *coach* intensifica e desenvolve novas habilidades e competências, reforça e consolida crenças e faz com que os valores do *coachee* sejam colocados em prática, revelando um novo ser.

O aprendizado é tão profundo que a identidade do *coachee* torna-se sua essência, e não apenas um nome, uma idade, uma profissão. Ele descobre quem é de verdade a partir de si mesmo e de sua história de vida. Torna-se uma pessoa melhor, um líder que eleva a vida coletiva e forma outros líderes, torna-se um filho ou uma filha melhor, um pai ou uma mãe melhor, um esposo ou uma esposa melhor. Um vizinho, uma vizinha, um amigo, uma amiga, um confidente, uma confidente melhor. Um ser humano melhor, um ser de luz em toda a sua magnitude, que deixa legado, exemplo, ação, atitude, história, amor à humanidade como um todo.

A cada sessão, o *coach* transforma a própria história e a de seu *coachee*, honrando sua própria história de vida e sua glória por meio do perdão. Quem perdoa liberta o outro e se liberta.

Coaching não é mágica, *coaching* é mágico! Para que a magia aconteça, o *coachee* tem de pôr a mão na massa, aliar planejamento com ação e atitude. Tem de sair do papel passivo e passar a ser arquiteto de si mesmo na construção de seu destino, seu objetivo, seu sonho ou seu projeto de vida.

Coaching é a escolha de pensamentos positivos e realizadores, de renovação no aqui e agora. Para isso, o *coachee* tem de dar o primeiro passo, que é a contratação de um *coach*, e depois se comprometer. Tem de mudar o ponto de atração e se permitir no aqui e agora, ter a presença de algo melhor em sua vida.

O *coachee* tem de ter compromisso, participação, envolvimento, comprometimento com o processo e autoridade sobre si mesmo; e suas palavras devem confirmar suas ações para que haja resultados.

Para obter os resultados, também utilizamos nesse processo a Programação Neurolinguística (PNL), que auxilia o *coachee* no alinhamento do pensamento, da comunicação e da autoprogramação em prol de seu objetivo, realizando, ao mesmo tempo, mudanças neurológicas profundas, alterando sinapses e conexões cerebrais. Isto é, reconecta-se pelo questionamento de suas crenças limitantes e literalmente para de alimentar crenças que não são suas, até eliminá-las de sua vida. Um sucesso!

Convido-o agora a assumir uma postura de relaxamento, onde quer que você esteja lendo este capítulo. Sim, agora. Se for possível feche seus olhos, os olhos internos são sábios. Respire suave e profundamente. Isso, você pode, você consegue. Primeiro, expire e, ao expirar, perceba que o natural é seu abdome encolher e fazer um caminho para você mesmo, enquanto todo o ar sai, eliminando as toxinas. Ao inspirar, todo seu corpo expande, a partir dos pulmões, e percorre todo seu corpo, oxigenando seu cérebro, o que facilita seu sentir e sua percepção de si mesmo. Agora, sinta o que quer, veja o que quer, perceba o que quer para sua vida. O Universo não responde palavras, mas vibrações. Muito bem, aceite e respeite o que sua intuição lhe informou. Talvez uma palavra, um símbolo, uma imagem possa ter surgido nesse momento. Preste atenção aos detalhes. Isso, parabéns! Muito bom.

Assim, o *coach* utiliza estratégias de indução Ericksoniana, perguntas, ferramentas que criarão estruturas internas, para que o *coachee* realize o trabalho e faça a transformação. Acredite, é o momento de decidir questões que estavam sendo proteladas até agora.

É importante saber que o profissional *coach* deve transcender em seus níveis de aprendizado sempre. Deve também passar pelo processo de ser *coachee*. Pode depois manter seu processo por meio do *autocoaching*. Realizar o *autocoaching* é uma experiência introspectiva e intensa, uma emoção a cada pensar, sentir, planejar, agir e realizar. Em verdade, sou *coach* de mim mesma há muito tempo. Pensar, planejar e realizar, definir como e quando.

Com isso, sua atuação é baseada em competências e habilidades conscientes e inconscientes, alcançando o nível de excelência. A paixão e a confiança que motivam os *master coaches* fazem com que seus *coachees* sejam atendidos com mais perícia, conhecimento e humanidade. Ele sente o *coachee* e faz um diagnóstico preciso dos pontos a se trabalhar em uma conexão de alma. A impressão que se tem é a de que ele lê o que vai dentro do *coachee*, como um raio X, e conduz o atendimento para a autodescoberta, para a liberação de potencial oculto em dores, mágoas, crenças limitantes, autossabotagem.

O *coaching* é a descoberta de nosso real valor e a transição para compreender que somos merecedores de todo o nosso sucesso e de que podemos tudo, podemos fazer o que antes era impossível sem a autodescoberta.

A diferença é que agora minha percepção de mundo está ampliada. Todo planejamento tem de ser coerente e congruente com minha ecologia. Não é meramente escrever, é sentir, transcender, agregar, pedir ajuda e ajudar.

Quando você estiver cansado e pouco motivado, se tiver de recuar, recue, mas só para pegar impulso e depois continue em frente. Essa é uma prática para a vida. Saiba que a família na qual nasci, minha infância paupérrima, a fome, as dificuldades, a falta de recursos, um pai alcoólatra, uma mãe dividida entre 11 filhos definiram quem sou.

Estamos onde estamos porque temos de estar; já para onde vamos, depende apenas de uma pessoa: nós mesmos. Você é quem determina seus passos por meio de suas escolhas.

Com o processo de *coaching*, você azeitará as engrenagens de sua vida, e ela se movimentará. Sabe por meio de quem? Por você. Você vai gerar a vida que merece.

Passar por tantas experiências desconcertantes e para muitos sem uma perspectiva boa tornou-se a minha força, a minha prova de que sou resiliente. Sou merecedora por estar nessa posição. Sim, sou *master coach*, uma força, uma luz; anjos, pessoas, todos à minha volta ampliam meus aprendizados e clareiam minha missão de vida.

Que felicidade ter sentido tanta dor, tanta limitação, tudo parte de minha história, que honro e respeito.

Apenas permito que mudanças positivas aconteçam em minha vida, e elas são constantes, não há monotonia. De menina tímida e acanhada, tornei-me palestrante; de insegura que fui, hoje sou segura; da monotonia e da falta de esperança que sentia, hoje eu sou proativa e realizadora. Permita-se você também.

Sentir é um dos maiores aprendizados que tive, sentir é estar inteiro em um processo, em um olhar, em uma escuta. Atuar com o sentir é entrar em *flow* (fluxo, estar inteiro, foco total), é tornar um simples segundo em um tempo infinito. Um mergulho de alma para alma, de um ser em outro ser, é ouvir na essência, é amar com tanto amor que nada mais resta.

Os sentimentos em estado inconsciente são humanidade, compartilhamento de nosso melhor, dar e receber. Prosperidade.

Por meio de nosso subconsciente, ou inconsciente, podemos alterar sinapses, ramificações cerebrais, células pituitárias, sentimentos, emoções, personalidade. Você pode, você consegue!

Não há tempo nem espaço para que toda e qualquer pessoa possa se manifestar pela sintonia com sua emoção. O *coaching* coloca em sua vida essa experiência. Essa entrega, além de sua simples compreensão, é uma dimensão além de nós mesmos.

Saiba o que você determina para si mesmo, independentemente do que algumas pessoas declaram a respeito de seu futuro.

O que você declara para sua vida? O que você merece?

Faz sentido?

Quando fazemos perguntas aos nossos *coachees*, estamos entregando a eles o poder de se descobrirem e descobrirem suas respostas internamente, o que torna o processo ainda mais poderoso. Nosso processo de evolução é constante, o saber vem com o tempo, com o empenho, com a abertura para o conhecimento e o desenvolvimento de hábitos que trazem alegria, prazer, bem-estar e realização.

O maior aprendizado de todos é que Deus, ou uma força maior, ou uma energia, em sua infinita sabedoria, sabe de todas as coisas, coloca pessoas com a mesma sintonia juntas, em prol de seus planos. Cada item no seu justo lugar, no tempo certo, no tempo que não é nosso, é cósmico, é de merecimento, é de acreditar no melhor.

Meu propósito é convencer a humanidade de que nossa passagem por aqui é missão, e devemos ser intensos. Ensino o amor, doo meu abraço, desenvolvo pessoas para sua própria evolução. Esse é meu legado.

Viva o *coaching* no presente, lembre-se de lembrar, de nunca esquecer de que tudo acontece no presente e no presente você entenderá o seu mundo por meio do sentir, e sentir é o caminho da profundidade.

Deixe o passado para trás, dele só traga suas joias, as benesses, os relacionamentos que lhe trouxeram aprendizados positivos e, se não ressignificou, aprenda com os erros, siga em frente para um futuro maravilhoso.

Olhe em sua linha da vida. No passado, você já sabe onde esteve. O futuro é onde você quer estar, se é que você sabe onde quer estar; se não souber, qualquer lugar serve. Entretanto, você está vivendo, e esta vida está no presente, perceba, no "presente", um presente para você transformar a sua vida.

Coaching, esta é minha profissão, uma profissão com propósito e alma. *Coaching* é a minha autorrealização.

Gratidão!

12

Empreenda você mesmo
Dez atitudes que vão levar você ao sucesso!

Neste capítulo, você encontrará as dez atitudes que o levarão ao sucesso profissional em qualquer carreira escolhida, tudo escrito de forma simples e prática para que comece ainda hoje sua jornada rumo ao êxito

Clarissa Dantas & Laira Lopes

Clarissa Dantas

Coach e consultora, é formada em Gestão de Negócios e pós-graduada em Gestão de Pessoas. *Coach* certificada internacionalmente e *coach* de carreira. Desenvolve seu trabalho como *master coach* de carreira e *coach* de alta produtividade, além de treinamentos e palestras.

Laira Lopes

Coach e consultora, é formada em Administração de Empresas, com MBA Internacional em Gestão e Marketing. *Professional and personal coaching* e analista DISC certificada internacionalmente. Atua como *coach* de empreendedores e de alta produtividade e consultora de gestão e *marketing*, além de realizar treinamentos e palestras.

Contatos
www.principiosolucoes.com.br
www.mulhermaisprodutiva.com.br
contato@principiosolucoes.com.br

(71) 98845-9226

Empreenda você mesmo

> "Cada sonho que você deixa para trás é um pedaço do seu futuro que deixa de existir."
>
> Steve Jobs

Empreender é o ato de realizar, de decidir, de pôr em execução. Empreender a si mesmo é realizar sua vida, ter atitude de fazer o que for necessário.

Os sonhos que você tem estão relacionados com seus talentos, com sua missão de vida, com o que você veio realizar no mundo. Eles precisam acontecer para o seu benefício e o de outras pessoas.

Por isso, acreditamos que empreender a si mesmo seja a tarefa mais importante que você precisa realizar na sua vida e, após anos trabalhando com empreendedores e como *coaches* de carreira e alta produtividade, identificamos dez atitudes que mudarão sua forma de enxergar a situação em que se encontra e farão toda diferença na sua vida!

1. Autorresponsabilizar-se

Autorresponsabilidade é a certeza absoluta de que você é o único responsável pela vida que tem levado e, consequentemente, é o único que pode mudá-la. Encarar esse fato pode ser difícil, mas é também libertador!

Para que uma mudança aconteça, você precisa ter em mente que a primeira coisa que tem de mudar é a si mesmo. Trata-se de mudar sua mente, sua maneira de pensar e enxergar o mundo. Quando você compreender isso, vai se empoderar e buscar uma vida ideal que lhe traga felicidade e realização.

Enquanto culpar as pessoas por seu fracasso, sua vida não vai mudar. A culpa não é da crise, do governo, da sua cidade, do seu marido ou de seus filhos... a culpa é sua, porque sua vida é sua RESPONSABILIDADE.

Você costuma pensar desta forma:
- Não tenho sorte como as pessoas bem-sucedidas.
- Nunca consigo o que mereço.
- As coisas dão certo para todo mundo, menos para mim.

Se respondeu sim, é porque você se vê como vítima e nunca responsabiliza a pessoa que vê no espelho.

Se quer ter sucesso – e sucesso é ter aquilo que você quer na vida –, precisa entender que isso só depende de você!

2. Ter uma clara visão de futuro

Charles Kettering dizia: "Meu interesse está no futuro, pois é lá que vou passar o resto de minha vida".

Temos a tendência de concentrar nossa atenção nos problemas do presente, ainda mais em tempos de crise, e nos esquecemos de planejar o futuro. Pensar no futuro é o primeiro passo para realizar nossos sonhos e objetivos.

A maioria das pessoas leva a vida sem nunca pensar em seu futuro ideal, como seria sua vida perfeita, seu dia perfeito; apenas deixa que a vida caminhe em qualquer direção.

É preciso ter uma visão clara do futuro que você quer. Como saberá se está escolhendo o caminho certo se não sabe aonde quer ir? E, de certa forma, assim é como muitos estão vivendo hoje no Brasil, até porque está faltando ter uma visão positiva do futuro no nosso país.

Normalmente sabemos o que não queremos, mas não sabemos o que queremos. Então, reserve um horário na sua agenda, vá a um lugar tranquilo, coloque uma música calma, faça dois minutos de respiração profunda, relaxe e comece a definir o futuro que quer ter.

Escreva em um papel a sua visão com o máximo de detalhes e, para inspirá-lo ainda mais a agir, crie uma colagem que represente seu futuro ideal.

3. Definir objetivos e metas

Depois de definir sua visão de futuro, você precisa transformar sua definição em um objetivo, e depois, esse objetivo em metas. A diferença entre um objetivo e uma meta é que objetivo é a descrição daquilo que se pretende alcançar, e meta é a definição em termos quantitativos, com prazo determinado para realizar.

Para alcançar uma meta, é preciso subdividi-la em pequenas tarefas. Assim, ela deixa de ser algo distante e complexo e passa a representar pequenos e rápidos passos.

Sugerimos um fácil passo a passo para você definir seus objetivos e suas metas:
- O que você quer?
- Como?
- Onde?
- Com quem?
- Quando?

- Como você vai saber que está conseguindo o objetivo e como vai saber que já conseguiu?
- Você tem o conhecimento e os recursos necessários?

4. Planejar e monitorar

Depois de transformar sua visão em um objetivo e o objetivo em metas, é hora de começar a planejar como transformar sua meta em realidade.

Vimos a importância de subdividir a meta em pequenos passos, agora é hora de planejar cada passo. O ideal é criar um plano de ação.

Heidi Grant Halvorson afirmou, em um artigo publicado na Harvard Business Review Blog Network, que você pode aumentar suas chances de sucesso em 300% ao aprender a planejar seu tempo e suas ações. E entender esse processo é algo bem simples: quanto mais organizado você está em relação ao que você precisa fazer ao longo de seu dia, mais clareza e percepção adquire para realizar seus objetivos, alcançando, assim, o sucesso.

Mas lembre-se de que o planejamento é dinâmico. É preciso monitorar seu desenvolvimento e planejar novamente à medida que as coisas vão se desenrolando, e vale ressaltar que muitas coisas acontecerão de forma diferente do planejado.

Segundo Peter Drucker, o planejamento é um processo contínuo e sistemático, que possui o maior conhecimento possível acerca do futuro. As estratégias definidas determinam o rumo e as formas como você vai agir para atingir seus objetivos.

Por isso é tão importante acompanhar os resultados e alterar o planejamento sempre que necessário.

5. Agir

Depois de planejar, é hora de partir para a ação!

Muitas pessoas nunca param para planejar seu futuro, e muitos daqueles que planejam param nessa etapa, não partem para a ação. Mas como chegar a algum lugar sem dar o primeiro passo?

Para agir, você precisa vencer os desafios da procrastinação, da distração e da desmotivação. Faça a si mesmo a seguinte pergunta: "o que está me impedindo de realizar meus sonhos?"

Se preciso, procure um profissional para ajudá-lo a dar os primeiros passos. O processo de *coaching* é muito indicado para esses casos.

No dia a dia, estamos o tempo todo tomando decisões e sempre teremos dúvidas e medos, mas você não pode paralisar por isso. Siga sempre em frente, apesar do medo.

O que muitas pessoas não percebem é que não agir é tomar uma decisão – a pior decisão –, pois você conviverá com a dúvida, sem saber como seria se tivesse agido.

Conviverá com a frustração de não ter ao menos tentado.

Ficar parado não vai levá-lo a lugar nenhum, é preciso buscar! Todo empreendedor sabe que nada cai do céu.

Uma forma simples de começar a agir hoje mesmo é escolher uma pessoa de confiança que acredite no seu potencial e dizer a ela qual é seu objetivo, ou começar a ler um livro que o aprimore profissionalmente, ou pesquisar cursos que elevem seus conhecimentos.

Pode ser qualquer coisa, mesmo pequena, mas comece hoje, não deixe para amanhã!

6. Ser resiliente

Existirão muitos desafios, dias ruins e muitos erros, mas você precisa ser forte e dar a volta por cima. Você precisa ser resiliente!

Em física, resiliência refere-se à capacidade que um material tem de suportar grandes impactos de temperatura e pressão, se deformar ao extremo, mas pouco a pouco conseguir se recuperar e voltar à sua forma anterior.

Resiliente é a pessoa que tem a capacidade de superar traumas, situações inesperadas, acidentes, grandes perdas. A pessoa resiliente consegue se reerguer, mesmo que isso leve tempo ou que ela precise da ajuda de profissionais, como médicos e psicólogos.

O resiliente foca no futuro, busca formas de superar o problema, de ver a vida com otimismo, e não se fragiliza.

Procure sempre aumentar sua resiliência. Para isso, busque o equilíbrio e controle suas emoções e seus impulsos.

Carlos Drummond de Andrade, certa vez escreveu: "A dor é inevitável. O sofrimento, opcional".

Portanto, procure encarar mudanças e dificuldades como oportunidades. Desenvolva autoconfiança, bom humor, independência e positividade!

Tenha sempre em mente que só fracassa quem desiste!

7. Relacionar e persuadir

Uma das atitudes mais importantes para uma pessoa de sucesso é o poder de se relacionar e persuadir pessoas.

Para alcançar o sucesso, você precisará da ajuda das pessoas. Você terá de se comunicar bem para conseguir transferir emoção e despertar nelas a vontade de entrar em ação para ajudá-lo.

Para a maioria das profissões, a capacidade de persuadir é fundamental. Persuadir não é manipular, como muitas pessoas pensam. Persuadir é guiar uma pessoa por um campo de ignorância até a compreensão, para que ela tome a melhor decisão possível.

Algumas pessoas já têm esse dom naturalmente, mas, se esse não é o seu caso, é possível desenvolver essa habilidade. Você precisará aumentar a sua empatia, saber se colocar no lugar do outro, ser bom ouvinte e conseguir se comunicar com as pessoas de acordo com a linguagem delas.

Quanto mais pessoas tiver para ajudá-lo, mais rápido você chegará à sua visão de futuro.

8. Ser produtivo

Esse ponto é muito importante, principalmente para as mulheres, que têm vários papéis na sociedade e, por isso, uma tendência natural a ser multitarefa.

Ser produtivo é fazer mais com a mesma qualidade usando os mesmos recursos. Ser produtivo significa gastar menos tempo ou energia produzindo e ficar com mais tempo e energia disponível para, por exemplo, criar, pensar estrategicamente, ter boas ideias.

Vivemos uma cultura que valoriza o excesso de trabalho, o que torna as pessoas muito ocupadas e sobrecarregadas, tanto que elas não têm tempo para nada, são vistas como muito trabalhadoras e, em razão disso, terão sucesso. Mas, em vez de medir o trabalho por hora como nossa sociedade nos obriga, precisamos medir o trabalho por resultados.

Para ser produtivo, você não precisa trabalhar mais, muito pelo contrário, você precisa trabalhar com o máximo de foco e atenção, utilizando as melhores ferramentas do mercado e tornando-se mais organizado e planejado.

Para aumentar sua produtividade, você terá de aumentar sua energia física, mental e emocional. Para tanto, é fundamental dormir bem, alimentar-se de forma saudável, praticar atividades físicas, ter tempo para *hobbies* e lazer. Lembre-se: não somos máquinas!

A melhor forma de aumentar a produtividade é transformar seus hábitos, porque hábitos são atividades que fazemos no automático, sem pensar. Se você tiver hábitos produtivos todo o dia, naturalmente você fará suas atividades sem esforço.

Mas como construir um hábito? Repita a mesma ação durante 21 dias e ela vai se tornar um hábito. No caso de atividades realizadas esporadicamente, repita por 70 dias.

Nossa sugestão é que você comece por este hábito simples, mas muito poderoso: todos os dias de manhã, antes de começar a trabalhar, escreva as três atividades principais que, se você realizar, terão feito seu dia valer a pena. Inicie seu dia por elas.

Faça isso por 21 dias e você terá criado um hábito positivo que o ajudará naturalmente a chegar mais rápido ao sucesso.

9. Viver fora da zona de conforto

O autor do best-seller Trabalhe 4 horas por semana explica que a zona de conforto não existe.

Ou as coisas estão melhorando, ou estão piorando. As coisas nunca estão paradas. Ou você está crescendo na empresa, na carreira, ou está decrescendo. Normalmente quando achamos que estamos na zona de conforto, na verdade estamos decrescendo lentamente.

A impermanência é um fato! Quantas vezes ouvimos alguém dizer que trabalhava há 15 anos na empresa e de repente foi demitido, ou que de uma hora para outra o marido quis a separação. As coisas não aconteceram de repente, as coisas estavam piorando lentamente enquanto você acreditava que elas estavam paradas, ou seja, você estava vivendo na zona de conforto.

Para não viver na zona de conforto, você precisa fazer coisas a que não está acostumado, atividades diferentes sempre. Podem ser coisas pequenas, como ouvir um cantor diferente, ir a outros restaurantes, sair com pessoas diferentes, começar a praticar um novo esporte, não precisa ser algo radical nem arriscado.

Você só precisa se acostumar a fazer coisas novas porque sempre que fazemos algo pela primeira vez estamos nos esforçando e arriscando. Se você se acostumar a isso, será muito mais fácil lidar com a mudança, porque, em vez de reagir, você se abrirá para essa nova experiência.

Desafie-se sempre!

10. Acompanhar tendências de mercado

Assim como não existe zona de conforto, pois as coisas estão sempre melhorando ou piorando, o mundo em que vivemos está mudando a cada segundo, por isso precisamos acompanhar as tendências de mercado.

As profissões que davam dinheiro no passado já não são mais tão rentáveis no presente, novas profissões entram no mercado, por exemplo, as blogueiras. Quem imaginaria isso pouco tempo atrás! O mercado está em movimento, e não acompanhar as tendências é ter a certeza de que, em breve, você estará obsoleto.

É preciso se atualizar, ler, estudar, fazer cursos, aprender novos sistemas, acompanhar o que está acontecendo nos países desenvolvidos porque as coisas mudam lá primeiro antes de chegar aqui. Busque realizar um *benchmarking* com pessoas e empresas antes de seguir.

Acompanhar as tendências de mercado é se prevenir para não ficar para trás! E evoluir com o mundo é se reinventar!

Essas dez atitudes farão toda diferença na sua vida e o ajudarão a alcançar o sucesso tão desejado!

Firme o compromisso consigo mesmo de colocá-las em prática no dia a dia, como um exercício diário de auto-observação e, com certeza, verá a mudança acontecer!

Sucesso para você!

13

Estratégia da felicidade

No começo, a minha busca da felicidade era uma reflexão sobre a totalidade da vida! Buscava entender o meu conteúdo mental e emocional, mas hoje, com a velocidade do tempo e do mundo, tenho a necessidade de uma solução pontual e imediata. Não sou da geração do imediatismo, sou da geração da velocidade da luz!

Cristiana Wadt & Giobert M. Gonçalves Jr.

Cristiana Wadt

Psicóloga Clínica, Consteladora Sistêmica Familiar e Organizacional, Consultora de RH, Gestora de RH com MBA em Gestão Empresarial. Atuação como psicólogo clínico há 15 anos, embasado na psicologia analítica junguiana, programação neurolinguística, constelação sistêmica e arte terapia. Gestão em Recursos Humanos e Implantação de Projetos, atuando como Consultor, Gerente de RH na Hebraica e ascendente carreira desenvolvida na Telefónica.

Contatos
cristianawadt@globo.com
(11) 99998-3148

Giobert M. Gonçalves Jr.

Life Coach e Palestrante Motivacional, *Master* em Programação Neurolinguística, *Master Integrative Systemic Coaching*, Constelador Sistêmico Familiar e Consultor de Sistemas e Excelência Humana. Atuação como *Life Coach* há 7 anos, embasado na programação neurolinguística, constelação sistêmica e estratégias de consultoria. Gestão em Administração de Empresas, atuando como Consultor Externo e Consultório Particular.

Contatos
giobert@giobert.com.br
(12) 99778-2825

A felicidade é o resultado da conquista dos objetivos e da realização pessoal

O maior problema é que penso negativamente. Penso naquilo que não quero que aconteça e vivo automaticamente, trazendo lembranças limitantes do passado e projetando-as no futuro. Se o chefe me chama, vou ser demitido; se sinto uma dor, é câncer. Coisas negativas dão audiência.

A questão é que olho para uma situação que incomoda, reclamo e chamo a situação de problema, e, assim, realmente tenho um problema. O que defino como problema são meus pequenos objetivos diários e, como reclamo deles, chego ao final do dia exausto. E são esses objetivos do dia a dia, transformados em problemas, que me impedem de ver meus grandes objetivos e, portanto, minha felicidade. Desisto dos meus objetivos mesmo antes de alcançá-los. E, quando falo de objetivos, falo de felicidade.

Provavelmente hoje, desde a hora que acordou até agora, você já reclamou de alguma coisa e criou algum "problema".

Crio uma representação interna com meus sentimentos limitantes e desenvolvo crenças que pronuncio para mim mesmo como: "eu não posso", "eu não mereço", "eu não consigo"... Passo a dar um comando negativo ao meu cérebro. Assim, foco e dou energia ao que mais temo, filtro as situações que comprovam essa minha realidade.

A solução é buscar estar no presente, ser independente do que já viveu e aprendeu, aceitando o que vem exatamente como é, sem julgamentos, (pré) conceitos, críticas ou resistências. Ou seja, trata-se de olhar para a solução que emerge dessa aceitação.

O processo mental de recebimento e transmissão de informações é mais simples do que imaginamos. Esse processamento possui dois componentes: o cérebro e a mente. O cérebro é a parte mecânica responsável por captar e organizar as informações que recebemos, e a mente é o arquivo das memórias e da imaginação. A mente tem todas as informações de que o cérebro precisa para criar estratégias de comportamentos, desde beber um copo de água até dirigir uma multinacional.

O cérebro é voltado naturalmente para o positivismo. Ele não entende o não fazer, o não pensar. Por exemplo, se eu pedir a você, neste momento, que não pense em uma girafa roxa, certamente a girafa roxa foi a primeira imagem que lhe veio ao pensamento. O cérebro escolhe a melhor estratégia e sempre escolhe a estratégia que vai economizar mais energia. Outro exemplo é o coma. O cérebro desliga todo o funcionamento do corpo que puder para economizar energia e manter o que realmente importa naquele momento: a preservação da vida.

O que surpreende é que a escolha mais econômica é a felicidade. Quando estou feliz, sinto-me entusiasmado, com energia para realizar diversas coisas. Quando estou triste, gasto a energia muito rápido e não consigo sequer levantar da cama. Ser feliz economiza energia, e o cérebro, naturalmente, busca a felicidade. O ser humano foi criado para ser feliz.

O que impede a felicidade é que aprendemos a pensar negativamente. A solução é: se aprendemos a pensar negativamente, podemos aprender a pensar positivamente.

Os cinco positivos

1º – Foco positivo!

O objetivo precisa estar no positivo porque a energia vai para onde está o foco da atenção. Quando fico pensando naquilo que não quero, meu cérebro se organiza em torno disso. Já se penso no que quero, ele começa a desenvolver uma estratégia e consequentemente um comportamento visando gerar o resultado que desejo. Isso se chama pensamento positivo.

Por exemplo, quando eu quis adotar uma nutrição alimentar mais saudável, o primeiro diálogo comigo mesmo iniciou com a pergunta: "O que eu quero?", e a resposta a ela foi: "Parar de comer alimentos gordurosos". Alimentos gordurosos são exatamente o que não quero ingerir, então pensei que o que eu queria mesmo era me sentir mais leve e disposto após as refeições. Isso fez toda a diferença para que eu parasse de comer alimentos gordurosos.

E é preciso ter muito cuidado para não entrar no jogo da causa e efeito.

Se você diz que não pode fazer algo porque seu pai, seu patrão, seu emprego ou a política financeira não permitem, ou não lhe dão condições para isso, pergunte-se: "Estou do lado da causa ou do efeito?" O objetivo precisa depender de mim. Não adianta eu querer algo que dependa do outro fazer por mim. Se sou eu quem quer, sou eu quem deve fazer. Se um objetivo depende de outra pessoa, em parte ou totalmente, a pergunta é: "O que devo fazer para que isso aconteça?" Vá para o lado da causa!

2º – Enredo positivo!

Toda estratégia para alcançar um objetivo tem começo, meio e fim! É preciso fazer um passo a passo para verificar se a direção se mantém certa. Então, o primeiro passo é se perguntar: "Esse objetivo tem o tamanho apropriado?" Ou seja, quantas etapas serão necessárias para alcançá-lo?

Um cliente me procurou porque gostaria de ganhar 5 mil reais por mês. Perguntei qual era o trabalho dele, e ele respondeu que não estava trabalhando. Questionei sobre sua formação, e a resposta foi que havia completado apenas o Ensino Médio. Difícil? Não! Expliquei o roteiro positivo e perguntei o que ele precisava fazer primeiro. Chegou à conclusão de que deveria entrar na faculdade para poder prestar um concurso público e, assim, criou uma estratégia de tudo o que precisaria fazer, além de determinar o tempo de cinco anos para alcançar esse objetivo. Especificou todos os passos que o levariam ao resultado determinado pelo objetivo.

Portanto, é fundamental ter evidências que mostrem a aproximação ou o afastamento do objetivo. Como em uma viagem, se conheço alguns pontos do caminho, posso confirmar que estou indo na direção certa; já se deparo com pontos desconhecidos, posso perceber que tomei o atalho errado e voltar para corrigir meu percurso. No caso do meu cliente, uma disciplina em dependência, por exemplo, poderia indicar um atraso no percurso!

3º – Sentimento positivo!

O terceiro passo é prestar atenção aos meus sentimentos. Perceber o que se sente é fundamental! O medo, raiva, tristeza vão gerar sensações de impotência, não merecimento e outras sensações que limitam as minhas ações.

Essas sensações foram geradas em algum momento na infância quando ainda não tinha recursos para lidar com determinadas situações. Aquela minha criança fica presa nessa lembrança e, em uma situação no momento atual, surge, ainda sem recursos, para lidar com a questão. Assim apresento um comportamento "infantil".

Mas, o que faço aqui? Percebo o sentimento e o acolho. Esse é o passo mais difícil porque não quero lidar com o que me assombra. Perceba a importância disso – por trás do sentimento há uma criança esquecida! Você não vai querer deixar a sua criança perdida, não é verdade? Pense assim: quando uma criança pequena está com sono, não sabe que quer dormir e faz manha. Existem dois tipos de pessoas, a que não tem paciência, bate na criança e manda-a engolir o choro, reprime tudo e cria um trauma. E tem a outra, que coloca a criança no colo, abraça-a com amor e a embala até pegar no sono, resolve o problema. Com o sentimento é igual, ele é uma criança que quer alguma coisa. Se eu o trato com agressividade, a resposta vai vir com agressividade, se eu o reprimo, vai explodir em algum momento, seja em uma doença física ou um distúrbio emocional, mas se eu o reconheço e o abraço com amor, sente-se acolhido e relaxa.

Então vou ensinar uma técnica simples, faça assim:

- Esteja em um lugar tranquilo e perceba o seu sentimento, focalize-o bem a sua frente. Procure criar uma forma: um círculo, uma luz, qualquer coisa. Assim fica mais fácil imaginar esse sentimento e trazê-lo para o coração.

- Agora fale que você o entende. E é verdade! Você entende, você sabe a sua dor! Nesse momento, concorde com o sentimento, perceba o quanto é difícil lidar com tudo isso, e diga que ele poderá contar com você e que irá ajudá-lo.

- Olhe através do sentimento, procure a criança que está por trás dele. Continue apoiando e conversando com ele e com a criança. Talvez você perceba algo que aconteceu, ou até mesmo tenha um *insight* sobre isso, mas se não tiver, não há problema. Apenas abrace essa criança.

- Abraçando essa criança, acolhendo-a no fundo do seu coração, fale que vai cuidar dela, abrace e traga-a para o seu coração. E olhando bem para a sua criança diga que não precisa mais desse sentimento, e pergunte:

"Se você pudesse deixar este sentimento partir, você deixaria? " Responda: "Sim". E pergunte ainda: "Quando". E responda: "Agora". Solte o ar pela boca deixando todo o sentimento partir. Deixe as emoções saírem no ar que solta pela boca, solte um grande suspiro com todo esse sentimento. E deixe- o partir.

- Repita esse processo várias vezes. Quantas vezes forem necessárias para o sentimento partir. Se perceber que há algo impedindo de fazer esse exercício de liberação emocional, imagine que esse impedimento também é um sentimento, faça o exercício para ele também. Até que todo sentimento tenha partido.

- E quando todo o sentimento partir olhe para a criança e diga algo para ela. O que verdadeiramente importa! Aquilo que verdadeiramente você quer acreditar, como "eu mereço", "tudo vai dar certo", "eu prefiro ser feliz".

Tive uma cliente que possuía uma relação péssima com a mãe, na verdade, ninguém era ruim ali, mas existia um mal-entendido. Quando esses sentimentos foram abordados no consultório, ela acreditava que tinha que aceitar a mãe que era de idade. Quando você fala "que tem que" é a mesma coisa que dizer que é obrigado a fazer. É diferente de dizer, "eu quero", ou "eu posso", ou "eu prefiro". Então falou: "eu tenho que ter paciência com a minha mãe". E eu pedi que repetisse várias vezes até que eu perguntei: "o que você verdadeiramente sente?" E ela respondeu que estava com raiva. Indaguei: "o que você quer falar de verdade!" Parou um pouco e soltou: "Eu te odeio!" Pesado, mas o alívio que sentiu foi enorme. Pedi para repetir várias vezes. Depois perguntei: "E agora? Qual frase vem para você?" "Eu só quero paz". Sugeri: "Então diga isso". Depois de ter repetido algumas vezes questionei: "e agora, o que você quer falar?". Ela respondeu: "me perdoa!". E chorou. Solicitei que repetisse muitas vezes, todos os dias essa frase. Expliquei que iria sentir cada vez menos vontade de falar "Eu te odeio". E talvez tivesse vontade de dizer outras coisas. Afirmações são assim mesmo, elas vão mudando. A repetição é um comando para o teu cérebro e para o teu coração.

4º - Trabalho positivo!

Não adianta ter só foco e sentimento positivo. É necessário ação, este é o motivo que leva muitos a não acreditarem no pensamento positivo, pois ficam pensando e nada acontece. Sentir positivo apenas, ainda não vai fazer acontecer. O cérebro já está se organizando, mas falta uma coisa: AGIR. Para as coisas acontecerem, é necessário pensar, sentir e agir. Essa é a trindade do resultado.

Se eu sentir aquela preguiça, não posso me confundir, certamente é algum sentimento disfarçado. Tenho que voltar para o terceiro passo. E se eu esquecer algo, volto para o segundo passo e acrescento isso no meu enredo. E se no meio do caminho acontecer algum imprevisto, tenho que descobrir o passo que me auxilia a avançar. Aqui a ordem é seguir: Eu faço a diferença!

5º – Amor positivo!

Esse é um passo muito importante. O amor positivo não é simplesmente amar o próximo, vai, além disso. É perceber que faço parte de um sistema. A frase "Nenhum homem é uma ilha isolada" é do poeta inglês John Donne e usada posteriormente por Ernest Hemingway no romance "Por quem os sinos dobram". Esta frase me remete à ideia de que nenhum homem está só e que ninguém pode viver sozinho porque estamos todos interligados. Eu vejo as ilhas e os continentes aparentemente isolados pelas águas do mar, mas se tirar toda a água do planeta, sobra um único bloco de terra. Todos fazem parte do sistema.

O vencedor é aquele que percebe que faz parte do sistema. Se o que eu quero fazer tiver em sintonia com o sistema, minha chance de sucesso é total e, portanto, se eu quiser ter sucesso devo verificar se o meu objetivo está ecologicamente de acordo com o sistema. Quando o objetivo é ecológico não se corre o risco de autossabotagem. Se houver algum sentimento que demonstre algum dano para mim ou para o sistema, tem que ser considerado e acrescido no meu enredo, no segundo passo. Eu preciso bancar o meu objetivo para seguir em frente.

Agora que você sabe os cinco positivos, é só escolher. A felicidade é o resultado de suas ações, é a arte de viver! Tenha gratidão por estar aqui, agora, neste momento. O presente é o que estamos realizando e o que me leva à realização pessoal.

Use a estratégia da felicidade para você e para a felicidade das pessoas que te rodeiam. Eu te convido a experimentar o poder de ser feliz e transformar o mundo. Você quer ser feliz ou você quer ter razão? Olhe para a vida de forma positiva e seja feliz!

14

Despertando potenciais

Todo ser humano tem o impulso para a autorrealização, para ser a melhor versão de si mesmo. Autorrealização é sobre tornar-se real, autêntico, parar de vender-se barato e viver plenamente as experiências da vida. Preencher as necessidades não apenas do ter como também as do ser! Você está pronto para essa aventura? Então venha comigo despertar potenciais!

Cristiano Moreira

Cristiano Moreira

Proprietário da Dynamis – Treinamentos Avançados; *trainer* com certificação internacional em Programação Neurolinguística (PLN) pela NLP World e em Neurossemântica pela International Society of Neuro-Semantic; *trainer* de alto impacto pelo Instituto de Formação de Treinadores (IFT). *Meta-coach* (ACMC) com certificação internacional; *master coach* e holomentoring pelo Instituto Holos; *coach* financeiro pela International Coach Federation (ICF). Coautor do livro *Poder do coaching*, publicado pela Editora Momentum. Hipnoterapia pela Emerj; Gestão de Pessoas pela Universidade Estácio de Sá. Músico e produtor de eventos; Assessor parlamentar; mais de 20 anos como líder, palestrante e evangelizador.

Contatos
www.dynamiscoaching.com.br
cristiano_mdf@yahoo.com.br
(32) 98410-5770
(32) 99184-2923

1. Por que você precisa despertar seus potenciais

Há dentro de cada um nós o impulso para a autorrealização!

Imagine-se por um momento no final de sua vida, deixando este mundo, e que, a seu redor, estão de pé os sonhos que você abandonou, seus potenciais, os talentos e as habilidades que não desenvolveu, as ideias que não trabalhou, enfim, todos eles estão ali à sua volta, dizendo: "Viemos até você, e somente você poderia ter nos dado vida. Agora, nós temos de morrer com você para sempre". Essa é uma cena forte, mas é importante para que responda à seguinte pergunta: "Se morresse hoje, quais sonhos morreriam com você? Que ideias e potenciais decidiu não desenvolver e, por isso, morrerão com você?"

O idealizador da psicologia da autorrealização, Abraham Maslow, dizia que: "Se você planeja deliberadamente ser menos do que é capaz de se tornar, então lhe advirto que será profundamente infeliz pelo resto da sua vida. Você estará se evadindo de suas próprias capacidades, de suas próprias possibilidades".

Portanto, seu grande desafio é vencer os medos e a mediocridade para que eles não tirem a sua oportunidade de mostrar ao mundo a grandeza que existe em você. Cada pessoa é um ser único e especial, e por isso somos chamados a despertar nossos potenciais para viver a autorrealização.

2. O que significa liberar seus potenciais e autorrealização

Liberar seus potenciais é se tornar a melhor versão de você mesmo

Como seria se você acordasse e percebesse que sua vida se transformou e se tornou uma pessoa melhor do que é hoje?

- Como você veria as diferenças?
- Como seria se hoje você acordasse com um novo senso de riqueza e com mais vitalidade dentro de si mesmo?
- Quais seriam os significados poderosos que você teria com relação a si mesmo e a agenda do seu dia?
- Que mudanças essa transformação causaria em sua vida pessoal, profissional, financeira e interpessoal?
- Acredita que isso é possível para você?
- Você está disposto a ir adiante com essas possibilidades?

Autorrealização tem relação com tornar real seu potencial, ou seja, estar em "pleno funcionamento" ou totalmente humano. Tem a ver com se tornar autêntico em sua melhor versão! As pessoas que vivem na mediocridade são seres humanos com poderes enfraquecidos e inibidos. Os seres humanos que vivem apenas para suprir suas necessidades básicas vivem seus potenciais na mediocridade. Existem quatro necessidades básicas do ser humano, sendo a maior delas a autorrealização. Acontece que, mesmo quando temos tudo para nossa sobrevivência e segurança, para nossa autoestima e reconhecimento, ainda nos sentimos insatisfeitos. Por quê? Porque temos a quinta necessidade, que é a autorrealização.

Então, o que é autorrealização? É fazer com que seus potenciais se realizem e se atualizem. É ser tudo o que você pode ser. É perceber a autenticidade em sua vida e a sinergia entre o significado e a performance. Isso também é a neurossemântica, a performance (neuro) dos significados (semântica).

Em seguida, quero lhe mostrar como o *coaching* e a neurossemântica podem ajudá-lo a despertar potenciais e alcançar a autorrealização.

3. Quais coleiras impedem o seu crescimento?

Temos inúmeros caminhos com que podemos amarrar os potenciais dentro de nós.

Eu já pedi a você que se imaginasse em um sonho em que estivesse morrendo sem desenvolver os seus potenciais e acordando com seus potenciais desenvolvidos. Agora quero que imagine uma COLEIRA e responda a essas perguntas: "Quais são as coleiras que impedem meu crescimento? O que tem me prendido mental, comportamental ou emocionalmente que me impede de ser a melhor versão de mim mesmo?" Temos uma lista para você identificar de quais "coleiras" precisa se libertar para despertar os seus potenciais:

COLEIRAS MENTAIS	COLEIRAS EMOCIONAIS	COLEIRAS COMPORTAMENTAIS
• NEGATIVISMO	• MEDOS E RAIVAS	• FALTA DE OBJETIVO
• PERFECCIONISMO	• AUTODESPREZO	• MULTITAREFAS
• CRENÇAS LIMITANTES	• SOBRECARREGADO	• VINGANÇA
• SUPERPOSITIVISMO	• RIGIDEZ	• REATIVIDADE
• DESCONTAR	• DESAMPARO	• COMPETIÇÃO AGRESSIVA
• ROTULAR	• VÍCIO EM APROVAÇÃO	• LEGALISMO
• TUDO OU NADA	• CARÊNCIAS	• FANATISMO
• PRECONCEITOS	• PROCRASTINAÇÃO	• ESTILO SABE-TUDO
• SUPERSTIÇÃO	• INTOLERÂNCIA	• IMPACIÊNCIA
• CULPA	• FRUSTRAÇÃO	

As coleiras são as prisões da mente, como na abordagem do filme Matrix.

4. Coaching e autorrealização

Liberar potenciais sempre acontece com e por meio de pessoas.

No filme Matrix, de 1999, o personagem principal, Neo, estava em uma prisão mental, mas não sabia. Porém, ele começou a buscar respostas, pois começou a sentir que tinha algo errado com sua vida e, por isso, sentia-se preso. No filme, Neo encontra-se com um homem chamado Morpheus, que o ajuda a sair da Matrix, ou seja, da sua prisão mental.

A autorrealização não acontece em nossas vidas de forma isolada. A liberação de nossos potenciais não é um ato solitário. Liberar potenciais sempre acontece com e por meio de pessoas. Esse é o trabalho do *coach*. Os *coaches* são o que Morpheu foi para Neo no filme. Alguém que, por meio de perguntas poderosas, ajuda as pessoas a se libertarem de suas coleiras e a liberarem seus potenciais. Os processos de *coaching*, e principalmente o *meta-coaching*, utilizam-se de perguntas poderosas como ferramentas para acessar a Matrix de uma pessoa e liberar seus potenciais. No *meta-coaching*, além das perguntas, utilizamos as metaperguntas, que entram nos significados e nas crenças que bloqueiam nossos potenciais. Quando mudamos os significados internos, somos capazes de influenciar o mundo externo; e é por sua mudança transformacional que você consegue influenciar poderosamente o mundo em que vive.

5. Quais atitudes despertam seus potenciais

As atitudes são o ponto crítico entre o fracasso e o sucesso

Autorrealização não é ser quem não se é; mas é ser aquilo que somos e ainda "dorme" dentro de nós e precisa ser despertado. Por isso, a autorrealização é também um processo de autoconhecimento. Trabalho nessa área há alguns anos e posso dizer que o autoconhecimento é o primeiro passo para a autorrealização. O que está em você e o puxa para trás? Outro ponto crítico para alcançar nossos potenciais são nossas atitudes. As atitudes são o ponto crítico entre o fracasso e o sucesso. Quais as atitudes são necessárias para despertar os potenciais? A seguir você vai conhecer cada uma delas.

1. **Atitude de abertura:** quão aberto você está para ter suas coleiras desatadas e ficar livre para um mundo de possibilidades? Em que você precisa acreditar para tornar seguro esse processo de liberação?

2. **Atitude de vontade da mudança:** que mudanças você deseja alcançar em sua vida? Quão disposto está para que elas aconteçam?

3. **Atitude de autorizar-se:** quão autorresponsável por seu processo de mudança você se sente para se permitir mudar e assumir a responsabilidade da mudança? Você quer se tornar o autor de sua história ou continuar com o papel de vítima?

4. **Atitude de paixão e curiosidade:** quão aberto você está para viver suas mudanças de forma apaixonada? Quão curioso está para descobrir e aprender a desenvolver seus potenciais?

5. **Atitude de ser autoincentivador:** que habilidades você quer desenvolver para despertar seus potenciais? Daqui a cinco anos, o que você quer fazer e o que quer saber, mas hoje não sabe?

6. **Atitude da resiliência**: quão bom você é para se levantar depois de uma queda? Você abraça mudanças em sua vida? Quão flexível é perante as mudanças? Está disposto a persistir pela autorrealização?

7. **Atitude de engajamento**: quão forte é sua intenção de despertar seus potenciais? Quanto motivado e dentro da experiência você se sente para despertar seus potenciais?

Com essas atitudes, entramos na aventura de despertar potenciais para a autorrealização.

6. Como liberar os potenciais

Despertar os potenciais é um processo de três partes: mente, emoção e corpo

Mente: por meio dos significados, criando significados que o empoderem em suas atitudes. Crenças e novas "molduras" para situações que o têm enfraquecido. Em quais situações de sua vida você se sente desempoderado, enfraquecido? O que você precisa acreditar para se sentir melhor nessas situações e alcançar seu objetivo nessa área? Isso significa que você é um criador de significados. Pare de esperar que os significados venham até você e chame a partir da sua mente os significados que lhe darão qualidade de vida. Esta é a hora de ter a atitude necessária para se desfazer de suas coleiras mentais!

Emoções: são as sensações dos seus significados. Dependendo dos significados que estão em sua mente, as emoções surgem e também mudam. Por exemplo, se você anda na rua e alguém esbarra em você, fazendo cair todas as bolsas que estavam em suas mãos, qual é sua emoção? Raiva? Pois então, e se você descobrisse que a pessoa que esbarrou em você é cega, como ficam suas emoções? Elas mudaram? Provavelmente. Porque a informação mudou, o significado mudou, então as emoções também mudaram. As emoções são a diferença entre nossa percepção e a realidade. As emoções são verdadeiras em nós, mas são passíveis de erro no que diz a respeito à realidade. Nem sempre o que sinto corresponde com a realidade, mas sim com a percepção que tenho dela. Este é o momento de você ter a atitude de libertar-se das suas coleiras emocionais!

Comportamentos: o desafio é colocar em prática os significados que estão em sua mente. Passar da mente para os músculos. Quando os significados são crenças e passam pelas emoções, funcionam como comandos para o nosso sistema nervoso. A atitude necessária aqui é o planejamento com metas, como um placar de jogo para você monitorar seu crescimento. Talvez nesse momento você precise de um *coach*, um "Morpheu", para caminhar com você e facilitar, por meio de perguntas, o estabelecimento de seus objetivos e suas metas para alcançar o sucesso. Outra atitude é a resiliência, que é a persistência para aprender com os erros, vivendo um processo de aprendizagem contínua. É essa a hora de você se despedir de suas coleiras comportamentais!

7. O que acontece quando você se autorrealiza?

Autorrealização é um processo de pequenas admissões, uma a uma. Algumas pessoas esperam que se tornar autorrealizável seja um evento do tipo "Às tantas horas do dia tal me tornei autorrealizado", mas as pessoas que vivem a aventura da autorrealização o fazem por meio de pequenas atitudes. Existem algumas ações no dia a dia que você pode praticar para viver a autorrealização, por exemplo:

1. Viver a experiência o aqui e agora plenamente.
2. Assumir a responsabilidade por suas escolhas.
3. Ousar ser diferente, único.
4. Dar o seu melhor em tudo o que faz.
5. Permitir-se ser real e autêntico.
6. Fazer escolhas únicas para seu crescimento interno e seu progresso externo.
7. Determinar as condições de sua vida para as experiências de pico e para deixar os momentos especiais contarem.

Conclusão:

Sintetizo este capítulo em sete lições para despertar os nossos potenciais

1. Há dentro de cada um de nós um impulso para a autorrealização.
2. Liberar seus potenciais é tornar-se a melhor versão de si mesmo.
3. Temos coleiras internas que aprisionam nosso potencial.
4. Liberar potenciais sempre acontece por meio de pessoas.
5. As atitudes são a diferença entre o fracasso e o sucesso.
6. Despertar potenciais envolve três partes: mente, emoções e comportamentos.
7. Autorrealização é um processo diário.

Quando entramos na aventura de despertar potenciais, encontramos paixão e vitalidade para viver, descobrimos nossa missão de vida e nos tornamos pessoas melhores. Ser uma pessoa melhor equivale a também tornar o mundo um lugar melhor. Termino este capítulo com você iniciando o seu para despertar potenciais e aproveito as palavras da Marianne Wlliamson para motivá-lo em sua jornada.

Nosso maior medo

"Nosso maior medo não é sermos inadequados. Nosso maior medo é não saber que nós somos poderosos, além do que podemos imaginar. É a nossa luz, não nossa escuridão, que mais nos assusta. Nós nos perguntamos: "Quem sou eu para ser brilhante, lindo, talentoso, fabuloso?". Na verdade, quem é você para não ser? Você é um filho de Deus. Você, pensando pequeno, não ajuda o mundo. Não há nenhuma bondade em você se diminuir, recuar para que os outros não se sintam inseguros ao seu redor. Todos nós fomos feitos para brilhar, como as crianças brilham. Nós nascemos para manifestar a glória de Deus dentro de nós. Isso não ocorre somente em alguns de nós; mas em todos. Enquanto permitimos que nossa luz brilhe, nós, inconscientemente, damos permissão a outros para fazerem o mesmo. Quando nós nos libertamos do nosso próprio medo, nossa presença automaticamente libertará outros."

Marianne Williamson

Referência

HALL, L. Michael. *Liberte-se! Estratégias para autorrealização*. Rio de Janeiro: Qualitymark, 2012.

15

A significância do significado

Somos os criadores de significados e, ao criá-los, criamos o mundo em que vivemos. É isso que você está fazendo neste exato momento, quer tenha consciência disto, quer não. Esse é um caminho sem volta. A partir deste ponto, você não mais poderá usar a ignorância como desculpa para viver atrás da linha de largada para a sua jornada da autorrealização

Dilnéa Cesone

Dilnéa Cesone

Meta-coach (ACMC) e *Group and Team Coach* – Meta-Coach Foundation Coach, com dez anos de experiência; membro do Integrated Coaching Institute (ICI) e da European Coaching Association (ECA). Especialista em Neurossemântica; *Meta-practitioner*, *Meta-master* e *Trainer* em PNL e Neurossemântica com certificação pela International Society of Neuro-Semantic (ISNS). *Management* sistêmico e constelações organizacionais. Facilitadora em dinâmica de grupo e relações interpessoais. Formada em Direito pela Universidade Federal da Bahia (UFBA).

Contatos
www.dilneacesone.com.br
contato@dilneacesone.com.br
(71) 98815-3023

Coaching e autorrealização

Autorrealização é uma função de significado e performance. Pessoas autorrealizadas têm desempenho com mais competência em níveis mais elevados e o fazem porque acham isso muito significativo.

O mecanismo da performance é por onde iniciamos o *coaching*, por meio de ações, competências e habilidades externas – o jogo exterior. Mas *coaching* é principalmente sobre significado. A conversa de *coaching* é sobre como representamos algo e mantemos isso na mente – o jogo interior.

Significados

Significados são ideias sobre algum evento, palavra ou experiência que mantemos na mente. O que retemos em nossa mente é o significado que algo tem para nós. Quando alguma coisa acontece no mundo, nós a trazemos para dentro, nós representamos e, representando, a retemos na mente. É a representação que ativa a neurologia.

Ao mantermos em mente a intenção de compartilhar conhecimento quando pensamos em estudar, o ato de estudar sempre terá esse significado para nós. Ao recordar a experiência de ter se afogado quando era criança, mar, água ou piscina assumirá significará esse momento. No entanto, os significados não vêm dos eventos ou das experiências. Construímos significados ao usar eventos e experiências como pontos de referência para eventos futuros.

Coisas a se saber sobre significados

Significados não existem na experiência humana. Não é genético. É o que aprendemos. Trazemos para dentro, absorvemos desde crianças.

Significados são construídos. Nós os construímos por meio daquilo que pensamos e como pensamos. Criamos significados em nossa neurologia – sistema nervoso – e em nossa mente, por meio de pensamentos, crenças, enquadramentos, entendimentos, etc. Precisamos nos dar esse crédito e nos apropriar desse poder, em vez de esperar que os significados venham até nós. O significado é um produto interno.

Significados estão em camadas. Uma vez que pensamos em algo, não somente pensamos naquilo, pensamos também em várias outras coisas, são várias camadas de pensamentos. Construímos múltiplos significados, camadas sobre camadas em relação às coisas que seguramos simultaneamente dentro do nosso sistema mente-corpo. Quanto mais alta a camada, mais inconsciente ela se torna.

Significados governam. Estabelecemos significados, e todos esses enquadramentos e contextos mandam mensagens para o corpo. À medida que essas mensagens se tornam crenças, e não apenas pensamentos, tornam-se comandos para todo o sistema nervoso. Os significados governam nossos sentimentos, a maneira como falamos, como agimos, como interagimos. A qualidade da nossa vida é a qualidade de nossos significados.

Significados estão sempre incorporados. Metabolizamos palavras. É por meio de nossa neurologia que sentimos, vivemos a experiência e realizamos nossos significados. Significados informam nosso corpo.

Significados constituem nosso esquema interpretativo. Os significados tornam-se as lentes através das quais captamos, observamos, interpretamos e criamos o mundo.

Significados despertam e bloqueiam potenciais. Ou vão nos derrubar, ou vão liberar possibilidades. Quais significados vão nos trazer para baixo e quais vão nos impulsionar para frente?

O construto

Como construtores de significados, temos a habilidade de determinar qualquer significado que quisermos, criamos nossa realidade, nossos esquemas interpretativos e ativamos nossos poderes fundamentais. É sempre de dentro para fora. Algo interno que mantemos na mente e que vai nos afetar à medida que geramos um entendimento, um conhecimento, um conceito, uma crença, mas tudo é construto, nada disso é real; parece real, sentimos como se fosse real, mas é tão real quanto o fazemos.

O construto é o lugar onde exercitamos nosso poder de criar significados, nosso poder interno de dar sentido às coisas.

As quatro perguntas

Quatro perguntas podem extrair muita informação acerca dos significados:

1. Pergunta de identificação: o que é isso?
2. Pergunta de compreensão: como isso funciona?
3. Pergunta de significância: qual é o valor disso?
4. Pergunta de intenção: qual é o propósito disso?

Observe o seguinte exemplo: quando alguém fala alto ou grita comigo, a pessoa está me desrespeitando, e eu não admito isso.

1. O que é isso? Estamos conversando, e a pessoa, em vez de argumentar, de-

bater, altera o tom de voz e começa a falar alto ou gritar.

2. Como isso funciona? A pessoa não está ouvindo o que eu falo nem leva em consideração o que tenho a dizer, está apenas sendo reativo e gritando.

3. Qual é o valor disso? Desrespeito.

4. Qual é o propósito disso? Eu não vou admitir isso, vou pará-la.

Os quadrantes da autorrealização

A autorrealização baseia-se nos eixos de significado e performance.
Significado: tudo o que é significante, valioso e importante, fatores internos que dão suporte à liberação de nossos potenciais.
O jogo interno.
Performance: ações, experiências, habilidades, comportamentos.
O jogo externo.

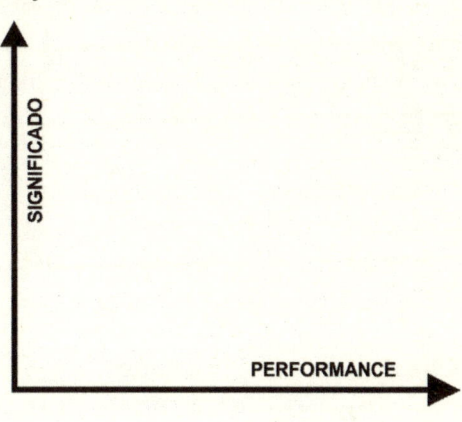

Esses dois eixos nos dão quatro quadrantes, os quadrantes da autorrealização.

	Eixo Y	
	III. Alto Significado Baixa Performance	IV. Alto Significado Alta Performance
SIGNIFICADO	I. Baixo Significado Baixa Performance	II. Baixo Significado Alta Performance
	PERFORMANCE	Eixo X

Quadrante I – Subdesenvolvido: é aqui que começamos, já que nascemos subdesenvolvidos e nada sabemos. Quando nascemos, não sabemos o que nada significa.

Quadrante III – Criadores: criatividade, sonhos, projetos, planejamentos. Aqui é o construto dos significados, no entanto sem performance não passará de desejo, não realizaremos nada. Quanto mais significados criamos sem partir para a ação, menos realizamos, o que nos torna menos integrados e congruentes.

Quadrante II – Performadores: maior habilidade de realizar. Porém, quanto mais performamos sem agregar valores e conectar com significados mais elevados, menos significativas serão as atividades, menos motivados, inteiros e saudáveis seremos. Desenvolver habilidades de reflexão, por exemplo, nos levará ao quadrante IV.

Quadrante IV – Autorrealizadores: criamos e desenvolvemos significados ricos e ações para realizá-los. Quanto mais agimos sobre nossos significados e atribuímos mais ricos significados a nossas ações, mais autorrealizamos nossos potenciais. Sinergia entre reflexão e ação, jogo interior e exterior.

A qualidade dos significados

A qualidade dos nossos significados é a qualidade de nossa Vida. Não somente precisamos de significados, como também da riqueza dos significados. Ao retirar, reduzir ou degradar os significados de um ser humano, este ficará doente, fraco e sofrerá patologias em razão da falta de significados, podendo perder até mesmo o desejo de viver.

Escala de significância
- Nível 0 – nenhuma qualidade, total insignificância.
- Níveis 1 e 2 – significados fúteis: completa falta de significado, vazio, inútil, não vale nada, suicídio, drogas, gangues, violência, destruição da vida, desespero ao agir na tentativa de sentir algo.
- Níveis 3 e 4 – significados triviais: manter-se ocupado, ter algo para fazer, sentir-se um parasita, interesse na vida de outros, revistas de fofoca, histórias de pessoas famosas, viver da energia de outrem.
- Níveis 5 e 6 – significados convencionais: o que é médio, o que é normal, apropriado em toda família, em toda cultura. Conformidade em tentar se encaixar; uma vez que se vive aqui por um tempo, queremos mais.
- Níveis 7 e 8 – significados singulares: nos quais encontramos nosso lugar individual, único, nossa missão e nossa visão, algo que nos diferencia de todos os outros, um motivo para sair da cama porque sabemos sobre o que nossa vida diz respeito, finalmente encontramos nosso lugar individual, único. O problema é que é tudo sobre "mim".

- Níveis 9 e 10 – significados sagrados: completa significância. Encontramos algo que é tão maior que nós mesmos, o senso de que fazemos parte de algo que nos transcende, parte de algo que fará a diferença, deixará um legado. Isso é realmente precioso.

Não queremos apenas significados, queremos significados ricos e robustos. Queremos significados que, quando acordarmos com eles em nossa mente, tornem tudo significativo e fascinante.

E você? Que tipo de criador de significados você é? Como expressa os seus poderes como criador de significados? Quão ricos e inspiradores são os significados que você criou para sua vida? Quão flexível e adaptável você é para criar múltiplos significados? Quão robustos e poderosos são seus significados? Qual é o seu maior e mais empolgante significado?

A qualidade das respostas a essas e muitas outras perguntas que você pode estar se fazendo neste momento podem servir como um GPS em sua jornada da autorrealização. A cada dia, a cada passo, você está se tornando tudo o que pode se tornar? Se sua resposta for "sim", parabéns, continue, pois estamos nos referindo a uma jornada, e não a um destino. Se sua resposta for "não", pare e recalcule sua rota. Mas, independentemente de sim ou não, lembre-se de que a qualidade dos seus significados é a qualidade da sua vida. Êxito em sua jornada!

Referências
HALL, L. Michael. *Liberte-se! Estratégias para Autorrealização*. Rio de Janeiro: Qualitymark, 2012.
WORKSHOP Autorrealização I – Despertando a vitalidade.
WORKSHOP Autorrealização II – Despertando potenciais.

16

Autorrealização e comunicação compassiva

Nossas lembranças mais queridas ocorreram em boa companhia. Nossa identidade é forjada tanto pelos momentos de autoconsciência quanto pela profunda conexão que estabelecemos com as pessoas à nossa volta. No caminho da autorrealização, encontramos o outro. Como nossa maneira de comunicar influencia a qualidade de nossos relacionamentos? Como o *coaching* nos ajuda a ser mais empáticos e felizes?

Eduardo Estellita

Eduardo Estellita

Coach certificado pela Leading and Coaching Academy da Bélgica, curso credenciado pela International Coaching Federation (ICF), facilitador de grupos e palestrante, tem mais de 15 anos de experiência em acompanhamento da transição. Engenheiro formado pela PUC-Rio, com mestrado pela Ecole Centrale Paris, morou durante 12 anos em cinco países e liderou diversos projetos internacionais de Gestão da Mudança na L'Oréal, na AB InBev e na Nespresso. Organizador e palestrante TEDx, é sócio-fundador da genYus @work e da LeadNow! Brasil, prestando consultoria em desenvolvimento da liderança e do capital humano a organizações e ONGs. Professor convidado em diversas instituições internacionais de renome, atuou também no Ibmec e na Casa do Saber. Sua prática de *coaching* tem ênfase em Programação Neurolinguística (PNL), Análise Transacional, Comunicação Não Violenta, Teoria U, Antroposofia, Process Communication e Eneagrama. Acredita que, conectando pessoas aos seus próprios talentos e valorizando diferenças interpessoais, é possível liberar o potencial coletivo para vencermos os desafios do século XXI.

Contatos
www.genyusatwork.com
www.leadnow.net
eduardo.estellita@hotmail.com
(21) 99500-3636

Pense nos cinco momentos mais marcantes da sua vida. Seja o mais específico possível, levando o tempo que for necessário para imprimir essas imagens na mente.

O que há em comum entre elas?

É bastante provável que o ponto de convergência de pelo menos quatro das cenas escolhidas seja a presença de outras pessoas.

Em Programação Neurolinguística (PNL), quando mencionamos autorrealização, abordamos, com frequência, aspectos relacionados ao desenvolvimento das capacidades de autogestão e de flexibilidade ao enquadrar nossa percepção da realidade. Tal foco em autoconsciência é parte essencial do processo de autorrealização, mas não é suficiente!

Igualmente essencial é a conexão com o outro. Somos animais sociais. Quando nos sentimos contribuintes de algo maior que nós, reconhecidos e apreciados pelo papel que exercemos, atingimos o nosso melhor. O propósito de vida revela-se na interseção entre a consciência de quem somos e o impacto que nosso trabalho traz para os outros.

Portanto, se desejamos mais senso de realização na vida, seria interessante investigar, em nossa comunicação, quais atitudes dificultam e quais contribuem para o estabelecimento de relações saudáveis.

Os quatro cavaleiros do apocalipse

John e Julie Gottman dedicaram parte significativa de suas vidas ao estudo das relações afetivas. Atualmente, basta que assistam a alguns minutos da conversa de um casal em torno de um conflito para prever, com precisão de 94%, se os envolvidos vão se separar.

Os Gottman descobriram que não é a existência ou o conteúdo dos conflitos que erodem os relacionamentos, mas a forma como nos aproximamos deles. Casais infelizes entram em um ciclo destrutivo de interações que anunciam o fim do casamento. Esses padrões foram denominados "Os quatro cavaleiros do apocalipse", por seu potencial devastador sobre a comunicação.

O primeiro cavaleiro é a crítica. Ela se caracteriza por ataques pessoais que podem ser exemplificados por frases como "Você é tão...", "Você sempre..." e "Você nunca...".

O segundo cavaleiro é o <u>desprezo</u>. Trata-se de qualquer expressão de superioridade, sob forma de sarcasmo, cinismo, xingamento, virar de olhos ou humor hostil.

O terceiro cavaleiro é a <u>atitude defensiva</u>. Diante do ataque, o parceiro recorre à indignação ou à vitimização, com um "Você também não é tão perfeito assim...", recusando-se a assumir sua parcela de responsabilidade no sucesso da união.

O quarto cavaleiro é o <u>tratamento de silêncio</u>. O ouvinte abandona qualquer tentativa de conversa, na crença de que é impossível interromper os jogos psicológicos por meio do diálogo. Essa atitude exacerba a sensação do outro de não estar sendo ouvido.

Apesar de o estudo ser focado em casais, é fácil imaginar o impacto dessas mesmas atitudes em outros relacionamentos. Criticamos nossos filhos, agimos com escárnio perante colegas de trabalho difíceis, assumimos o papel de vítima em uma disputa entre vizinhos, adotamos o silêncio e o desengajamento como arma contra chefes autoritários.

Não são apenas as ruas que estão repletas de ameaças e violência, mas as conversas que temos no dia a dia também estão carregadas de violência emocional. Para nos autorrealizarmos, é necessário trazer a confiança e a compaixão de volta ao centro de nossos diálogos.

Comunicação compassiva

O psicólogo norte-americano Marshall Rosenberg inventou um método de diálogo chamado Comunicação não violenta (CNV, também conhecido como Comunicação compassiva).

Tendo como base a compaixão e a empatia, a CNV desenvolve a assertividade de seus praticantes, isto é, aumenta as chances de atendimento de suas necessidades individuais, ao mesmo tempo que estabelece, com o outro, uma relação de confiança e respeito.

A CNV atinge esse resultado graças ao cuidado de construir três pontes empáticas entre quem fala e quem ouve, antes mesmo que qualquer pedido seja feito.

Observação factual e expressão do sentimento

A primeira ponte (<u>observação</u>) ocorre no nível do <u>pensar</u>. Ao descrever objetivamente o evento gerador do conflito, o locutor adota uma posição de não julgamento, trazendo a atenção do ouvinte ao comportamento incômodo.

Em vez de dizer "Você está sempre atrasado", o locutor afirma "São 4 e meia, e tínhamos marcado nossa reunião às 4 horas". Essa ligeira adaptação no fraseado visa verificar a equivalência entre as percepções da realidade dos dois. É possível que o outro não tivesse alterado seu relógio para o horário de inverno ou que tivesse cometido um erro ao anotar a hora do encontro. Se esse for o caso, ele dirá, e o conflito poderá ser resolvido imediatamente. Caso contrário, estará concordando com a observação do evento gerador do conflito. Sua curiosidade estará atiçada para a próxima etapa da comunicação: a importância do evento.

A segunda ponte (<u>sentimento</u>) ocorre no nível do <u>sentir</u>. O locutor descreve o sentimento desconfortável que o evento lhe causou, como, por exemplo, "me sinto preocupado e inquieto, pois temos muitos assuntos urgentes a tratar".

Ao anunciá-lo abertamente, o locutor obtém três resultados. Em primeiro lugar, ao falar de si, reduz a possibilidade de atitudes defensivas do ouvinte. Não é possível discordar dos seus sentimentos, uma vez que eles fazem parte do seu mundo interior. Em segundo, inconscientemente, os neurônios-espelho no cérebro do ouvinte simulam a experiência de passar pelo mesmo sentimento, às vezes até reconectando-o à memória de um momento similar no qual tenha se sentido da mesma forma. Por fim, a vulnerabilidade em expor seu universo interior é recebida pelo ouvinte como sinal de confiança e respeito, preparando o terreno para a etapa seguinte.

É importante ressaltar que, para construir uma ponte sólida no nível do sentir, é preciso diferenciar sentimentos de julgamentos disfarçados de sentimentos, isto é, interpretações do que o outro nos fez. Quando alegamos nos sentir "traídos", "dominados", "ignorados" ou "humilhados", estamos, de fato, acusando o outro de nos trair, dominar, ignorar ou humilhar. Certamente esse vocabulário convidará a uma atitude defensiva, em vez de gerar empatia.

Elo entre sentimento e necessidade

Imagine que você está dirigindo pela estrada quando, repentinamente, uma luz acende no painel do carro. Se o símbolo for uma bomba de gasolina, você sabe que ele necessita de combustível. Se for uma janela, entende que uma das portas está aberta.

Ao contrário do pensamento popular, não existem sentimentos bons ou ruins. Sentimentos são apenas sintomas, luzes em um painel, sinalizando uma necessidade subjacente. Sendo assim, todos os sentimentos são válidos, aceitáveis e importantes. Sentimentos desagradáveis sinalizam que uma necessidade não está sendo atendida, ao passo que os agradáveis sinalizam uma que foi atendida.

O hábito de nomear os sentimentos não somente é importante para estabelecer conexão com o outro, mas também com nós mesmos. Quanto mais treinados nos tornamos em observar nossos sentimentos, mais hábeis ficamos em identificar as necessidades por trás deles. Se, por exemplo, confundimos tristeza com raiva ou nostalgia, dificilmente conseguiremos descobrir o que fazer para atravessar o desconforto.

Expressão da necessidade

A terceira ponte (necessidade) ocorre no nível do querer. O locutor descreve a necessidade não atendida, assinalada pelo sentimento. No exemplo anterior, poderíamos dizer "preciso me certificar de que você compreende a importância desta reunião para a empresa" (necessidade de alinhamento e cooperação).

O psicólogo Abraham Maslow introduziu cinco classes de necessidades humanas: fisiológica, segurança, pertencimento, estima e autorrealização. Na realidade, há mais de 200 necessidades já catalogadas, incluindo também as de ordem estética, de celebração da vida, de integridade, de ordem espiritual e mental. Apesar de a lista ser longa, vivenciamos cada uma diversas vezes durante nosso percurso de vida.

A força da CNV reside no fato de nossos sentimentos e necessidades serem universais. Todos sabemos o que é se sentir triste, desapontado, alegre ou com raiva. Todos, em algum momento, experimentamos a necessidade de espaço, de repouso, de conexão e de reconhecimento.

Tal qual com os sentimentos, o locutor obtém os mesmos três efeitos ao expressar sua necessidade: evita o comportamento defensivo, provoca a simulação empática no cérebro do ouvinte e é acolhido em sua demonstração de confiança e vulnerabilidade.

Porém, isso não quer dizer que a necessidade expressa deva ser atendida. A todo momento, atendemos e deixamos de atender a nossas necessidades. Ao escolher a solidão, abdicamos da necessidade de convívio social. Ao escolher a necessidade de foco, abrimos mão da distração. Caminhamos pela vida fazendo escolhas e priorizando, a cada momento, as necessidades mais importantes. E nosso interlocutor faz o mesmo.

Pedido e negociação das estratégias

Uma vez que as três pontes empáticas estão solidamente estabelecidas, estamos prontos para atravessá-las com nosso pedido. Podemos pedir ao outro uma reformulação (saciando a necessidade de ser ouvido), uma opinião (saciando a necessidade de apoio) ou uma ação, como, por exemplo, "posso contar com você para definirmos soluções para os pontos da pauta, no tempo que nos resta?"

As condições para um pedido eficaz são que ele seja relacionado a um ato concreto, positivo, realizável e, acima de tudo, negociável. Esta última característica é essencial para assegurar o respeito das necessidades do outro. Quando utilizamos o processo da CNV para emitir uma ordem (pedido não negociável), trazemos abaixo as pontes empáticas construídas. Saímos da conexão e entramos na manipulação. Inconscientemente, dizemos ao outro que suas necessidades são menos importantes que as nossas.

Mas o que fazer quando as necessidades de um conflitam com as do outro?

Antes de mais nada, tais situações são mais raras do que parecem. O que ocorre com frequência é que muitas vezes nos embarricamos atrás de uma única estratégia, quando de fato há diversas formas de atender a uma mesma necessidade.

Imagine um casal retornando de um dia de trabalho cansativo. Ele não quer cozinhar e convida sua esposa para ir ao restaurante e ao cinema. Suas necessidades de descanso das tarefas de casa e de distração gritam para serem atendidas. Ela, por sua vez, se sente exausta e gostaria de passar uma noite tranquila abraçada ao marido. Não está com humor para sair de casa, procurar estacionamento e enfrentar filas. Suas necessidades de repouso e conexão clamam por uma noite tranquila.

Caso se mantenham firmes em suas estratégias, o conflito entre sair ou ficar em casa levará a uma noite desagradável para ambos. Ao comunicar necessidades, tornam-se capazes de construir uma nova estratégia que responda tanto às necessidades de descanso das tarefas e de distração quanto às de repouso e de conexão, como, por exemplo, pedir comida em casa e assistir a um filme abraçados no sofá.

Se as necessidades de um forem realmente opostas às do outro (um, conexão; o outro, solidão), há a possibilidade de sacrificar uma necessidade momentânea em prol de uma de longo prazo (como a de equilíbrio na relação) ou de negociar um período de atendimento da necessidade de um seguido do atendimento da necessidade do outro.

Ao contrário dos atalhos desastrosos que a sociedade nos condicionou a pegar, comunicando um julgamento seguido de uma ordem, a CNV nos liberta para ser quem somos e acolher quem o outro é. Suas quatro etapas (observação, sentimento, necessidade e pedido) podem parecer longas e desajeitadas na primeira tentativa, mas representam um ganho significativo em conexão e compreensão. Ela não deixa espaço para exprimir mal, entender mal e agir mal, comportamentos que tanto permeiam as relações sociais, profissionais e afetivas. Com a prática, aprendemos a utilizá-la em nossa vida diária, da mesma forma que aprendemos a andar de bicicleta.

Gerenciando necessidades

Além da melhoria nas relações com o outro, a CNV é um excelente mecanismo de desenvolvimento de inteligência emocional. O ato de tomar consciência e refletir sobre sentimentos e necessidades nos ajuda a encarar, de forma madura, os desafios e as frustrações da vida.

A CNV nos ensina o poder curador existente na simples expressão das necessidades e em ser ouvido pelo outro. Muitas vezes, tais elementos são mais do que suficientes para nos dar força quando precisamos lidar com necessidades que não podem ser atendidas.

O papel do coach

Nem sempre é fácil identificar a violência presente em nossa comunicação.

Ao nos convidar a refletir sobre comportamentos e modos de comunicação ineficazes, o *coach* nos ajuda a enxergar com mais clareza nossa posição e a do outro:

- O que eu não estou ouvindo ou entendendo da posição do outro?
- O que é importante para ele? E para mim?
- Que estratégias podemos colocar em prática para respeitar o que é importante para ambos?

Alguns refratários à CNV evitam-na por acumularem crenças sobre a natureza ou as intenções do interlocutor. Outros passaram tantos anos "sendo fortes", construindo uma armadura para se proteger da vulnerabilidade, que desaprenderam a confiar. Em ambos os casos, o *coaching* é uma excelente ferramenta para se libertar de pesos do passado e testar novas formas de ser no mundo.

Compaixão e sucesso

Autorrealização que se limita ao próprio umbigo não é autorrealização.

Somente os corajosos, que arriscam a vulnerabilidade, que dão o primeiro passo em direção à confiança, que ousam ouvir e entender o outro a partir da perspectiva dele e que praticam a gratidão pelas necessidades atendidas, encontram seu propósito. O propósito é algo que irradia de suas pessoas, gerando impacto em quem é tocado por ele.

Cada vez que abrimos a boca, temos uma escolha. Podemos conjurar os cavaleiros do apocalipse ou construir pontes entre corações. Fazer nosso melhor para escolher a segunda opção é a chave para a autorrealização.

17

A autorrealização como consequência da autoliderança

Os problemas são facilmente eliminados pela expansão da consciência que possibilita a autorrealização, a qual é uma consequência da AUTOLIDERANÇA. Pela autoliderança, nos tornaremos seres humanos melhores, capazes de vivenciar e liderar por meio da cooperação, com união, colaboração, espírito de equipe e gratidão, e como consequência o resultado alcançado será muito maior que a soma das partes

Eduardo Sakai

Eduardo Sakai

Engenheiro mecânico pela Unesp, com MBA em Gestão Empresarial pelo Instituto Nacional de Pós-Graduação (INPG). *Professional* e *self coaching, coaching ericksoniano, master coach* com pós-graduação em Psicologia Positiva pelo Instituto Brasileiro de Coaching (IBC). Formado em Homeostase Quântica da Essência pelo Instituto Quantum e em Pensamento Sistêmico e Constelações Organizacionais pelo Infosyon. *Presence coaching* com Robert Dilts & Richard Moss pelo Elsever Institute. Treinador comportamental pelo Instituto de Formação de Treinadores (IFT). Formado em Hipnose pelo Instituto Brasileiro de Formação em Hipnose (IBFH). Estudante de meditação Raja Yoga pela Organização Brahma Kumaris. Atua como *coach* organizacional, palestrante e *head trainer* de temas como Autoliderança, Líder *Coach, Coaching* e a Autoliderança, Terapia Organizacional em Limeira-SP e região.

Contato
eduardo@sakaitreinamentos.com.br

Tudo começa com a percepção! A forma como percebemos a realidade a nossa volta é que define a maneira como nos comportamos diante das situações que vivemos. Quando tomamos consciência de um fato, na verdade estamos interpretando a realidade de forma subjetiva e parcial, de acordo com nosso ponto de vista. Ao nos apegarmos a essa interpretação e nos convencermos de que ela é a única certa, acabamos de criar um grande problema.

Ao perceber qualquer fato que acontece no mundo ou em nossa realidade, tomamos consciência (1), provocamos uma mudança em nosso estado mental (2). Se por um lado podemos estar experimentando paz e alegria, por outro, ao tomar consciência de um fato que dispara um gatilho de memória associado a sentimentos negativos, instantaneamente nosso estado mental de paz e alegria deixa de existir e passamos a sentir tristeza ou raiva. A próxima mudança é a atitude mental (3). Mudamos a forma e os tipos de pensamento. Quando experimentamos paz e alegria, os pensamentos gerados por nossa mente são alinhados a esses sentimentos, mas, quando passamos a sentir tristeza ou raiva, nossos pensamentos se alinham a essas energias negativas. Ou seja, após sentir algo negativo, automaticamente pensamos também de forma negativa.

A terceira alteração que experimentamos ocorre na nossa visão e imaginação (4) interior; passamos a criar várias situações, cenas e filmes em nossa mente, todos alinhados com a energia e a frequência dos sentimentos gerados anteriormente. Sentimos, pensamos e criamos situações imaginárias no mesmo nível de consciência com que percebemos a realidade; assim, se nossa percepção for limitada e negativa, nossas criações mentais tenderão a ser negativas e limitadas.

Analisando o fluxograma do estado de consciência, podemos elaborar perguntas poderosas que possibilitarão a expansão da consciência:

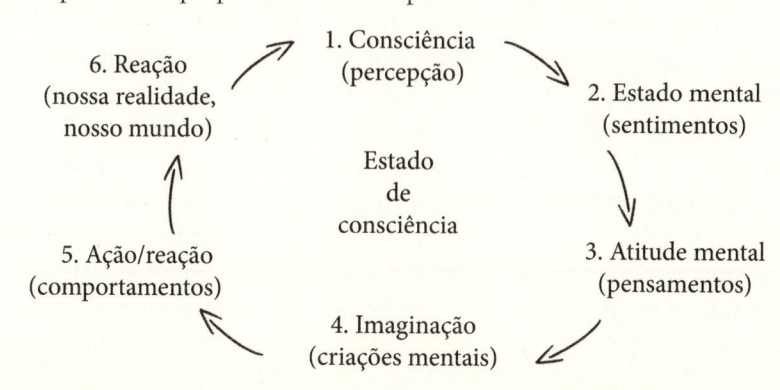

Estado de consciência

1. Consciência (percepção)
2. Estado mental (sentimentos)
3. Atitude mental (pensamentos)
4. Imaginação (criações mentais)
5. Ação/reação (comportamentos)
6. Reação (nossa realidade, nosso mundo)

Ao sentir algo negativo, tendemos a pensar de forma negativa e imaginar situações alinhadas a essa negatividade, o que fatalmente refletirá em nossos comportamentos por meio de ações (5) ou reações automáticas também negativas. Tudo o que vai volta, e toda ação ou reação, consciente ou inconsciente, resultará em novas reações (6), que espelham o nosso mundo, a nossa realidade, fechando o ciclo e gerando nova consciência ou reforçando nossa consciência (1) anterior. A cada giro desse ciclo, geramos sentimentos, pensamentos, imaginações, comportamentos e realidades. Esse processo todo gira muito rápido, em fração de segundos, o que frequentemente nos deixa em um estado de confusão mental e falta de clareza para a tomada de decisões.

Podemos tentar mudar nossas ações (5) para construir um novo mundo, uma nova realidade. Muitos de nós já nos prometemos inúmeras vezes que não nos comportaríamos novamente de tal forma, mas fomos traídos pelos velhos costumes e hábitos enraizados em nossos comportamentos. É quase impossível mudar um comportamento gerado por uma imaginação negativa, resultante de pensamentos e sentimentos negativos que foram gerados por uma percepção parcial, limitada e subjetiva da realidade.

Nosso foco deve ser a expansão da consciência (1). Ampliar nossa percepção é onde tudo começa. Principalmente quando experimentamos sentimentos negativos e de baixa frequência, devemos parar e analisar de outros ângulos, praticar a empatia, colocando-nos no lugar das pessoas envolvidas na mesma situação e perguntar: Existem outras possibilidades? O que pode estar limitando minha percepção? Para que estou me permitindo sentir essas negatividades? O que meu comportamento pode ter gerado nessas pessoas? Meu foco está na expansão da consciência ou em achar um culpado? Meu comportamento, minhas palavras, meu tom de voz, meus gestos e minhas posturas transmitem a intenção de cooperar ou de controlar?

Muitos profissionais reagem sempre da mesma maneira diante das interpretações que fazem da realidade, sem se darem conta de que essas interpretações de certa forma seguiram as referências de suas experiências anteriores. Problemas não existem, o que enfrentamos são situações interpretadas de forma parcial, e cada uma das partes fica apegada à nossa parcela da percepção, ao nosso ponto de vista, que consideramos a única verdade.

A autoliderança começa com o autoconhecimento, que possibilita e facilita a transformação dos sentimentos negativos em sentimentos e energias positivas, por meio da expansão da consciência. A percepção de algo que gerou sentimentos ou emoções negativas é o sinal de alerta, assim, imediatamente devo concentrar meus esforços em parar, respirar e ampliar minha visão e percepção. Qual é a intenção positiva da outra parte? Qual é o aprendizado, a lição escondida atrás da cortina de emoções? Todas as pessoas e situações são nossos professores, e as mais difíceis são nossos melhores mestres.

Podemos assumir que nosso funcionamento cerebral, comandado por nossa essência humana, a alma, a centelha divina que dá vida ao nosso corpo, está fundamentada em três faculdades essenciais: memórias, mente e intelecto. Veja o diagrama abaixo, adaptado do livro Caminhos para uma consciência mais elevada, de Ken O'Donnell.

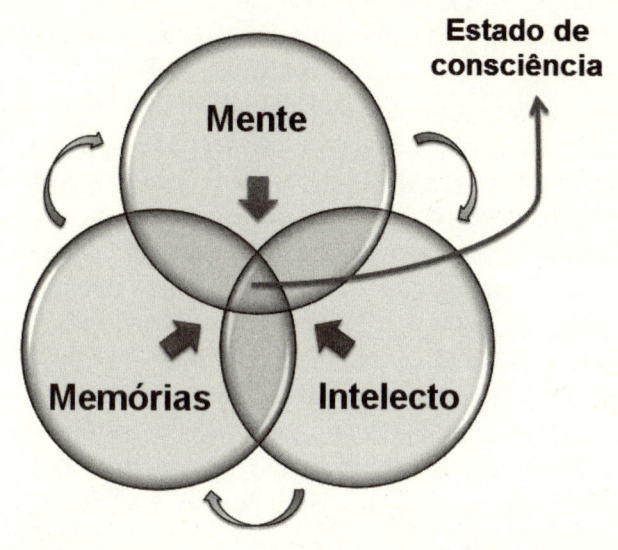

Memórias: são todos os nossos registros, experiências vividas por meio das quais adquirimos hábitos, condicionamentos, valores, crenças, traços de personalidade, aprendizado acadêmico e modelos. Podemos incluir também todas as informações armazenadas no subconsciente e no inconsciente. Todas as ações que eu realizo, de uma forma ou de outra, ficam registradas em minha memória, portanto, consequentemente, a qualidade dos meus registros está diretamente relacionada com a qualidade de minhas ações, e vice-versa.

Mente: é o nosso lado colorido, criativo e sonhador. Talvez receba esse nome porque ela "mente pra gente". Funciona como uma tela mental que projeta pensamentos, sensações, desejos, emoções, imagens, ideias e sonhos de forma tão realista que muitas vezes ficamos na dúvida se imaginamos algo ou realmente vivenciamos essa experiência. Nossa mente recebe influência direta de nossas memórias e também do nosso intelecto; por onde quer que nosso intelecto caminhe a mente automaticamente cria as imagens, as formas e as sensações. Se penso que estou pingando algumas gotas de limão em minha língua, quase instantaneamente começo a salivar apenas de imaginar a acidez do suco dele.

Intelecto: é a nossa razão, a nossa consciência lógica e racional, é o grande responsável pela autoliderança ou pela falta dela. Por meio do intelecto tomamos decisões, podemos discernir, associar, identificar, conhecer e reconhecer, trata-se de nossa habilidade de entender e raciocinar. Para fortalecer o intelecto, podemos praticar a meditação e a criação de novas programações mentais, fortalecendo e ampliando nossas qualidades positivas e enfraquecendo as negativas.

Essas três faculdades essenciais estão entrelaçadas, e o funcionamento de uma afeta o das outras duas. A interligação das três faculdades gera nosso estado de consciência, e este pode sofrer uma influência maior das nossas memórias. Quando isso acontece, é comum dizermos "eu sou assim mesmo", "esse é meu jeito de ser" e "eu não posso mudar" e, dessa forma, nos tornamos pessoas reativas e orgulhosas. É de suma importância para esse tipo de pessoa trazer à consciência o fato de que nós não somos nossa personalidade; nossa personalidade faz parte de nosso ser e tem influência muito forte e direta na maneira como nossa mente gera nossos sentimentos, pensamentos e, consequentemente, nossas ações. Pessoas com comportamentos extremamente sentimentais e emotivas em geral estão sob forte influência da mente, a qual, por sua vez, recebe influência direta de nossas memórias e gera sentimentos e pensamentos alinhados a esse tipo de experiência, disparando gatilhos de memórias que fazem com que elas tenham reações sem o devido discernimento, reagindo de forma emocional e, assim, perdendo completamente a razão, uma vez que deixam de utilizar o intelecto.

A autoliderança possibilita a escolha consciente de ações e comportamentos positivos, o que nos proporciona um estado de consciência elevado, o qual é construído pelo fortalecimento do intelecto, primeiro em nós, *coaches*, para assim que estejamos aptos a criar um ambiente favorável aos nossos *coachees*, a fim de que eles se permitam vivenciar o processo de fortalecimento do intelecto.

Um intelecto poderoso possibilita ações elevadas. A cada nova ação realizada, novos registros de memórias se juntam às memórias existentes, reforçando o padrão anterior ou renovando e criando um novo padrão de acordo com as ações desempenhadas. Registros de memórias mais positivas passam a influenciar positivamente nossos sentimentos e pensamentos.

Veja a seguir dicas para a expansão da consciência e o fortalecimento do intelecto:

1. **Visão sistêmica:** desenvolver e vivenciar a visão sistêmica da realidade que o cerca, eliminar de seu vocabulário as palavras "CERTO" e "ERRADO", tudo o que está acontecendo simplesmente "É O QUE É", é o que está acontecendo! Existem outras possibilidades? Estou utilizando filtros que possam estar limitando minha percepção?
2. **Não julgar:** devemos evitar qualquer tipo de julgamento, honrar e res-

peitar nosso passado e nossa história de vida, pois graças a ela existimos, somos o que somos e chegamos até aqui. Qual é a lição? O que tenho de aprender com essa situação?

3. **Sentimentos:** aprender a reconhecer e acolher o que estou sentindo e como lidar com essas emoções e sentimentos, que são a base dos meus pensamentos. O que estou sentindo? Para que estou me permitindo sentir essas negatividades?

4. **Responsabilidade:** assuma a responsabilidade por seus sentimentos; nenhuma situação pode fazê-lo sentir raiva ou tristeza, você é o único responsável por gerar esses sentimentos. Estou fazendo o papel de vítima? Qual é o resultado desses sentimentos sobre meus pensamentos?

5. **Ampliar a percepção:** ajudará a eliminar os sentimentos negativos, para isso devo abrir mão de tais sentimentos e analisar a situação como um observador desapegado. Quais são as outras possibilidades? Qual é a intenção positiva por trás dessa atitude? Essa nova percepção me possibilita maior estabilidade emocional?

6. **Pensamento positivo:** devo focar todos os meus esforços e recursos na construção de pensamentos positivos de forma consciente. O que é preciso para alcançar o resultado desejado? Meu foco está na solução ou estou procurando um culpado?

7. **Ação efetiva:** depois de transformar os sentimentos negativos em sentimentos neutros ou positivos, fica muito mais fácil criar bons pensamentos, facilitando ações mais efetivas para alcançar os resultados desejados. Toda ação gera uma reação, um retorno. Qual é a qualidade dos frutos que estou colhendo de minhas novas ações? Meu comportamento, minhas palavras, meu tom de voz e minha postura transmitem a intenção de cooperar ou de controlar?

8. **Checar:** após analisar os resultados obtidos com as novas ações, deve-se retornar e revisar todas as dicas.

Permita-se desenvolver sua autoliderança e conquiste sua autorrealização e sua superação pessoal e profissional. Seja feliz!

18

Desperte! Sua melhor versão está lhe esperando!

Para que sejamos a expressão de nossos maiores potenciais, é necessário estar livre, aceitar a si mesmo e aos outros, encontrar em você algo que o impulsione a buscar sua melhor versão... Essas são algumas características das pessoas consideradas autorrealizadas. Venha comigo navegar nesse mundo de novas e empolgantes descobertas sobre você, a sua forma de representar a realidade e seu maior potencial como ser humano

Eliene da Silva Santos

Eliene da Silva Santos

Diretora da Dialogue – Instituto Brasileiro de Treinamentos, atua principalmente em Belém-PA e desenvolve treinamentos em outros estados do Brasil, em instituições públicas e privadas. Possui vasta experiência no atendimento como *Coach* de vida, especialmente no Despertar do Potencial Humano para Criação de Prosperidade Integral e na área de Relacionamentos Interpessoais. Participou do programa *Meta-coach* promovido pela Sociedade Internacional de Neurossemântica (ISNS). *Coach* internacional certificada pela World Coach Society (WCS); *trainer* com certificação internacional em Neurossemântica pela International Society of Neuro-Semantic (ISNS); *trainer* em Programação Neurolinguística pelo Núcleo Pensamento e Ação; *practitioner* e *master* em Programação Neurolinguística pela International Society of NLP; desenvolve programas de treinamento e acompanhamento de equipes em empresas de pequeno e grande porte. "Acredito plenamente no potencial do ser humano e na inteligência coletiva. Isso me impulsiona a buscar cada vez mais conhecimento para que, através de mim, as pessoas possam buscar sua melhor versão."

Contatos
elienesantos.coach@gmail.com
Facebook: eliene.santos.coach
Instagram: elienesantos.coach
(91) 98149-9009

Muitas vezes não sabemos por que nossa vida, por um lado, não toma o direcionamento que queremos ou, por outro, não nos traz o grau de satisfação que imaginamos que sentiríamos ao atingir determinadas metas. Isso acontece com você?

A vida é como uma jornada contínua, e estar consciente para aproveitar essa jornada da melhor forma é uma arte, a arte do melhoramento contínuo, da busca pela sua melhor versão e por uma forma entusiasmada de viver, uma vida que faça sentido para você e para o sistema que o rodeia.

Então vamos começar por sua forma de representar a realidade. Temos exaustivamente ensinado o pressuposto da Programação Neurolinguística (PNL), que diz: "O mapa não é o território". Nesse caso, o mapa é a sua representação da realidade, ao passo que o território é a realidade em si. Diante de uma mesma realidade, podemos ter infinitos mapas. Cada pessoa constrói sua própria forma de representar, julgar, concordar, discordar ou distorcer aquele acontecimento e, em muitos casos, dependendo do estado emocional, a mesma pessoa tem diferentes representações da mesma situação.

Vários fatores influenciam nossa forma individual de representação: crenças, valores, cultura, educação, estado emocional, etc. E isso acontece o tempo todo. Não tenha dúvida: até mesmo quando várias pessoas concordam com uma situação, a mente delas cria sub-representações, que são individuais, e motivações diferentes, é como se cada um tivesse, a cada momento, sua própria árvore de significados e representações, com ramificações que diferem em texturas, cores e formatos.

Partindo desse pressuposto, faz sentido dizer que nossa melhor versão é uma criação da nossa própria representação de nós mesmos? E aqui nascem algumas questões para reflexão: em que áreas da sua vida, seus esforços são direcionados a alimentar ou suprir expectativas de sucesso que não são suas? Até que ponto você tem investido esforço, tempo e energia por objetivos que não o levam à melhor versão que você projeta para si mesmo? Quais são as características da sua melhor versão?

Se possível, escreva agora mesmo pelo menos dez características que acredita que farão parte de você quando sua melhor versão começar a nascer... Sim, começar a nascer, porque provavelmente nunca estaremos completamente prontos. A satisfação de uma necessidade gera novos níveis a serem atingidos no caminho da autorrealização.

Talvez você concorde que a qualidade da sua vida e da forma como se vê no mundo depende diretamente da qualidade dos seus significados. Sabemos hoje que nossos significados são diretamente influenciados por nossas memórias. Segundo Augusto Cury, o registro de nossas experiências é automático, inconsciente e involuntário, e aquelas com maior carga emocional são registradas com mais intensidade.

Entramos em um campo interessante quando constatamos que nossos significados geram carga emocional, e esta, por sua vez, intensifica nossos registros de memórias, influenciando diretamente na história de vida que estamos construindo. Saber criar significados que nos apoiam faz toda a diferença nos resultados que podemos obter.

Sugiro um direcionamento que pode ajudá-lo a iniciar um caminho de aproximação da sua melhor versão: cuide de seus significados. Segundo Michael Hall, significados são construídos por meio do que pensamos e governam a qualidade de nossa vida. Significados despertam e bloqueiam potenciais. Você já se sentiu desafiado ou teve muita vontade de seguir um caminho, mas não o fez por medo, vergonha, insegurança ou simplesmente por não se sentir merecedor de tanta realização? Esteja certo de que nossos maiores bloqueios são internos, são criados e alimentados por nós mesmos.

Para quem quer encontrar sua melhor versão, é necessário cultivar uma mentalidade flexível, deixando espaço para mudar de ideia, para desacreditar em algumas antigas "verdades" e desbravar outra forma de ver o mundo. É importante saber andar pelo desconhecido, permitindo-se lidar com a insegurança própria dos novos caminhos. Esta capacidade de tolerar a incerteza foi muito bem descrita por Maslow ao levantar características de pessoas autorrealizáveis.

As pessoas autorrealizáveis desenvolvem congruência com seus valores e sua forma única de ser, sem estarem presas às convenções, dando espaço para que a parte criativa e espontânea de sua mente e sua personalidade possam se manifestar. Para isso, é importante que estejamos atentos e empenhados em aceitar e respeitar a forma única de ser de cada pessoa.

Nos relacionamentos interpessoais, nasce outro desafio: sair da zona de conforto e aceitar as discordâncias sem tomar isso como algo pessoal. As pessoas pensam e criam suas realidades de formas diferentes, afinal, o mapa não é o território, e isso não acontece porque todos estão contra você. O que faz total sentido para um pode não fazer sentido para o outro.

Em meus seminários e *workshops* costumo brincar com a frase: "O que é, é". E fazemos exercícios profundos de tomada de consciência sobre como nossa realidade se apresenta e como gastamos tempo, energia, dinheiro, humor e outras coisas mais tentando mudar o que já aconteceu. O que é, é. É preciso aprender a "deixar ir" e agir a partir do que se tem! Faça uma lista do que lhe tem impedido ser e viver sua melhor versão e perceba quantos desses impedimentos você pode simplesmente deixar ir; além disso, enumere o que pode melhorar na sua vida a partir desse desprendimento.

Richard Moss, em seu livro A mandala do ser, mostra que existem quatro lugares a que vamos quando saímos do presente: o passado, o futuro, os outros e o eu. Relacionando essa percepção com a busca de sua melhor versão, podemos chegar a algumas reflexões bem interessantes.

1. Passado: muito de nossas crenças limitantes e nossos bloqueios são alimentados por histórias de insucesso e limitações que aconteceram no passado. Sabemos que a cada momento, instintivamente, distorcemos o que nos aconteceu de acordo com o estado interno e o contexto que estamos vivendo, portanto muitas dessas histórias já são tão diferentes do que realmente aconteceu que nem faz sentido alimentar, você concorda? Faça uma lista das histórias que você se conta e lhe impedem de alguma forma de viver o seu melhor. Depois de fazer a lista, responda a esta questão: quem é você sem essas histórias?
2. Futuro: algumas pessoas geram expectativas e ansiedades tão grandes sobre o futuro que não se permitem viver o presente. A constante preocupação com o que vai acontecer muitas vezes se torna patológica e não permite que essas pessoas vivenciem o presente e possam focar no que importa agora.
3. Os outros: muitas vezes nos importamos tanto com o impacto de nossas atitudes nas outras pessoas ou se seremos ou não aprovados e aceitos que não conseguimos concentrar nossa atenção em nós mesmos e desenvolver nossos potenciais.
4. O eu: saímos do presente para o ego quando confundimos nossas ações com nossa identidade. O que fazemos são comportamentos, e não quem somos. Algumas pessoas se desvalorizam sua identidade quando falham, como se pudessem se tornar a falha. Por outro lado, outras o fazem em relação a seus comportamentos "positivos", a cargos, funções e papéis que assumem, como se sua identidade fosse esse papel. Nesse momento não se dão conta de que são muito, muito mais que isso.

Stephen Gilligan utiliza uma metáfora muito interessante para elucidar essa questão.

Nós somos o céu, e as nuvens são os nossos comportamentos. Algumas nuvens estão claras e brilhantes, ao passo que outras estão escuras e pesadas, representando, respectivamente, aqueles pontos que aprovamos em nossa personalidade e os que não aprovamos.

Perceber-se dessa perspectiva o ajudará a se aceitar falível e a estar mais livre para lidar com seus pontos a melhorar, em vez de escondê-los. Somos seres com muitos potenciais guardados ou inibidos por nossas crenças limitantes. Certamente o caminho das pessoas autorrealizáveis passa por esta "dança com nossos dragões internos" para que possamos finalmente entrar em um estado de altíssima potencialidade.

Quantas vezes você já se pegou refletindo sobre alguma reação exagerada, sua ou de outra pessoa, diante de um fato inesperado? No dia a dia mesmo. É muito comum presenciarmos momentos de descontrole emocional e atitudes impensadas quando as pessoas carregam semanticamente algum acontecimento, exageram no peso de significados que colocam sobre o acontecimento.

Observe o diagrama abaixo:

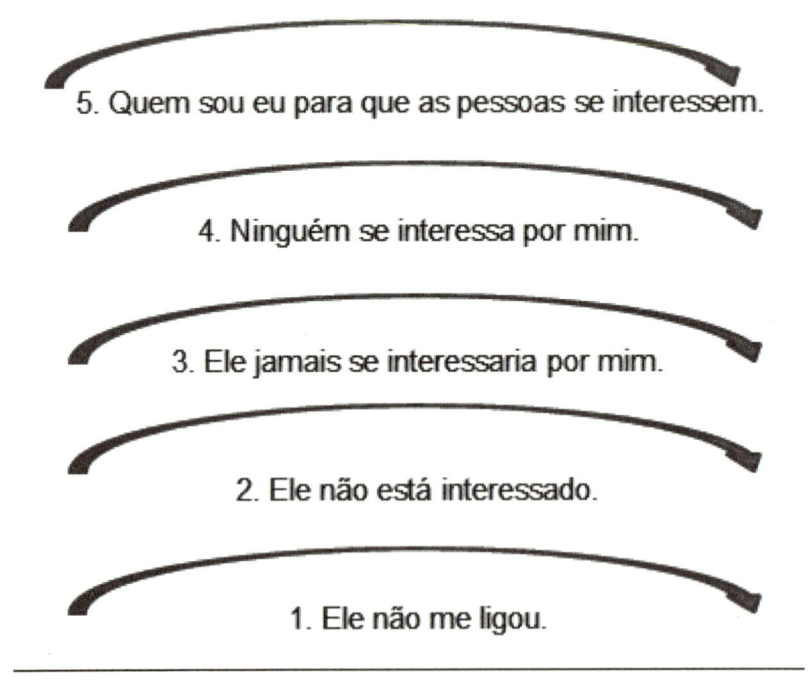

6. Eu sou a pessoa mais chata que existe.

5. Quem sou eu para que as pessoas se interessem.

4. Ninguém se interessa por mim.

3. Ele jamais se interessaria por mim.

2. Ele não está interessado.

1. Ele não me ligou.

Perceba que todas as conclusões foram tiradas com base em uma única atitude da outra pessoa. A questão é que algumas pessoas têm tanta facilidade em fazer isso consigo mesmas e com os fatos que acontecem que eliminam as outras possibilidades de significados.

É imperativo que busquemos o autoconhecimento, o despertar de nossas potencialidades, além de uma busca contínua por desenvolvimento para que estejamos livres dessas "coleiras".

Muitas vezes, durante o atendimento de *coaching*, percebo pessoas que se satisfazem com falsas gratificações, em vez de buscar o que as elevaria como ser humano. Quantas pessoas aceitam um trabalho ou um relacionamento que não as valoriza porque querem algum nível de segurança financeira ou afetiva mínima? Quantas pessoas vendem sua liberdade e seus maiores sonhos e, ao chegarem a uma idade mais avançada, são obrigadas a se confrontar com a percepção de que poderiam ter vivido uma vida com muito mais sentido e entusiasmo, mas cederam a uma zona de conforto, muitas vezes nem tão confortável.

Você é o dono do seu destino. Desperte! Parece clichê, mas é necessário "fazer o que precisa ser feito" para ter um destino diferente. Sair da zona de conforto, enfrentar seus dragões internos e jamais deixar de estar motivado. Essa energia que nos move mora em nós, vibra em nós, quando damos espaço e foco para que ela cresça, estando consciente dos pensamentos e dos significados que construímos, das emoções que alimentamos e como podemos minimizar internamente nossas expectativas frustradas e utilizá-las como combustível para entrar em ação e escrever uma nova história.

Vamos fazer um teste? Pare, respire profundamente e busque estar centrado em si mesmo ao responder a cada uma das perguntas abaixo, de forma consciente e percebendo as emoções e os sentimentos que serão despertados.

Responda às perguntas abaixo, preferencialmente em voz alta, como se estivesse falando para alguém em quem você confia plenamente:

1. Como está se sentindo agora?
2. Qual desafio você está vivendo e gostaria de vencer (em qualquer campo da vida)?
3. Você já venceu algum desafio? Qual? (Conte a si mesmo como fez isso.)
4. Você já fez o bem a alguém. Lembre-se de um fato específico em que você foi uma peça-chave na colaboração com a vida de outra pessoa.
5. Se eu perguntasse para alguém que o ama muito quais são suas qualidades, o que essa pessoa me diria (relacione pelo menos 5)?
6. Fale sobre dois momentos de extrema felicidade que você viveu no último ano.

7. Como está se sentindo agora?
8. Quanto melhorou a sua capacidade de lidar com o desafio citado na questão 2?

Isso mostra que nossas emoções e nosso bem-estar influenciam diretamente nossa capacidade de resolver problemas ou buscar o que queremos.

Seja bem-vindo ao mundo das pessoas autorrealizáveis, das pessoas que buscam ter flexibilidade e garra, das pessoas que se utilizam da ciência e de sua própria inteligência para buscar sua melhor performance. Acredite em si mesmo e saiba que o que parece difícil hoje pode ser somente mais uma história de sucesso em sua biografia.

19

Coaching e comunicação

"As ideias são a moeda do século 21. Algumas pessoas sabem comunicar suas ideias como ninguém, uma habilidade que eleva seu prestígio e intensifica sua influência na sociedade atual. Não há nada mais inspirador que uma ideia arrojada apresentada por um excelente orador. As ideias, quando embaladas e transmitidas com eficácia, têm o poder de mudar o mundo".
Carmine Gallo

Fernando Augusto

Fernando Augusto

Coach, palestrante, professor e consultor nas áreas de Vendas, Marketing, Comunicação e Desenvolvimento Humano. Possui certificação em *Coaching* e *Practitioner* em Programação Neurolinguística pelo Instituto Superior de Administração e Economia (ISAE/FGV). *Master practitioner* em Programação Neurolinguística pela Associação Brasileira de Programação Neurolinguística (ABPNL). Pós-graduado em Administração de Empresas pela Fundação Getulio Vargas (FGV) e em Marketing pelo Instituto Português de Administração e Marketing (IPAM). Graduado em Comunicação Social pela Universidade Nove de Julho. Possui 15 anos de experiência na área comercial, dos quais quatro deles atuando em Portugal. Coautor do livro Vendas & atendimento (Editora Leader, 2013).

Contatos
www.fernandoaugustocoach.com.br
fernandoaugustocoach@gmail.com
www.facebook.com/fernandoaugustocoach
br.linkedin.com/in/fernandoaugustocoach

Comunicar de forma eficaz é uma habilidade extremamente importante para qualquer pessoa. A forma como uma pessoa se comunica é fator determinante para o seu sucesso. Por isso, decidi me tornar *coach* especialista em comunicação e ajudar pessoas que precisam melhorar essa habilidade para obter resultados mais satisfatórios.

Neste capítulo vou abordar três temas da comunicação: a) comunicação verbal e não verbal; b) processos de comunicação (eliminação, generalização e distorção); c) sistemas representacionais (visual, auditivo e cinestésico).

Todo processo de comunicação baseia-se na seguinte premissa: sempre haverá um emissor, um receptor e uma mensagem.

A regra de ouro da comunicação é que a responsabilidade da comunicação é do comunicador, ou seja, para uma pessoa se fazer compreender, é necessário que ela se adapte aos padrões de comunicação do receptor, que veremos a seguir.

Comunicação verbal e não verbal

Uma pesquisa do professor Albert Mehrabian, da Universidade da Califórnia, em Los Angeles, Estados Unidos (1981), diz que o método como as pessoas se comunicam é dividido em três aspectos: 55% expressão corporal, 38% tom da voz e 7% conteúdo.

O fator mais interessante de sua descoberta é que a forma como falamos tem mais impacto no receptor do que o conteúdo (Figura 1). Os resultados dessa pesquisa demonstram que nós impactamos em 93% as outras pessoas pela expressão corporal e pelo tom da voz e apenas 7% pelo conteúdo. Então, fica claro que, ao pretender ter uma comunicação eficaz, devemos nos preocupar tanto com a forma como vamos passar a mensagem quanto com o seu conteúdo, em vez de focar somente no conteúdo a ser transmitido.

55% ■ Expressão corporal

38% ■ Tonalidade da voz

7% ■ Conteúdo

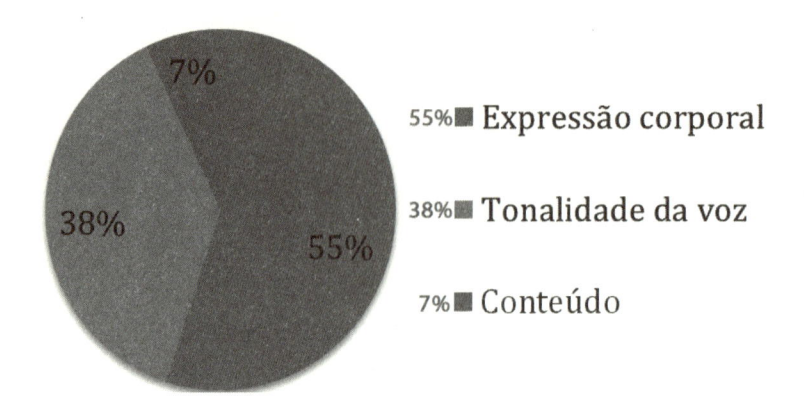

É muito comum nos meus atendimentos de *coaching* encontrar pessoas que se preocupam muito mais com o conteúdo do que com a forma que a mensagem será transmitida.

Pense se você já comprou algum produto influenciado pela forma como o vendedor fez a demonstração sem ter certeza de que aquele item seria realmente necessário. Bons vendedores utilizam essa habilidade de forma muito eficiente.

Um dos maiores exemplos em termos de desenvolvimento da habilidade de comunicação é o de Steve Jobs. Basta ver as primeiras apresentações no começo de sua carreira e as apresentações dos últimos lançamentos da Apple®. Experimente visualizar as apresentações com e sem os efeitos sonoros e repare nos elementos que ele utiliza para envolver o público.

Outro fator importante que você deve levar em consideração na comunicação é entender como funcionam os processos de comunicação.

Processos de comunicação

Os criadores da Programação Neurolinguística (PNL), Richard Bandler e John Grinder, identificaram que as pessoas utilizam três processos de comunicação: eliminação, generalização e distorção. Esses processos possibilitam às pessoas explicarem as suas histórias sem muitos detalhes e aborrecimentos. Eles fazem parte do dia a dia delas em encontros formais e informais.

Imagine se toda vez que fosse contar uma história você tivesse de ficar atento a todos os detalhes. Seria um desperdício muito grande de energia porque o cérebro teria de processar cada informação. Por isso, nós eliminamos detalhes da história. Generalizamos quando utilizamos palavras como "sempre", "nunca", "toda vez", "todo mundo", "ninguém", etc. e distorcemos quando damos asas a nossa imaginação, alterando o conteúdo ou o contexto da história.

Lembro-me de um atendimento de *coaching* quando a pessoa me disse: "Eu não me comunico bem". Analise o diálogo com ela.

Coach: Qual é o seu objetivo ao participar de um processo de *coaching*?

Coachee: Preciso melhorar a minha comunicação. Eu não me comunico bem.

Coach: O que leva você a acreditar que não se comunica bem?

Coachee: Em algumas situações eu não sei me comunicar.

Coach: Em quais situações você não sabe se comunicar?

Coachee: Em situações mais formais.

Coach: Em todas as situações formais você não sabe se comunicar?

Coachee: Não. Somente no trabalho.

Coach: Em qualquer situação no trabalho você não sabe se comunicar?

Coachee: Não. Apenas nas reuniões.

Coach: Em todas as reuniões do seu trabalho você não sabe se comunicar?

Coachee: Não. Só nas reuniões em que um determinado colega de trabalho participa.

Coach: Em todas as reuniões em que esse colega participa você não sabe se comunicar?

Coachee: Não. Mas na maior parte das vezes sim.

Repare que ela distorceu e generalizou ao afirmar "Eu não me comunico bem" e eliminou muitas informações com essa afirmação.

Ao final dessa sessão, ela identificou que se sentia inferiorizada diante desse colega de trabalho. O fato é que, durante muito tempo, ela alimentou a crença de que não sabia se comunicar, mas no fundo havia outra crença limitante relacionada à capacidade que estava atrapalhando seu desempenho no trabalho. A boa notícia é que, durante o processo de *coaching*, ela conseguiu ressignificar essas crenças limitantes e melhorou muito sua performance no trabalho.

Sistemas representacionais

Esta nomenclatura, sistemas representacionais, também tem origem na PNL. Os criadores da programação neurolinguística dizem que as pessoas utilizam três canais de comunicação – visual, auditivo e cinestésico –, dos quais cada pessoa tem um ou dois que atuam com maior intensidade que os outros, porém algumas pessoas podem apresentar equilíbrio maior nos três canais.

As pessoas que preferem se comunicar por meio de imagens, símbolos e desenhos são as que utilizam, com maior intensidade, o canal visual. Os indivíduos que preferem se comunicar por meio de sons, música e literatura são os que usam o canal auditivo predominantemente. E as pessoas que preferem se comunicar de forma mais afetiva e sensitiva são as que têm o canal cinestésico dominante. Este último grupo também contempla os sentidos olfativos e gustativos, completando os cinco sentidos sensoriais do corpo humano.

Você consegue identificar qual é o sistema representacional preferido das pessoas analisando seu padrão de comunicação, por exemplo, verificando quais palavras e expressões são mais comuns quando ela conversa. Outra maneira muito interessante é observar os movimentos dos olhos. Os criadores da PNL descobriram que, quando você faz uma pergunta às pessoas, elas movimentam os olhos sistematicamente (figura 2). Eles identificaram que, quando alguém faz uma pergunta em que as pessoas tenham de acessar a memória de uma imagem ou um som, a maioria movimenta os olhos para o lado esquerdo delas. E, quando é feita uma pergunta em que elas tenham de construir uma imagem ou um som, a maioria apresenta movimentos oculares para a direita. Quando a pessoa tem o padrão predominantemente cinestésico ou está em diálogo interno, ou seja, conversando consigo mesma, os olhos se direcionam para baixo.

A tabela 1 descreve como os movimentos oculares são associados aos sistemas representacionais.

Padrão	Movimento ocular
Visual construído	Direita superior
Visual relembrado	Esquerda superior
Auditivo construído	Direita centro
Auditivo relembrado	Esquerda centro
Cinestésico	Direita inferior
Diálogo interno	Esquerda inferior

Tabela 1. Padrões e movimentos oculares.

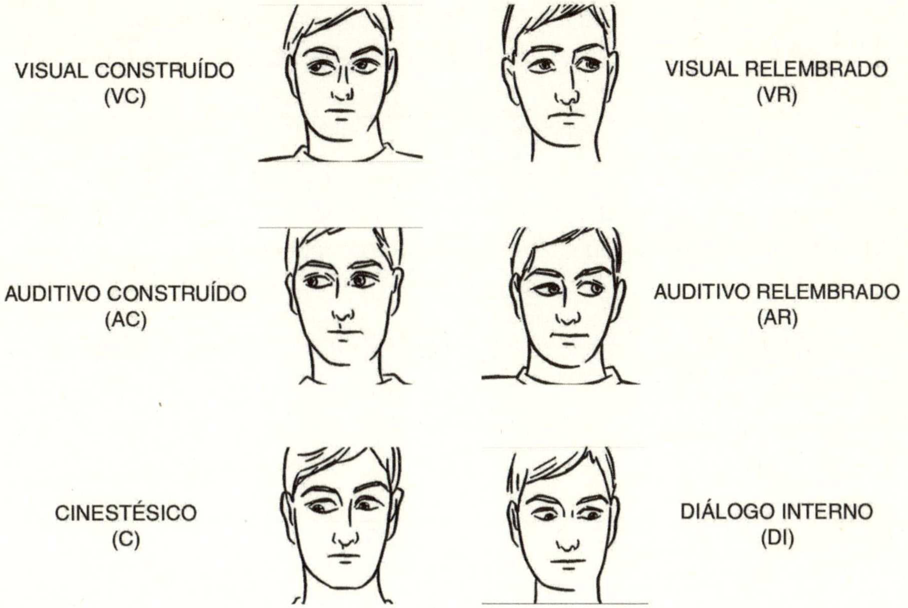

VISUAL CONSTRUÍDO
(VC)

VISUAL RELEMBRADO
(VR)

AUDITIVO CONSTRUÍDO
(AC)

AUDITIVO RELEMBRADO
(AR)

CINESTÉSICO
(C)

DIÁLOGO INTERNO
(DI)

Figura 2. Movimentos oculares.

Lembrando a premissa de que a responsabilidade da comunicação é do comunicador, você pode desenvolver uma comunicação mais agradável para a outra pessoa, utilizando palavras e expressões que condizem com o canal de comunicação preferido dela. Veja a tabela 2.

Sistema representacional	Palavras e expressões
Visual	Claro, escuro, colorido, veja, foco, ponto de vista, olhe, eu vejo uma luz no fim do túnel, colírio para os olhos, estou mais perdido que cego em tiroteio.
Auditivo	Ouça, escute, voz, som, harmonia, melodia, sintonia, conversar, falar, estamos no mesmo nível, isso parece música para os meus ouvidos.

Cinestésico	Quente, frio, pressão, macio, toque, apertar, percepção, aconchegante, duro como uma rocha, cada coisa a seu tempo.

Tabela 2. Palavras e expressões para os diferentes sistemas representacionais.

Quando usa uma palavra ou uma expressão utilizando o canal preferido da outra pessoa, você faz com que ela sinta uma identificação maior com você, fique mais receptiva e, consequentemente, sinta maior confiança.

Aplicar essas técnicas de comunicação, em qualquer situação, trará resultados surpreendentes para o seu dia a dia.

Um grande abraço e sucesso.

20

O líder coach e a maturidade aplicável à tarefa

Muitos profissionais são alçados à condição de líder sem que tenham se preparado adequadamente para tanto. Assim, ao assumir essa responsabilidade, muitas dúvidas surgem: como liderar? Que espécie de líder devo ser? Como reconhecer as competências da equipe que passarei a liderar? Neste capítulo dedicamo-nos a responder a essas e outros questionamentos sob o escopo de ajudar o novo líder a vender o desafio

Fernando Borges Vieira

Fernando Borges Vieira

Personal & professional coach e *leader coach* formado pela Sociedade Brasileira de Coaching (SBC); proprietário e *coach* da Lawyers Coaching – Desenvolvimento de Performance e Competências Jurídicas; especialista em Liderança para Advogados pela Escola de Direito da Fundação Getulio Vargas – (FGV/GVLaw); mestre em Direito pela Universidade Presbiteriana Mackenzie; professor do curso de pós-graduação no Centro de Pesquisa e Pós-Graduação (CPPG/FMU); professor convidado da Escola Paulista de Direito (EPA/IASP); membro efetivo do Instituto dos Advogados de São Paulo (IASP), da Associação Brasileira dos Advogados Trabalhistas e da Associação dos Advogados Trabalhistas de São Paulo; presidente da Comissão de Direito Processual do Trabalho da OAB/SP/116ª Subseção; sócio titular de Fernando Borges Vieira Sociedade de Advogados; palestrante da Ordem dos Advogados do Brasil – Seção de São Paulo (OAB/SP) e do Instituto dos Advogados de São Paulo (IASP); autor e coautor de obras e artigos jurídicos.

Contatos
www.lawyerscoaching.com.br
coach@lawyerscoaching.com.br

(11) 2276-1444

Em um mundo corporativo perigosamente dinâmico, não são raras as vezes nas quais um profissional é alçado à condição de líder. Questão alguma haveria se esse profissional almejasse tal condição, o que pressupõe tenha se capacitado e orientado seus esforços nesse sentido; problema sim haverá se ele passou a líder sem que estivesse atento a essa possibilidade, o que faz pressupor, por sua vez, que não tenha se preparado.

Um dos primeiros dentre tantos questionamentos que vão orbitar a mente do novo líder será sobre qual estilo e liderança há de adotar. Nesse sentido, enumeramos seis principais espécies de líder: i) o educador (*coach*), o qual realiza com o liderado, de sorte a ensiná-lo e a desenvolver suas potencialidades; ii) o democrático, aquele ouve e aprende com quem sabe realizar; iii) o liberal, que deixa realizar quem já sabe realizar; iv) o autocrático, que apenas determina o que e como tem de ser realizado; v) o popular, que é carismático e mantém bom relacionamento com todos e, por fim, vi) o ausente, ou seja, aquele que não acompanha de perto seus liderados.

Exceção feita ao líder ausente (será que é líder?), todas as demais espécies e características hão de compor o perfil de liderança, pois caberá ao líder buscar o equilíbrio e adaptar suas ações ao liderado, ao grupo e ao momento.

Por ora, convocamos a atenção ao líder *coach*, aquele que desenvolve as competências de seus liderados e permite que cada qual contribua de modo mais eficaz à consecução de um objetivo comum.

Esse líder, antes de tudo, deverá perceber-se como líder, e não como chefe. O chefe possui objetivos sem a visão ampla, apenas informa e treina seus subordinados, é centrado no produto e no resultado, obedece às diretrizes de um projeto e as executa, é tão somente leal ao valor predominante, é eficaz e estável. O líder, por seu turno, possui objetivos e também a visão do todo, comunica-se, é centrado no cliente e no resultado, desenvolve e orienta seus subordinados, critica as diretrizes e sugere alternativas, mais do que leal é comprometido com o valor dominante; é inovador e empreendedor.

O líder-treinador (*coach*) age sobre o liderado (*coachee*) para que suas capacidades se desenvolvam e se exteriorizem e, para tanto, vale-se de treinamento (*coaching*), que, em brevíssima síntese, pode ser compreendido como um processo integrado por atuações voltadas ao autodesenvolvimento, por meio do qual o líder desenvolve as competências de seu liderado e o orienta de modo a mantê-lo sempre alinhado e congruente com suas metas e seus objetivos.

O verdadeiro *coach* possui características técnicas, conhecimento e habilidades: i) quanto à técnica, utiliza a disciplina como motivação e estímulo; os outros são o fim; os objetivos e as metas formam, com o resultado, o seu corolário; utiliza muito o recurso de reuniões e procura e valoriza muito a sinergia; delega, orienta e reconhece; ii) no que concerne ao conhecimento, estimula o *feedback*; tem o desempenho como resultado; transforma os erros em aprendizado e promove o desenvolvimento; por fim, iii) conserva habilidade em ouvir e considerar; respeita e reconhece as ações de seus liderados (seu fim); canaliza os conflitos na direção do crescimento; tem a crítica como ferramenta e incentiva o trabalho em equipe.

Em que pese a horizontalidade com a qual consideramos os aspectos enfrentados, certo é não haver mais espaço para aqueles chefes ortodoxos e burocráticos, pois o mundo corporativo anseia por verdadeiros líderes que – além de fazer a diferença na busca de melhores resultados – sejam hábeis em potencializar as competências de seus liderados. Esses profissionais são muito valorizados, sobretudo em razão de conservarem consigo a capacidade de transformar as pessoas e o mundo à sua volta, extravasando a mesmice da qual muitas empresas são reféns.

Ao líder *coach* compete olhar além dos paradigmas que engessam o cotidiano corporativo, pensando-o de forma crítica. É dessa forma que ele pode desenvolver e empreender ações inovadoras capazes de apontar alternativas e orientar o esforço de todos em favor de um resultado mais célere e eficaz.

Mais do que agente dessa mudança, ao *coach* compete disseminá-la, preparando seus liderados para que desenvolvam suas competências e garantam a continuidade – e também s disseminação – da criticidade e de uma cultura corporativa diferenciada e produtiva.

Outrossim, não é incomum haver líder que, ao receber a designação de uma tarefa, simples e diretamente a distribui entre sua equipe de trabalho e, ao cabo, não se satisfaz com o resultado alcançado – esse é o típico líder que, cerrando os olhos para si mesmo, culpa sua equipe, atribuindo-lhe eventual desatenção ou ineficiência.

Todavia, sem receio de estar equivocado – muito embora respeite opiniões divergentes –, considero que a responsabilidade primeira é do líder, pois a ele compete conhecer a competência de seus liderados e a maturidade aplicável à tarefa, seja da equipe, seja de cada um de seus integrantes.

Para que possamos explicar com a necessária propriedade o ponto de vista exposto, creio ser conveniente conceituar, mesmo que em breve notícia, o que vem a ser essa "maturidade aplicável à tarefa".

Por maturidade aplicável à tarefa pode-se compreender o binômio integrado pela maturidade técnica e pela maturidade psicológica. A maturidade técnica é traduzida pela expertise oriunda da formação acadêmica e da prática em relação a determinado núcleo de conhecimento, habilitando o profissional a desenvolver com segurança e qualidade – sem olvidar a criatividade – a tarefa que se lhe apresenta. Já a maturidade psicológica volta-se ao equilíbrio desse profissional, ou seja, seu comportamento não mais intelectual, e sim emocional, perceptível em suas reações durante o desenvolvimento do projeto.

Assim, pouco ou de nada adianta contar o líder com um profissional tecnicamente capacitado, mas desprovido do nível de equilíbrio emocional exigido na consecução da tarefa, e vice-versa.

Em brevíssimas linhas, cabe àquele que exerce cargo de liderança dedicar-se a conhecer as competências de cada um de seus liderados, aproveitando-as ao máximo em favor de um resultado mais eficaz e amplo. Além disso, compete-lhe não só conhecer a maturidade de cada um dos membros que compõem a equipe, mas a maturidade da equipe como um todo, pois esta resulta da soma (e muitas vezes divisão) do amadurecimento técnico e psicológico individual.

A maturidade aplicável à tarefa é uma variável fundamental que determina qual o estilo de administração mais eficiente e a maturidade aplicável à tarefa do liderado, devendo ser observada – conforme Andrew Grove (Administração de alta performance – transformando subordinados e colaboradores em uma equipe altamente produtiva. Editora Futura, 1997) – a seguinte relação entre maturidade aplicável à tarefa, líder e liderados:

Mat.	Características de estilo de administração do liderado eficiente
Baixa	Estruturado – orientado para a tarefa (O quê? Como? Quando?...)
Média	Orientado para o indivíduo, ênfase na comunicação mútua, no apoio e na discussão
Alta	Envolvimento mínimo do administrador, estabelecimento de objetivos e monitoramento

Enfim, por meio dessas breves considerações, nosso escopo é sensibilizar os líderes à fundamental importância de suas ações, sendo imprescindível dedicar-se de forma reiterada a preparar-se!

Referência

GROVE, Andrew. *Administração de alta performance – transformando subordinados e colaboradores em uma equipe altamente produtiva.* Minas Gerais: Futura, 1997.

21

Coaching e autorrealização

Descubra como a Programação Neurolinguística (PNL) e a Neurossemântica podem ajudar na conquista da autorrealização e na superação pessoal e profissional

Hilton Nascimento

Hilton Nascimento

Presidente da empresa Ipan Consultoria Financeira e Coaching. Escritor do livro "Meu Desejo é uma ordem". Escritor do livro "Pai rico, filho nobre, neto milionário - Guia de sucesso financeiro" - editora conquista. Treinador no Workshop Liberdade Financeira Coaching para criação de Riqueza presencial e *online* do mesmo nome. *Trainer* do Fator de Modelagem do Sucesso da Dilts Strategies - Universidade California Santa Cruz - EUA. *Trainer* com certificação Internacional em Neurossemântica pelo ISNS - Society of Neurosemantics – EUA. *Trainer* com certificação Internacional em Neurolinguística pelo Incoaching EUA. *Coaching* Generativo - Robert Dilts e Metaforum International. *Coaching* Ontológico pela Incoaching EUA. Seminário com Patch Adams "O amor é contagioso". Curso de Hipnose Ericksoniana avançada com Jeffrey Zeig. Consultor Financeiro Global - Universidade de Economia de Palermo – Argentina. Administrador de empresas e MBA em Gestão Empresarial pela CEFET RJ. *Mastery University* & UPW - Anthony Robbins University. Líder *Coaching* - Incoaching EUA. *Business Coaching* - Metaforum International (Itália/Alemanha). *Life & Wealth Coaching* - Robbins Research International Inc. (Ilhas Fiji). *Coaching* em Meta NLP Practioner em Neurossemântica pelo ISNS – EUA. *Coaching Essentials* pelo ISNS – EUA. Consultor Sistêmico Corporativo pelo Metaforum International (Itália/ Alemanha).

Contatos
www.mentorhiltonnascimento.com
Face - meu desejo é uma ordem.

Acredite na simplicidade do viver

Fui convidado a escrever algumas palavras sobre esse tema e sinto-me honrado por isso. Uma de minhas características é ser o mais simples e direto possível em minhas explanações.

Acredito que o caminho para o sucesso e para a realização dos nossos sonhos chega muito mais rápido e de maneira muito mais prazerosa quando simplificamos as coisas em nossa vida, alguns significados que nos norteiam.

Tenho um senso de realidade muito grande. Sei onde estou, aceito minha realidade e sei para onde quero ir. Desde minha infância ajo dessa maneira. Vou compartilhar com você um pouco da minha história focada em superação e autorrealização.

Autorrealização tem a ver com desenvolvimento, possibilidades, autoestima e potencial. Já superação tem a ver com ultrapassar limites, sair do que está ruim para algo bom. Tem a ver com triunfo, glória, vencer.

A Programação Neurolinguística (PNL) e a Neurossemântica ajudam a trazer esses dois conceitos para a realidade da vida. A PNL tem o poder de transformar e, segundo ela, de maneira simplificada, "o que você pensa é o que você fala e o que você faz". Para tanto, ela modela a mente representacional.

Já a Neurossemântica, que foi criada a partir da PNL, refere-se a como criamos e vivemos os significados que damos às nossas percepções, a nossos estados na mente, no corpo e na emoção. Ela modela a mente autorreflexiva, que é a parte dela que faz os seres humanos serem únicos.

Ambas as vertentes utilizam algumas ferramentas que ajudam a criar habilidades, fornecendo a competência necessária para conquistar seu sonho.

Com essas definições sobre nosso tema, vamos aprender na prática. A seguir vou abordar alguns casos que acontecem na vida e como podemos transformá-los para melhor. Às vezes parece que a vida da gente deu aquele nó e para desamarrá-lo dará aquele trabalho.

Você se sente ainda pior porque, na maioria das vezes, foi você mesmo quem deu esse nó. São escolhas feitas por você mesmo, mas que não foram boas ou fazem parte daquelas situações que o levaram a um momento desafiante. Como você vê esse momento em sua vida? Qual crença o conduz?

Acredito na capacidade das pessoas. Levaremos mais tempo para aprender algumas coisas, ao passo que outras de cara parecem terem sido feitas para nós. Nesse caso, o importante é você saber qual é o verdadeiro significado que esse nó tem ema sua vida. É saber o quê, como e por que você está assim. Na verdade, esse nó pode ser um falso problema. Eu ressignifico esses problemas em minha vida como momentos determinantes, tiro o foco de opressão para mirar na solução. Quando você aceita esses nós que a vida lhe dá, eles passam a ficar sob seu controle, é você quem manda e decide o que fazer com eles.

Vamos criar um grande significado para nós mesmos, para nossa vida. O significado está dentro de você! De acordo com a Neurossemântica, o significado em nossa vida tem algumas dimensões. Uma delas é o da emoção, como o medo. Por trás de cada emoção, há um ou mais significados. Suas emoções são expressões de seus significados. Quanto mais você resistir a uma emoção, mais ela persistirá em você. Aceite e veja que você é maior que isso, porque é você que as tem, e não elas a você. Outra dimensão é a da sobrevivência, outra ainda é a da metáfora. Mas há outras dimensões do significado: representativa, editorial, linguística, conceitual, abstrata, perceptiva e a última, que gostaria de comentar, é a intencional, que traz o significado de suas intenções. O que dirige sua atenção são suas intenções. Qual é minha intenção para fazer isso? Qual é o meu porquê? É estar consciente do seu propósito. A intenção é que faz o seu querer fluir. Atenção somente não basta.

Você é muito mais que suas emoções. Sua vida é para ser potencializada. É você sendo muito mais que os papéis que desempenha na vida. O ser humano tem a tendência de potencializar o que é ruim e minimizar o que faz bem para sua vida. Na nossa vida, quando fazemos um excelente trabalho, o mostramos a alguém, seja na área profissional, seja na pessoal, e ouvimos isso: "Você não fez mais do que sua obrigação.", nos sentimos para baixo. Nosso sentido de autorrealização começa a desmoronar. Aquela emoção que você criou de capacidade, de fazer bem-feito foi por água abaixo, e a emoção colocada no lugar foi a de raiva pelas pessoas e pelo trabalho. Blinde-se dessas pessoas. Se todo mundo gostasse do branco, o que seria do amarelo. Você comanda sua vida. A maneira de ver e interpretar os acontecimentos cria emoções que podem ser positivas ou negativas. A emoção é uma permissão, quando positivas, o elevam e, quando negativas, o colocam para baixo. As emoções negativas servem também como um tipo de prevenção. É um aviso de que precisa parar e repensar. Simplesmente deixe as coisas irem embora. Mude seu foco! Vale a pena aceitar e viver com esse tipo de emoção? Depende de como você vai encarar. Se usá-las para fazer algo diferente na vida, sim. Um dos conceitos de fazer diferença que utilizo é aceitar a vida como ela é e ver que você é melhor que tudo isso.

Fiz pessoas mudarem suas histórias, melhorarem seus resultados e suas performances somente por aceitarem sua vida do jeito que era. Fiz perceberem que esses momentos, que chamo de determinantes, serviram para que se renovassem, fizessem diferente da vez seguinte. Trata-se de você ver a vida em cores, e não em preto e em branco; é se abrir para possibilidades! Quando faço meus *workshops* na área de *coaching* e *mentoring*, dou alguns passos para as pessoas alcançarem o sucesso. Falo que gratidão e generosidade o ajudam no seu sucesso, pois tiram você das armadilhas do ego. Voltando aos passos, gostaria de comentar um em particular, que, por incrível que pareça, é no que as pessoas se perdem. Ou seja, para você obter sucesso, é preciso:

Saber o que quer, é raro conversar com alguém que realmente saiba aonde quer chegar. As pessoas perdem-se em conceitos e visões que nem delas são e vagam por palavras que não as levarão a lugar algum. Fale, comente o que quer! Pense no que você quer! Fale disso de maneira positiva. Você cria sua vida no presente e daí criará sua vida no futuro. Defina o querer, quantifique, pense em quanto tempo seu sonho virá para você.

Quando acreditamos que vamos conseguir algo, 50%, aquele sentimento de conquista que está no nosso inconsciente, já foi conquistado. Alguém disse que seria fácil? Seremos expostos a várias desilusões, a diversos "nãos" que a vida nos dá, mas isso ocorre só por um momento. Continue em seu foco porque isso vai passar. Nos meus trabalhos de Mentoria Financeira para criar riqueza, digo que é preciso perseverança, calma e resiliência para aceitar as frustrações que vão acontecer e continuar focado. Acredite em você! Acredite em novas ideias, em novos pensamentos. É preciso ter coragem, tomando a responsabilidade para você mesmo. Lembre-se de que você teve diversos "sim's" na vida. Eu digo que os "nãos" são para superar e os "sins" para comemorar. Lembre-se dos seus melhores resultados e leve essa energia para sua vida. Acredite em algo maior que você!

Tudo vem de quem você é. A vida é a maior escola que podemos ter. Tudo que você precisa está com você. Aprenda a fazer novas perguntas, desenvolva novas habilidades. Crie novas soluções para velhos problemas. Em alguns momentos da minha vida, tive de sair da minha zona de conforto e foi aí que aprendi diversas habilidades que me construiriam diferente do que eu era. Tornaram-me melhor.

Uma coisa que percebi é que nada é permanente. Tudo muda. Não deixe esse medo do que pode acontecer tirá-lo de seu foco. Uma das coisas que me ajudaram, e ainda me ajuda, é minha autoestima. Nunca me senti uma vítima ou um coitadinho pelos momentos determinantes que a vida me impôs. Houve um momento em especial na minha vida que vou compartilhar com você. De repente, estava viúvo pela segunda vez. A primeira vez que fiquei viúvo foi aos 24 anos. Mas dessa vez seria diferente porque tinha uma filha de 10 anos para criar. Estava, então, com 37 anos de idade, bem empregado, com casa própria, carro zero, uma vida totalmente equilibrada. Perguntei a mim mesmo: "Caramba, e aí?"

Primeiro, veio o aprendizado. Descobri que o raio cai duas vezes no mesmo lugar. Meu mundo caiu. Fiquei arrasado, mas minha cabeça ficou voltada para minha filha, para como ela encararia a morte da mãe. Dois dias depois deste acontecimento, eu estava no mesmo hospital com as mesmas dores que minha mulher tivera, e ela morreu menos de dois dias depois de ser internada. Outro aprendizado: percebi que tudo podia piorar ainda mais. Estava com uma febre de 40 graus e sem poder andar. Tive uma erisipela e uma infecção generalizada. Depois de internado, em uma tarde, minha filha foi me visitar e me fez uma pergunta. Eu estava muito mal, ainda com febre e com o pé para cima, porque parte dele estava roxo. A pergunta que ela fez foi: "Pai, se você morrer, o que vai ser de mim?" Olhei para ela com aqueles olhinhos castanhos perdidos e respondi: "Papai não vai morrer!" Não demorou e ela disse: "Como o senhor sabe disso?" Nossa, o que eu poderia responder? Pensei, pensei e disse, com uma firmeza que não sei de onde veio, a coisa mais inteligente do mundo: "Porque eu sei!" Ela disse: "Tá bem" e foi embora para casa um pouco mais alegre.

Era o que eu precisava para focar em minha cura. Quando ela saiu do quarto, dei diversas recomendações aos médicos, autorização de alguns procedimentos no caso de eu ficar inconsciente. Passei a focar no remédio que podia acabar, no soro que estava no final.

Conversava com Deus, conversava com meu eu interior e fui me fortalecendo. Enfim, criei um pensamento, uma atitude de que eu ia sair de lá. Antes disso, chorava muito. Pensava por que aquilo estava acontecendo comigo. Depois desse safanão da minha filha, comecei a questionar que tudo tinha de ter um motivo. Acreditei que um dos motivos seria a minha cura e outro, meu futuro. Se comparar o Hilton antes desse fato e o de hoje, você vê uma diferença muito grande. O Hilton hoje é bem melhor que o Hilton antes. Vive no agora, aproveita a vida. Fiquei tão focado na minha cura que essa doença que tem um ciclo de 21 dias até a melhora, no meu caso, demorou somente 13 dias. Mudei minha vida, larguei meu trabalho seguro e equilibrado e fui seguir meus sonhos. Um deles sonhos era ter uma qualidade de vida melhor para cuidar da minha filha e viajar pelo mundo, algo que tinha feito somente duas vezes até aquela data.

Depois que vi que posso ser responsável pelos meus ganhos, pela minha vida, pelo meu querer e senhor dos meus sonhos, após 11 anos desde que isso aconteceu já conheci mais de 50 países diferentes, ganhei alguns prêmios internacionais na área financeira e tive o privilégio de levar minha filha para conhecer muitos desses países comigo. Uma coisa linda que aconteceu conosco foi que um dos sonhos dela era conhecer as pirâmides do Egito e, quando ela estava com 15 anos, estávamos vendo um show noturno nas pirâmides. Então a olhei e vi, ela estava chorando de emoção. Quando acabou, ela olhou para mim e disse: "Pai, muito obrigada por isso". Isso não tem preço! Olhando tudo por que passamos, parecia que o mundo tinha caído, que tudo estaria bem ruim, mas, de repente, somente por eu ter mudado a maneira de encarar meus problemas, tudo melhorou muito.

Minha paixão é inspirar as pessoas a acreditarem mais nelas mesmas. Escrevo livros, artigos e faço seminários sobre isso. Uso minha experiência para tocar e melhorar a vida das pessoas. Para que as mudanças sejam verdadeiras em sua vida, elas têm de vir do coração. Seja verdadeiro em sua vida. Preste atenção mais em você que nos outros. Exclua as histórias ruins, as pessoas que o levam para baixo, tire aquele fracasso de sua vida. Como a Neurolinguística fala, não existem fracassos; o que há são *feedbacks*. Sua vida tem um significado especial para você. A paixão, a visão e a missão pela vida são suas! É fundamental viver seu sonho, e não o de outra pessoa.

Eu acredito que os sonhos existem em nossa vida para nos fazer agir. Não basta sonhar, é preciso fazer acontecer.

Você merece o melhor que a vida pode lhe dar! Quando merece, você se permite fazer. Sabe aquele amor que você sente por um filho, pela mãe ou pelo pai, aquele amor incondicional? Sinta esse amor por si mesmo. O amor vai transformá-lo! Não chore pelo ontem, pois o hoje tem algo muito melhor para você! A vida é vivida no agora!

Na busca da autorrealização, desafiei alguns caminhos que pareciam seguros por outros que, olhando com os olhos da lógica, pareciam inconsequentes. Porém, dessa vez, estava enxergando com os olhos do coração, tomando decisões que realmente queria. Estava prestando muito mais atenção em mim mesmo. É como se tivesse voltado à minha essência e quisesse viver no Ser. O papel que estava desempenhando na vida era o do ser humano real que eu era. E tudo se transformou para melhor. De uma vida equilibrada e segura que tinha, passei a ter uma vida de grande abundância, cheia de novidades em todas as áreas. Ganhei liberdade financeira e qualidade de vida.

Acho que todo mundo quer ter sucesso na vida. Criei uma definição de sucesso que faz total sentido em minha vida: "Sucesso é ser livre e escolher o destino para ser feliz!"

Essa definição é simples, abrangente e muito poderosa. Se você está feliz em ir à praia e ficar conversando com os amigos ou em ficar investindo em negócios, trabalhando muito, e foi você quem escolheu esse destino, é uma pessoa de sucesso. Com isso, minha autoestima aumentou, olhei para dentro de mim, vi meus potenciais e criei novas possibilidades em minha vida.

Nos *workshops* de mentoria financeira digo o seguinte: ter riqueza, dinheiro e sucesso é uma viagem, uma jornada, e não somente um destino. Sucesso tem a ver com sua identidade, com quem você é. Quando respeitamos quem somos na essência, nos autorrealizamos.

Não sei que sonho ou objetivo você quer alcançar na vida, não sei o tamanho do seu sonho, para mim isso não importa. O que importa é quanto você está comprometido com ele. Sei que ele é possível.

Sei que esse processo de mudança está aí dentro de você. Sei que você tem talentos únicos. Se será fácil ou não, só o caminho que você vai escolher dirá. O importante é nada tirá-lo de seu foco. Hoje você está mais forte que antes, você acredita muito mais em si mesmo e acreditar o fará vencer!

Encontre uma razão no futuro para sua vida no presente. A partir do momento em que você acredita mais em si mesmo, sente-se apto a dirigir sua vida, aceitando as imperfeições da estrada da vida e embarcando em uma viagem que é só sua. Uma viagem que lhe mostrará a vida de uma perspectiva cada vez melhor. Supere os obstáculos que surgirão. Eles fazem parte e nos dão um gosto muito mais doce na nossa vitória.

22

Qualidade de vida melhor para participantes de programas de preparação para a aposentadoria

Aposentadoria é o exercício do benefício do INSS e a continuidade de atividades realizadoras. Profissionais que participam de PPA, planejam a aposentadoria e preparam um plano de atividades realizadoras pós-aposentadoria apresentaram os melhores indicadores da QV, mantendo seus propósitos definidos

José Floro

José Floro

Diretor da Floro Gerenciamento de Carreira. Atua há 15 anos como gestor de carreiras, tendo atendido a mais de 2 mil profissionais com programas de *Coaching* Sistêmico, *Coaching* de Carreira e *Coaching* de Preparação para a Aposentadoria. Professor de MBA, pós-graduação, graduação e palestrante. Experiência de 21 anos em empresas de alta tecnologia, desenvolvendo mercados, dirigindo, formando, treinando e desenvolvendo equipes de alta performance. Mestrado obtido com a pesquisa Decisões da carreira na qualidade de vida (Faculdade de Medicina-USP, 2016). Formação em Constelação Sistêmica FAYBEL 2012. Especialização em Consultoria de Carreira FIA 2010. Certificação Internacional de Coaching ICI 2008. MBA BSP 2000. Engenheiro eletricista INATEL, 1982.

Contatos
www.floro.com.br
jose.floro@floro.com.br
Redes sociais:
Blog: http://blogdofloro.blogspot.com
Linkedin: jose.floro
Facebook: jose.floro
Twitter: @josefloro
Skype: jose.floro
(19) 98111-4440 / (11) 99203-5202

O envelhecimento da população mundial em países desenvolvidos ou em desenvolvimento é um indicador de melhoria da saúde global. A população de pessoas com 60 anos ou mais dobrou desde 1980 e a previsão é de que atinja 2 bilhões de pessoas até 2050. A sabedoria que essas pessoas ganharam, por meio das experiências de vida, faz delas um recurso social vital (Organização Mundial da Saúde – OMS, 2014).

Práticas relacionadas à gestão do envelhecimento da força de trabalho não são muito comuns em empresas no Brasil. Os PPAs são as práticas mais próximas que tratam desse assunto. Eles incentivam os colaboradores a pensar nas boas possibilidades de desenvolverem atividades que possam trazer satisfações pessoais e profissionais e que permitam a continuidade de propósitos desafiadores.

No entanto, a participação nesses programas, muitas vezes, está associada à preparação para o afastamento do trabalho, o que, de certa forma, produz rejeição em indivíduos que pretendem continuar trabalhando após a aposentadoria (Canizares e Jacob Filho, 2009).

Existem diversos significados para o trabalho como preparação para um projeto de vida, com a agradável configuração de atividades (por si só) e a experiência do dia a dia. O indivíduo, quando preenchido com seus objetivos e por ser um ser social, sente-se humanizado, motivado e, consequentemente, acaba dedicando mais esforços às suas atividades. O trabalho faz com que o ser humano idealize e queira que o resultado de sua atividade seja reconhecida como fruto de seu conhecimento concreto e de sua cooperação social. Assim, as pessoas são vistas como alguém que interage continuamente com o ambiente e com outras pessoas (Catão, 2014).

Profissionais cujo propósito de vida confunde-se com o do trabalho têm maior dificuldade de enfrentar o momento da aposentadoria e o período pós-aposentadoria.

A aposentadoria pode ser percebida por muitos como um período de enfraquecimento de significados atribuídos à vida, como sentimentos de inutilidade e autodesvalorização, de vazio e solidão; ao passo que para outras pessoas representa um tempo voltado para novas conquistas, liberdade e desenvolvimento pessoal, sendo a fase em que pessoas podem realizar o que a restrição de tempo as impedia (Fraiman, 1990; Zanelli & Silva, 1996; Zanelli, 2012).

A adaptação saudável e a redução do estresse estão ligadas ao controle financeiro, à promoção da autonomia e da independência, ao suporte afetivo e à integração social na família, ao cônjuge e aos amigos, de modo a proporcionar manutenção da saúde, motivação e interesse por projetos de continuidade (Brasil, 2008).

A capacidade de enfrentamento dos estressores durante a transição para a aposentadoria tem estreita relação com a QV, sendo determinada por variáveis que interconectam dimensões que propiciam satisfação com a vida, conforme ela é percebida, incluindo a satisfação com a família, com a vida social, com as atividades físicas e de trabalho.

Este estudo considera aposentadoria como o exercício do benefício da aposentadoria pelo profissional, de acordo com a lei vigente do INSS.

Conquistando o benefício da aposentadoria, que assegura uma remuneração mensal fixa, o projeto de construção de futuro trabalha na manutenção continuada de atividades que tragam realizações pessoal e profissional, mantendo definido o propósito depois de aposentado.

Para este estudo, definimos QV como a percepção subjetiva das pessoas, avaliando a importância atribuída aos itens de qualidade de vida e quanto elas, dentro de sua própria percepção, vivenciam em cada item.

O objetivo foi identificar se os indicadores da QV, preconizada pela OMS, referentes aos domínios físico, psicológico, de relações sociais e de meio ambiente são afetados pelos influenciadores da QV identificados no questionário psicossocial, visão do trabalho e construção do futuro (espiritualidade – meditação e autoconhecimento) em profissionais participantes de PPAs.

Método

Estudo foi realizado com funcionários e ex-funcionários da empresa de transporte de passageiros de São Paulo, participantes do PPA. Esse programa acompanha profissionais que se aproximam do momento da aposentadoria e também recebe ex-profissionais da empresa, já aposentados, trazendo, periodicamente, informações, orientações e discussões sobre o planejamento da aposentadoria e a construção de um projeto de trabalho/atividades. Foram considerados todos os aspectos éticos para essa pesquisa. Os documentos estão à disposição.

Para a coleta de dados, foram utilizados os seguintes instrumentos de pesquisa:

- Avaliação dos indicadores da QV: questionário WHOQOL-bref da OMS.
- Atividades avaliadas que influenciam na QV: questionário psicossocial, visão do trabalho e construção do futuro (espiritualidade – meditação e autoconhecimento) de indivíduos que participam em programas de PPA.

Para a obtenção dos resultados, realizamos a identificação dos indicadores da QV e dos influenciadores da QV em ambos os instrumentos de pesquisa, além da análise da regressão de variáveis e inferência estatística entre ambos os questionários.

Os indicadores da QV, preconizados pela OMS para os quatro domínios, apresentam as seguintes classificações:

Tabela-1. Classificação dos indicadores de QV

Classificação	Identificação
1,0 a 2,9	Necessita melhorar a QV
3,0 a 3,9	Apresenta QV regular
4,0 a 4,9	Apresenta QV muito boa
> 5,0	Apresenta QV ótima

Variáveis dependentes – questionário indicadores da QV:

Domínio físico: compreende dor e desconforto, energia e fadiga, sono e repouso, mobilidade, atividades da vida cotidiana, dependência de medicação ou de tratamentos e capacidade de trabalho;

Domínio psicológico: compreende sentimentos positivos, pensar, aprender, memória e concentração, autoestima, imagem corporal e aparência, sentimentos negativos, espiritualidade/religião/crenças pessoais;

Domínio social: compreende relações pessoais e suporte (apoio) social, atividade sexual;

Domínio meio ambiente: compreende segurança física e proteção, ambiente do lar, recursos financeiros, cuidados de saúde e sociais – disponibilidade e qualidade, oportunidade de adquirir novas informações e habilidades, participação e oportunidades de recreação e lazer, ambiente físico (poluição/ruído/trânsito/lazer) e transporte.

Variáveis independentes – questionário psicossocial, visão do trabalho e construção do futuro (espiritualidade – meditação e autoconhecimento).

Psicossocial

Saúde: Como você avalia a qualidade do tempo destinado ao cuidado de sua saúde?
Família: Como você avalia a qualidade do tempo destinado à convivência familiar?
Amigos: Como você avalia a qualidade do tempo destinado à convivência com amigos?

Visão do trabalho e construção do futuro (espiritualidade – meditação e autoconhecimento).

Produtividade: Como você avalia sua produtividade no trabalho?
Potencial próprio: Você considera que seu potencial está sendo utilizado?
Espiritualidade: Como você avalia a qualidade do tempo destinada à espiritualidade (meditação e autoconhecimento – Você planeja ou planejou sua aposentadoria? Você tem um projeto de trabalho/atividades para a aposentadoria?)
Finanças: Como você avalia a condição financeira na aposentadoria?

Resultados

Os resultados da pesquisa referentes aos indicadores de qualidade dos domínios do WHOQOL são apresentados na tabela 2.

Tabela-2. Resultado dos indicadores da qualidade dos domínios do WHOQOL

Domínio	Valor
Psicológico	3,7127
Físico	3,7088
Relações sociais	3,6153
Meio ambiente	3,6127

Os resultados mostram que os participantes da pesquisa apresentam, em todos os domínios, classificação na faixa de qualidade de vida regular, apesar de as atividades do dia a dia da empresa serem extremamente estressantes.

Os programas implementados pela empresa para seus profissionais podem estar surtindo o efeito esperado de manter a qualidade de vida dos participantes.

Os resultados obtidos por meio da regressão multivariada são apresentados na tabela 3.

Tabela-3. Regressão multivariada entre as variáveis dependentes e independentes

Variáveis dependentes domínios	Equação originada entre as variáveis dependentes e independentes
Geral	Log DG = 1,292 + 0,116 * (Saúde) + 0,079 * (Espiritualidade) – 0,132 * (Potencial)
Físico	Log DF = 0,873 + 0,058 * (Espiritualidade)
Psicológico	Log DP = 1,091 + 0,067 * (Espiritualidade)
Relações sociais	Não houve associação significativa entre as variáveis.
Meio ambiente	Log DM = 0,998 + 0,053 * (Espiritualidade) + 0,127 * (Finanças)

Os indicadores da qualidade de vida preconizados pela OMS foram afetados pelo questionário psicossocial, visão do trabalho e construção do futuro, conforme abaixo.

Domínio Geral (DG)

A primeira questão do instrumento WHOQOL-bref mostra a percepção dos participantes em relação aos indicadores da QV de forma abrangente (DG); e os pontos de influência identificados foram nos itens saúde, espiritualidade e potencial.

Identificamos no DG de QV, que inclui todos os domínios de qualidade de vida (físico, psicológico, social e meio ambiente), os seguintes pontos relevantes decorrentes da análise multivariada:

- A constante encontrada no DG (1,292) mostra uma tendência natural dos participantes de experimentarem a QV.
- Nos fatores que somam positivamente à constante nesse domínio geral, encontramos os componentes mais destacados da saúde e da espiritualidade. Já o fator referente à percepção da utilização do potencial dos profissionais interfere negativamente na QV.

No Domínio físico (DF) de QV, além da constante encontrada (0,873), demonstrando o que o DF exerce nos participantes do programa na obtenção da QV, identificamos mais um ponto relevante, decorrente de análise de regressão, que é, novamente, o fator referente à espiritualidade.

No Domínio psicológico (DP) de QV, encontramos a constante (1,091), confirmando que o DP interfere naturalmente na QV. Identificamos também mais um fator relevante, decorrente da análise de regressão, que é a espiritualidade.

No Domínio social (DS) de QV, não identificamos nenhum resultado das variáveis independentes que apresentassem cálculos de regressão expressivos.

No Domínio do meio ambiente (DM), além da constante encontrada nos cálculos do DM (0,998), identificamos os fatores da espiritualidade e, mais fortemente, a preocupação com as finanças na aposentadoria afetando a QV.

As variáveis independentes produtividade, família e amigos não apresentaram cálculos de correlação relevantes, portanto não interferiram diretamente nos domínios da QV.

Mesmo sendo praticado muito pouco pelos brasileiros, o planejamento é bastante citado como a melhor maneira de reduzir os riscos e aprender a lidar com os estressores potenciais da aposentadoria (Bellotto, 2009; França, 1992; Zanelli & Silva, 1996; Zanelli, Silva & Soares, 2010).

As possibilidades e as dificuldades que incidem no período de transição para a aposentadoria têm sido debatidas e são reconhecidamente facilitadas em atividades que promovam e preparem as compreensões por meio de vivências antecipatórias, trabalhadas nos programas de preparação e orientação para a aposentadoria (França, 2008; Zanelli, Silva & Soares, 2010).

A espiritualidade influencia a QV em todos os domínios correlacionados, permitindo-nos perceber a importância das atividades de autoconhecimento, preparação e planejamento para a aposentadoria e desenvolver um projeto de trabalho/atividades para o período da pós-aposentadoria.

Os resultados refletem as influências das variáveis independentes avaliadas na ferramenta do questionário psicossocial, visão do trabalho e construção do futuro de profissionais que participam em programas de PPA, nos domínios de qualidade de vida preconizados pela ferramenta de avaliação de QV WHOQOL-bref da OMS.

As variáveis que determinam a dedicação à saúde, a dedicação à espiritualidade e o potencial identificado pelos próprios participantes do programa influenciam na qualidade de vida, o que pôde ser visto no domínio geral, que abrange os domínios físico, psicológico e meio ambiente. As variáveis não demonstraram influência na QV no domínio das relações sociais.

A variável independente de dedicação à espiritualidade determinou influência na QV dos domínios geral, físico, psicológico e meio ambiente. A explicação para essa influência baseia-se na dedicação das pessoas ao seu autoconhecimento, entendendo como reagem a situações, por meio da análise e da avaliação dos perfis e das motivações, além de trabalharem no planejamento da preparação para a aposentadoria e desenvolverem um projeto de trabalho para a aposentadoria, mantendo seu propósito.

Os programas de preparação para a aposentadoria em que os participantes optam por participar permitem reflexões e ações que aprofundam o autoconhecimento e incentivam os profissionais na construção de um projeto de trabalho realizador, reafirmando ou reconstruindo seus propósitos para a aposentadoria.

Este artigo é decorrente de minha dissertação de mestrado para a Faculdade de Medicina da Universidade de São Paulo (USP). Todas as referências bibliográficas estão à disposição por meio de meus contatos.

23

Excelência: do significado à performance

Existe um caminho para a autorrealização, para uma vida significativa, plena e com propósito, ser quem mais singularmente somos e desenvolvermos todo o nosso potencial

Juliana Karklis

Juliana Karklis

Coach pela Sociedade Brasileira de Coaching (SBC), especialista em Psicologia Cognitiva Comportamental e Hipnose Ericksoniana. Há mais de dez anos ministra palestras e cursos sobre desenvolvimento pessoal e profissional.

Contatos
www.julianakarklis.com.br
contato@julianakarklis.com.br

O ponto de escolha

Parece óbvio que grandes ideias, sonhos, planos e brilhantes intenções deveriam se transferir de nosso pensamento para o nível de desempenho e autorrealização. Mas na maioria das vezes isso não acontece. Não sabemos como transformar nossa linguagem filosófica em linguagem orientada para a ação.

O fosso entre o saber e o fazer

Quantas vezes sabemos exatamente o que é preciso fazer, temos a teoria, o conhecimento necessário, mas ao executar somos ineficazes em obter os resultados esperados.

O que falta para conseguirmos enriquecer nossa vida e nos tornarmos pessoas autorrealizadas? Em que então reside o problema? Como fechar essa lacuna entre o saber e o fazer; a mente e corpo; o pensamento e a ação?

Para refletir:

Como você tem interpretado os acontecimentos ao seu redor? Quais significados você tem atribuído?

Quanto seu estado tem influenciado seu comportamento e sua fisiologia?

> **"O que perturba o ser humano não são os fatos, mas a interpretação que ele faz dos fatos."**
> **Epitetus – século I**

Essa frase proferida há tanto tempo sintetiza a premissa básica da Terapia Cognitivo-Comportamental: o que importa é a forma como entendemos as diversas situações impostas pela vida, e não essas situações em si mesmas, ou seja, diferentes pessoas podem ver um mesmo evento e suas consequências de formas muito diversas.

Assim, com a evolução da PNL, surgiu a Neurossemântica, que, de acordo com seu criador, o Dr. L. Michael Hall, explora a estrutura dos significados, como construímos e como interpretamos os eventos da vida, carregando-os semanticamente. Ou seja, ela estuda a relação entre semântica (significados) e a atividade neurológica (neuro).

Para Hall, autorrealização seria o fechar da lacuna entre o saber e o fazer, isto é, quando sintetizamos neurologia e semântica ou significado e performance, nos autorrealizamos. Somos capazes de aceitar os desafios de realizar nossos potenciais e acreditar em nossa capacidade. Sabiamente adotamos pequenos passos, enfrentamos corajosamente os desafios, traçamos estratégias e aprendemos com os resultados, refinando habilidades. Trata-se de combinar o significado, o sentido interno, com o sucesso externo da conquista.

Se cada comportamento e resposta que produz é o desempenho de um significado, então quais ações você tem desempenhado? Quais resultados tem obtido? Quais são seus significados sobre si mesmo? E sobre sua vida? E sobre os outros? Sua carreira? Riqueza? Relacionamentos? Família?

Seus significados são carregados semanticamente de maneira positiva? Possuem sentido?

A escolha de crescimento

O caminho da autorrealização depende de nosso ponto de escolha. Ir em direção ao ponto de escolha é fazer uma escolha de crescimento. Nesse ponto você constata que é necessário desenvolver uma consciência reflexiva. A reflexividade é um processo contínuo, é o refletir constantemente sobre seus pensamentos e suas ações.

Fazer uma escolha de crescimento rumo à autorrealização é ter o poder e a liberdade de escolher sua própria atitude e resposta em qualquer situação. É apropriar-se de suas respostas como uma experiência de fortalecimento pessoal.

Os fatos não determinam quem você é, mas a maneira como reage aos fatos determina. A história está repleta de exemplos de pessoas que conseguiram ressignificar os acontecimentos em sua vida e desenvolveram um senso de contribuição e autorrealização.

> *"Fazer uma escolha de crescimento em vez de uma escolha de medo doze vezes por dia é ir doze vezes por dia em direção à autorrealização."*
> **Maslow, 1971**

Viktor Frankl, médico psiquiatra austríaco que viveu de 1905 a 1997, é um exemplo de ser humano que teve uma vida plena, repleta de realizações e contribuições. Frankl arriscou a própria vida para salvar os judeus de experimentos na área da neurologia, foi um ser humano autorrealizado, com sentido de contribuição e crescimento, e deixou-nos um legado. Sua vida é um exemplo de que as condições não determinaram quem ele viria a ser nem seu destino, mas a maneira como ele decidiu reagir ao que lhe aconteceu e o significado que atribuiu aos eventos que viveu sim.

Viktor foi um dos milhões de judeus que passaram pelos campos de concentração, foi destituído de toda dignidade humana, humilhado, torturado, teve sua família exterminada, filho, esposa, pais. Seus sentimentos não importavam, sua opinião tampouco, todo seu conhecimento, seus sonhos, sua visão, o amor por sua esposa, por sua família, nada disso interessava aos alemães. Ele era apenas o número 119.104. Mas uma coisa dele não podiam tirar: a sua essência. Ele sabia quem era, antes de Ter, de possuir, ele Era um ser humano completo, era o Ser sobre o Ter, sua autoestima era incondicional, não dependia de seus bens, de sua posição social, de reconhecimento, de sua família. Ele tinha um sentido de existência, um significado maior. Eles podiam tirar tudo dele, menos sua capacidade de pensar, de refletir; ele não apenas sobreviveu como manteve sua saúde emocional, sua sanidade mental em meio ao caos. Após a guerra publicou muitas obras e ajudou muitos a superarem suas perdas e encontrarem sentido mesmo em meio ao mais absoluto sofrimento.

> "Tudo pode ser tirado de uma pessoa, exceto uma coisa: a liberdade de escolher sua atitude em qualquer circunstância da vida."
> Viktor Frankl

Quando a escolha de crescimento ocorre, iniciamos uma longa jornada. Nesse processo, podemos contar com o auxílio de algumas ferramentas, entre elas a neurossemântica e o *meta-coaching*.

A neurossemântica e o despertar interior

A neurossemântica nos auxilia no despertar interior. Se conseguirmos identificar nossos significados por meio de uma consciência reflexiva, conseguiremos alterar a estrutura interna, ressignificar nossas experiências e, consequentemente, obter os resultados desejados.

Ter uma consciência reflexiva significa, entre outras coisas:

- Expandir nosso sentido de possibilidades;
- Ter pensamento reflexivo antes da ação;
- Manter o foco na qualidade da experiência;
- Alinhar ideias, significados, ações e visão.

A neurossemântica foca em reduzir o espaço entre o saber sobre e o saber fazer, ou seja, performar, unir significados positivos e ações efetivas. Estuda a estrutura de como nos "ferimos", encontramos a "cura" e seguimos em frente para obter resultados positivos em nossa vida. É sobre o desenvolvimento pessoal para maior significância, sucesso e contribuição na vida.

L. Michael Hall desenvolveu uma ferramenta que denominou quadrantes da autorrealização. Nesses quadrantes é possível identificar e classificar o autorrealizador dos indivíduos em quatro perfis distintos.

O primeiro quadrante refere-se aos indivíduos "não desenvolvidos", com baixa performance e baixo significado do que seria o início, de onde todos nós partimos para a jornada em busca da autorrealização, aqui ainda não criamos nem realizamos, apenas sobrevivemos sem grandes significados, precisaríamos criar significados positivos, encontrar um sentido de existência.

O segundo refere-se aos sonhadores, indivíduos que possuem altos significados, mas baixa performance; sonham, idealizam, são conhecedores, estudiosos, planejam, mas não realizam nada; acreditam que conhecer é suficiente, mas a solução não está em obter mais e mais aprendizado. São indivíduos que necessitam de ajuda para colocar em prática seus projetos de vida. O problema é a recusa em assumir um risco inteligente e calculado.

No terceiro estão os indivíduos com alta performance, porém baixo significado; são excelentes na execução, hábeis em acumular riqueza, status, mas ineficazes para gerir sua própria vida; vivem uma vida sem sentido, pobres de significado, necessitam da aprovação dos outros ou de provar para os outros e para si mesmos o valor que possuem. Necessitam desenvolver essa consciência autorreflexiva e uma autoestima incondicional para ter sentido e conseguirem motivação para desenvolver com engajamento seus projetos de vida.

Em quarto estão os indivíduos performadores e de autossignificado. São capazes de unir ação e significado em suas vidas. São autorrealizados, com um sentido maior de existência e contribuição.

Cada um de nós tem uma propensão. Que tipo de pessoa é você, um criador de significados ou um performador?

Em qual estágio de sua jornada rumo à autorrealização você está?

Em nossa jornada rumo à autorrealização, contamos com a neurolinguística e a neurossemântica como ferramentas que nos auxiliam no autoconhecimento, ao passo que o *coaching* auxilia-nos no autodesenvolvimento.

Uma construção sem estrutura sólida pode ser bela à primeira vista, mas cairá no primeiro tremor de terra. Muitos sonham, mas poucos sabem como sonhar de forma diretiva e transformar intenções em ações, que, por sua vez, produzam resultados efetivos. Com foco na autorrealização e na busca de resultados e como expressão prática da neurossemântica, surge o meta-*coaching*, um desdobramento do *coaching* como o conhecemos.

Meta-coaching – expressão prática da neurossemântica

L. Michael Hall, ao desenvolver essa metodologia, baseou-se nas ciências cognitivas e comportamentais (PNL e neurossemântica) e na psicologia da autorrealização, de Maslow e Rogers.

O *meta-coaching*, como uma das expressões práticas da neurossemântica, difere do *coaching* tradicional por ser extremamente sistêmico e sistemático, ou seja, o *coach* sabe o que fazer e como fazer, parte do princípio de que as pessoas são sistemas (corpo e mente) que vivem dentro de múltiplos sistemas (família, religião, cultura, relacionamentos, etc.). O *meta-coaching* leva-nos a um nível superior, daí o termo meta acima.

Por meio de meta-conversas e meta-perguntas, conseguimos adentrar subjetivamente na experiência do *coachee* e destrinchar seus sistemas de pensamento e de processamento interno, seus sentimentos, suas atitudes, suas crenças, seus entendimentos. A compreensão não reside no conteúdo, mas no núcleo, no processo. Buscamos a estrutura, e isso habilita o *coachee* a liberar seu potencial, a desenvolver sua consciência autorreflexiva.

Por esse motivo, podemos dizer que essa metodologia é de autorrealização. O *coachee* explora níveis mais elevados de consciência. Há o empoderamento da vitalidade humana.

A vulnerabilidade não é vista como fraqueza, mas como força, pois requer conhecimento profundo de si mesmo, aceitação e valorização. Há o preparo para gerir e assumir os riscos de viver uma vida autêntica. Há o desenvolver da resiliência, que é o não permitir que erros e infortúnios matem a visão e os sonhos.

Conquistar dentro de si um nível de liberdade que lhe permite ser você verdadeiramente é ser capaz de transcender a própria história, tornar-se o arquiteto do futuro.

É sobre prosperidade, criatividade, alegria e contribuição. Fazer a diferença e aprender, além de evoluir continuamente.

> "Se você planeja deliberadamente ser menos do que você é capaz de se tornar, então eu lhe advirto que você será profundamente infeliz pelo resto de sua vida. Você estará se evadindo de suas próprias capacidades, de suas próprias possibilidades."
> **Maslow, 1971**

Referências

FRANKL, Viktor E. *Em busca de setido: um psicólogo no campo de concentração.* Petrópolis: Vozes, 1991.

HALL, L. Michael. *Coaching de grupo e equipe: meta-coaching.* Rio de Janeiro: Qualitymark, 2014.

HALL, L. Michael. Liberte-se! *Estratégias para a autorrealização.* Rio de Janeiro: Qualitymark, 2012.

HENRIQUES JR., Lauro. *Palavras de poder: entrevistas com grandes nomes da espiritualidade e do autoconhecimento no Brasil e no mundo.* São Paulo: Leya, 2001.

MASLOW, Abraham A. *Motivation and Personality.* New York: Harper & Brothers, 1954.

MASLOW, Abraham. *Theory of human motivation.* Psychological Review, 50, American Psychological Association, 1943. pp. 370-396.

O CONNOR, Joseph. *Manual de Programação Neurolinguística: PNL.* Rio de Janeiro: Qualitymark, 2003.

24

As competências essenciais para realizar o seu melhor eu!

"A vida está cheia de um potencial verdadeiramente ilimitado [...] na maioria dos casos, nossas ditas 'limitações' nada mais são que a nossa própria decisão de nos limitarmos".
Daisaku Ikeda

Juliana Leal

Juliana Leal

Graduação em Comunicação Social. MBA em Marketing, pela FGV-RJ. MBA Executivo Internacional, pela FGV/ ISCTE Lisboa. *Trainer* em PNL. Formação com Certificação Internacional em *Coaching*, pelo InCoaching. Formação com Certificação Internacional em Psicologia da Autorrealização, pela ISNS – International Society of Neuro-Semantics. Formação com Certificação Internacional em *Trainer* de Neurossemântica, pela ISNS – International Society of *Neuro-Semantics*. Formação com Certificação Internacional em *Meta-Coaching* (A Maestria do *Coaching*), pela ISNS – International Society of Neuro-Semantics. Associada e credenciada como *Trainer* Internacional em NLP NS, pela ISNS – International Society of Neuro-Semantics. Associada e Credenciada como *Meta-Coach*, pela MCF - Meta-Coach Foundation. Coautora do livro Sonhe e Realize, da Conquista Editora. Coautora do livro Coaches que fazem a Diferença, da Conquista Editora. Coautora do livro Coaching & Autorrealização, da Editora Literare. Escritora e Consultora de T&D e *Coaching*, com experiência em grandes empresas e cursos abertos, certificando internacionalmente pela ISNS os cursos e *workshops* de Autorrealização, Autoliderança, *Coaching Essentials*, Formação em *Meta Practitioner* e *Meta Master* em PNL. Destaque como *Trainer* no desenvolvimento da liderança operacional de uma das maiores empresas de *Contact Center* da América Latina, em 2012, resultando o sucesso de sua carreira!

Contato
www.lotusincoaching.com

Quando falamos de *coaching*, estamos falando de autoconhecimento, desenvolvimento de potenciais, performance, competências, habilidades, comportamento, mudanças, crenças, trabalho em grupo, maestria, realização, etc.

Agora, como seria fazer *coaching* para se autorrealizar? Por que e pra que ser autorrealizado? Será isso tão importante para o nosso desenvolvimento, para a realização dos nossos objetivos e metas? Afinal, o que é autorrealização?

Para começar, segundo Abraham Maslow, criador da Psicologia da Autorrealização, autorrealização é uma necessidade humana, está no topo na hierarquia das necessidades. É tornar-se plenamente humano, desenvolver a si mesmo em sua extensão máxima.

"Autorrealização significa trabalhar para fazer bem as coisas que alguém quer fazer... alguém quer ser primeira classe ou tão bom quanto pode ser."
Abraham Maslow

Podemos definir autorrealização como "fluxo da abundância". É a sinergia entre os mecanismos significado e performance. Trata-se de uma performance inspirada, com propósito, motivação.

Pessoas autorrealizadas performam nos níveis mais altos de suas competências e assim o fazem porque têm uma intenção, significados elevados, e acham isso inspirador. Por essa razão, pessoas autorrealizadas fazem o que tem de ser feito na sua melhor versão!

Na Neurossemântica chamamos esse estado de autorrealização, de Estado de Gênio. É o foco apaixonado que colocamos em nossas ações.

Em resumo, autorrealização é tornar seus potenciais reais, é tornar tudo o que você pode se tornar. É o direito de se desenvolver como ser humano de tal maneira que se torne uma pessoa "plenamente humana". É experimentar plenamente sua humanidade e viver no nível mais alto da hierarquia das necessidades. É fazer o que você tem de fazer!

Costumo dizer que autorrealização é um estado sagrado, de felicidade inabalável, e que, independentemente da circunstância, mantemos uma energia empoderadora, criativa e vital, com sabedoria para viver e resolver qualquer problema com amor e paz.

Quando falamos de autorrealização, que é tornar real algo na vida cotidiana, estamos falando dos maiores valores, visão e significados. Estamos falando de propósito e intencionalidade para melhores performances, habilidades, ações e competências.

Para isso, apresento neste capítulo as oito competências essenciais para se desenvolver na realização do seu maior e melhor EU! Existem outras habilidades, mas essas são as principais.

O trabalho do *coaching* é facilitar o processo de desenvolvimento dessas competências, de maestria, rumo à realização dos objetivos e das metas do cliente. Pode ser que a meta dele seja desenvolver uma ou mais dessas competências. Seja como for, acredito que trazer à luz da consciência tais competências e seu desenvolvimento é o caminho da autorrealização.

"Você se sentirá profundamente infeliz se não se esforçar para ir em direção aos seus potenciais. Comparado com o que podemos ser, estamos apenas meio despertos. É hora de acordar!" Willian James

As oito competências essenciais para realizar o seu maior e melhor EU!
1. Autenticidade (EU/SELF): ser verdadeiro e autêntico com você, com seus dons e seus talentos, com seus valores, suas crenças, seus propósito e seus significados. Agir de forma congruente e verdadeira com o seu EU!

O contrário disso são as pessoas robotizadas, superficiais, "vazias", automáticas, etc.

"Autenticidade é a redução de falsidade em direção ao ponto zero." Maslow

Trabalho sugerido: autoestima, trabalhar o senso de valor próprio, a autoaceitação, acolhendo e aceitando suas forças, suas fraquezas e suas deficiências. Abraçar sua humanidade, seu ego, suas dores e suas dificuldades para então transcendê-los. Tratar-se com amor!

Reflexão para o *coaching*: de zero a dez, quanto você realmente se ama, se aceita e é verdadeiro/autêntico com o seu EU?

2. Paixão (estado): é ficar emocionado, entusiasmado sobre algo. É preciso energia para se autorrealizar. Emocionalmente inteligente, a pessoa autorrea-

lizada ama, cuida, sente, valoriza, investe tempo, energia, entrega, dinheiro em algo para se sentir plenamente vivo e humano. É focado, comprometido, etc.

"Autorrealizados são ansiosos para a vida!" Maslow

Trabalho sugerido: amar, dar importância às coisas, à vida, às pessoas. Valorizar, cuidar, ir além dos problemas, das preocupações e das insatisfações. Definir um objetivo intencional para direcionar suas atenções!
Abrir-se para as suas emoções a fim de se sentir energizado, excitado, acolhido, cuidado, etc.
Buscar a excelência no que você faz, ser o melhor que pode ser.
Trabalhar para fazer direito o que você quer fazer. Tornar sagrado!

Perguntas e reflexões para o *coaching*:
- Com o que você se preocupa?
- Quanto você se preocupa?
- Quanto mais você poderia se importar?
- Em que você se interessa?
- Em que você investe?
- Quanto de emoção sente no seu investimento?
- De zero a dez, quanto você é apaixonado?

3. Empoderamento (poder): experiência do poder interior para agir. É assumir seus poderes e responsabilizar-se por eles. Afirmá-los. Ser o autor da própria vida e parar de colocar-se como vítima ou desamparado. Assumir o controle para fazer as coisas que você mais deseja que aconteçam na sua vida. Trata-se do poder interior pessoal para buscar, acreditar, agir, sentir, falar, etc.

"Cada passo de responsabilidade é um passo em direção à autorrealização!" Maslow

Trabalho sugerido: direcionamento interno, autodeterminação, flexibilidade ao responder e adaptar-se às situações da vida sem ser excessivamente rígido.
Identificar, acessar e apropriar-se de seus poderes fundamentais de pensar, sentir, falar e agir. Desenvolver um elevado senso de responsabilidade.
Pensar, sentir, falar e agir de forma otimista e fortalecida. A autoridade vem de dentro para fora!

Reflexão para o *coaching*: de zero a dez, quanto você se sente e se permite o empoderamento?

4. Congruência (intenção): alinhamento, integridade, plenitude. O que diz você faz! A comunicação verbal e a não verbal estão alinhadas. Visão e comportamento.

Não se separar ou responder de maneira diferente quando um único foco é apropriado.

"Deve haver integração e clareza para que as potencialidades humanas possam ser realizadas!" Dr. L. Michael Hall

Trabalho sugerido: alinhar todas as facetas e poderes de sua pessoa de modo que trabalhem juntas, como uma sinergia, criando uma visão focada de atenção. Ser inteiro e colocar em prática os seus princípios.

Harmonizar e alinhar seu discurso e seu comportamento.

Reflexão para o *coaching*: De zero a dez, quão congruente você é consigo mesmo e com as pessoas, tanto no seu discurso quanto no seu comportamento?

5. Criatividade (significado): criativo na construção de significados preciosos e inspiradores.

Para autorrealizar-se, é preciso criar significados maravilhosos e parar de descontar. Não ao negativismo! Para isso é necessário reconhecer sua habilidade de construir significados positivos e de melhoria contínua, para que sua vida, suas atividades e seus relacionamentos se tornem profundos e significativos para você.

"É exatamente essa pessoa, em que a força do ego está no seu auge, que mais facilmente se esquece ou transcende o ego, que pode ser mais centrada no problema, mais autoesquecida, mais espontânea em suas atividades..." Maslow

Trabalho sugerido: trabalhar a escala de sinergia, perceber os opostos de forma significantemente relacionados.

Criar informações necessárias para completar a falta de conteúdo/informação quanto aos nossos *insights*, no que diz respeito à nossa qualidade de vida, relacionamentos, crenças, finanças, etc.

Ouvir a "voz da intuição".

Agir com o direito, o privilégio e a responsabilidade de escolher os próprios significados.

Reflexão para o *coaching*: de zero a dez, quão criativo você é?

6. Presença (tempo): estar ciente do momento presente, vendo, ouvindo, sentindo e observando o que está sendo dito e feito neste instante. É estar no "aqui e agora". É preciso presença para se autorrealizar e parar com as escapadas para o passado e o futuro. Cuidado com o excesso de preocupação!

"A habilidade de se 'perder no presente', parece ser condição sine qua non para qualquer tipo de criatividade." Maslow

Trabalho sugerido: desenvolver a competência temporal. A pessoa vive no "aqui e agora", capaz de arrumar o passado e o futuro no presente, em um significado contínuo.

"O melhor presente que podemos dar a uma pessoa é a qualidade da nossa presença." Milton Erickson

Reflexão para o *coaching*: de zero a dez, quanto presente e disponível você está com consigo mesmo e com os outros?

7. Coragem (mundo): ser ousado, audacioso em assumir riscos de forma inteligente. Para se autorrealizar, é preciso ser "feroz", ser corajoso e parar de jogar pequeno, de se desvalorizar.

Uma pessoa autorrealizada não vive de forma domesticada, "confortável". É preciso ousadia e coragem para sair da zona de conforto e autorrealizar-se.

"Todo mundo é um autorrealizador em potencial, e a escolha é, sobretudo, uma questão de livre-arbítrio e coragem, e não das circunstâncias." Maslow

Trabalho sugerido: identificar as possibilidades nas escolhas à sua frente. Coragem para ser você mesmo e abrir mão das defesas que o sabotam.

Ponderar os prós e os contras em relação ao critério da autorrealização (os valores do SER).

Fortalecer o caráter para assumir a posição e força do ego!
Libertar-se da ansiedade tóxica ou neurótica para tornar-se livre da ansiedade.
Experimentar! Testar! Ver o que acontece e tentar novas ideias!

Reflexão para o *coaching*: de zero a dez, quão ousado, corajoso, "feroz", você é?

8. Colaboração (outros): cooperar com os outros, trabalhar junto. Parar de ser "ilha para si mesmo"! Não vivemos sozinhos!

As pessoas autorrealizadas fazem aos outros o que fazem a si mesmas (respeito à dignidade da vida de cada pessoa).

Reconhece a sacralidade em cada indivíduo, em cada SER, e valoriza isso.

"Dedicação individual a um esforço grupal: é isso que faz um time funcionar, uma empresa funcionar, uma sociedade funcionar, uma civilização funcionar." Vince Lombardi

Trabalho sugerido: fazer aos outros o que você deveria fazer a si mesmo (respeitar, valorizar, dizer a verdade, escutar, apreciar). Tornar-se sagrado!
Ver as pessoas sob o aspecto da eternidade, da humanidade, da sacralidade.
Dar boas-vindas ao amor e à admiração!
Ter cuidado com o egoísmo e o excesso de individualismo!

Reflexão para o *coaching*: de zero a dez, quão humano e cooperativo você é?

Agora que você já sabe e já refletiu sobre as suas oito competências essenciais para se autorrealizar, qual é a sua decisão?

"Mesmo que todas as necessidades estejam satisfeitas, podemos ainda, muitas vezes, esperar que um novo descontentamento e agitação em breve se desenvolva, a menos que o indivíduo esteja fazendo o que individualmente está apto a fazer. Um músico deve fazer música. Um artista deve pintar. Um poeta deve escrever. O que um homem pode ser, ele deve ser. Ele deve ser verdadeiro à sua natureza. Essa necessidade que chamamos de autorrealização!" Maslow

Referência
Material da formação em Psicologia da Autorrealização – *Alcançando o Topo das Possibilidades Humanas*. Dr. Michael Hall.

25

Autorrealização: superar limites em busca dos objetivos

Atualmente, com o crescimento da indústria do desenvolvimento humano nos seus aspectos cognitivo e emocional, há uma grande quantidade de materiais produzidos, cada um ensinando métodos e fórmulas para alcançarmos os resultados almejados e a autorrealização. Este artigo vem, de maneira simples, trazendo o exemplo de um homem que viveu há 4.000 anos a.C., que não levou em conta suas limitações para sair em busca do seu objetivo

Junior Braz

Junior Braz

Com experiência de vida e histórico de superação pessoal de mudança, que juntamente com sua formação vem reforçar e contribuir para que outras pessoas venham a se reposicionar na vida. Pastor ordenado, com estudo em Administração, Psicanálise, filosofia e *Coach*. Bacharelado em Teologia pela Faculdade João Calvino. Atleta de jiu-jitsu, Pastor do Ministério Romanos XII, em uma comunidade carente, na cidade de Feira de Santana-Ba, onde desenvolve um projeto social, com jovens em condição de risco: Fábrica de Campeões. Faz atendimento em sua sala como *life coach*, contribuindo para desenvolvimento de competência, autonomia e realização de metas e seus *coachees*.

Contatos
Instagram: @antonio_junior_coach
Fanpage: Antônio Ferreira Júnior
Facebook: Antônio Ferreira da Silva Júnior
(75) 99216-0003

É comum utilizarmos mitos e lendas como metáforas que explicam o mais profundo da psique humana. Tanto que a linguagem religiosa é naturalmente mítica, Freud utilizou da mitologia grega para elaborar várias de suas teorias, entre elas o complexo de Édipo. Carl Jung entendeu bem que nós seres humanos somos simbólicos por natureza e assim são construídos nossos conceitos de mundo e nossas relações. Muitos de nós, ao passar pelas adversidades da vida, ao termos que recomeçar diversas vezes, reposicionando nossa imagem e mentalidade, nos identificamos com o mito da Fênix, a ave que ressurge das cinzas, e que consegue transportar em voos cargas muito pesadas.

Quero trazer neste texto uma figura bastante conhecida de alguns, sua história para alguns é uma lenda, para outros uma saga que representa o início da caminhada de um povo em direção a uma perspectiva melhor, para mim é algo verídico, mas para nossa reflexão o que mais importará é o aprendizado e a identificação com as situações que este personagem viveu. Vamos então falar de Abraão.

Abraão é um personagem bíblico, a partir do qual teriam surgido grandes tradições religiosas: judaísmo, cristianismo e islamismo. Sua saga encontra-se no livro do Gênesis, primeiro livro da bíblia. Embora arqueólogos nunca tenham encontrado vestígios de sua existência, vilas, na atual Turquia, com o nome de seu avô e bisavô foram descobertas. Abraão era habitante de Ur dos Caldeus, cidade estado ao sul da mesopotâmia, atual Iraque.

A narrativa diz que Abraão, aos 75 anos, ouviu a voz de Deus, quando habitava com o clã de seu pai, dizendo: "... Sai-te da tua terra, e da tua parentela, e da casa de teu pai, para a terra que eu te mostrarei. E far-te-ei uma grande nação, e abençoar-te-ei, e engrandecerei o teu nome, e tu serás uma bênção." (Gênesis 12:1-2), mas, chega de rodeios e vamos saber, o que podemos aprender com a vida desse homem?

1. Abraão foi desafiado a deixar o clã de seu pai, deixar sua parentela para construir seu próprio caminho, isso significava muito, pois a vida do indivíduo era protegida pela unidade do clã. Sair da casa de sua parentela simbolizava sair da zona de conforto, arriscando em busca do desconhecido, onde a sua luz seria a sua fé e sua coragem. Muitas vezes temos sonhos e projetos em nossa mente, vislumbramos possibilidades de crescimento,

mas o medo de sair da zona de conforto, de abandonar o tradicional, sair das "asas" dos pais, da casa dos pais, da empresa dos pais, de abandonar o convencional nos impede de saber a imensidão da nossa capacidade de expandirmos como sujeitos, como pessoas capazes de construir a própria história sem precisar ficar na sombra de outros.

2. Abraão disse SIM ao desafio, com 75 anos ainda não tinha um clã formado, apenas sua mulher e alguns servos, seu sobrinho também o acompanhou, mas Abraão não tinha filhos, algo tão importante para o fortalecimento de uma família nômade no deserto. Então, ele não possuía todos os recursos para arriscar-se deserto a dentro por causa da voz de um Deus desconhecido que ecoava dentro de seu peito dizendo o que ele poderia tornar-se se obedecesse. Talvez você não creia em Deus, ou não seja adepto de discursos demasiadamente místicos, mas sabe que precisa acreditar em si, na sua intuição, na voz que te aparece em forma de sonhos e projetos de vida. Todos nós temos esperanças e podemos ser mais, evoluir para um patamar de crescimento pessoal tremendo, mas é preciso agir com fé. Fé é confiar, fé é sonhar, é ter perspectiva de que algo bom vai acontecer, é lançar fora o medo de se arriscar, é ter coragem.

3. E após os 75 anos, com fé e perseverança, Abraão se tornou um homem prospero, teve dois filhos, venceu guerras, cresceu e amadureceu quando decidiu abandonar sua zona de conforto e sair para a luta em busca de seus sonhos, seu nome se tornou tão célebre assim como seu legado que hoje é considerado patriarca de três grandes tradições religiosas, para se falar nestas, tem que se relembrar a saga deste homem destemido.

Escolhas

A assim como a vida de Abraão a nossa também vida possui bifurcações, ou seja, sempre nos deparamos com a oportunidade de fazermos escolhas, escolher implica em assumir responsabilidades e riscos, mas, também é uma demonstração de coragem e uma postura de alguém que sempre se mantém em movimento, não se deixa paralisar pelo medo.

Nos atendimentos que tenho feito, como *coach*, tenho me deparado com as mais diversas pessoas, atletas, representantes, desempregados, empreendedores, pessoas que querem emagrecer, entre outros, mas o processo funciona, com contundência, para aqueles que estão dispostos a saírem da zona de conforto, que pode ser um ambiente físico, quanto existência ou psíquico, funciona para aqueles que têm a coragem de decidir, romper com velhos hábitos e os substituir por novos e saudáveis, com a consciência de que dores haverão, mas o resultado será significativo. É necessário elevar nossos padrões, e acreditar que podemos atingi-los. Houve um momento em que Abraão estava em sua tenda no deserto e Deus pede para que ele saia da tenda para olhar as estrelas do céu, pois sua descendência seria como estas. Elevar o padrão é olhar para as estrelas sem tirar os pés do chão, é sair do local que limita sua visão.

Nos atendimentos, percebo que há *coachees* que se sentem incomodados porque esperam que o *coach* seja alguém que reforce seu papel de vítima como profissional, esposa, marido, mãe, filha e os isente da responsabilidade que têm pela sua própria vida. O *coach* ouvirá seus lamentos e demandas, mas perguntará o que você aprendeu de positivo em determinada situação e o que fará de ação concreta a partir de hoje para se aproximar de seu objetivo. E nesta hora, na hora da DECISÃO, tem gente que empaca!

Veja por que muitos paralisam na hora de tomar uma decisão:

> Escolher é algo que os líderes fazem todo o dia, mas o verdadeiro peso que eles têm nos ombros é a necessidade de decidir. E não existem decisões fáceis. Decidir exige uma morte, exige morrer para centenas de opções, pôr de lado sem-fim de possibilidades para escolher apenas uma. De-cidir. Homi-cídio. Sui-cídio. A raiz da palavra decidir significa "cortar fora". Todas as decisões nos cortam fora; nos separam de infinitas opções anteriores ao nos decidirmos por um único caminho. E toda decisão que tomamos obtém para nós o bem-querer de alguns e o desprezo de outros.
>
> (Dan Allender)

É preciso saber focar, querer algo, planejar e agir em seu favor, e, se preciso for, fechar ciclos e deixar hábitos que atrapalham seus resultados, fazer a renúncia de estar com amigos, resolver relacionamentos doentios, diminuir aquilo que faz sua produção e resultado diminuírem. O importante é confiar: em Deus, em si, no outro e que as coisas darão certo. Lutar é viver, ter CONFIANÇA é importante.

Como disse Nick, o feliz homem sem braços e sem pernas: "É impossível ter uma vida agradável e plena de realizações se você se deixar paralisar pelo temor daquilo que pode acontecer um dia, em algum lugar, quem sabe, talvez... Então muita gente medrosa se concentra na pergunta 'e se?', quando deveria dizer, 'por que não?'"

Foco

Nós precisamos sair da nossa zona de conforto, é o conforto que nos acomoda, nos enfraquece, nos torna moles e frouxos. Se nossos antepassados das cavernas não enfrentassem frio, feras, se não peregrinassem em busca de um lugar melhor, chegando ao Alasca pelo estreito congelado de Bering, não haveria evolução, cultura, muito menos América. Se Abraão não tivesse a coragem de sair dentre seus parentes sua vida continuaria a ser a mesma, igual, uma repetição de padrões e modelos. A conquista é para os destemidos, para aqueles dispostos a sair da zona de conforto. Te desafio a dar esse primeiro passo em busca do seu objetivo.

Tenho encontrado muitas pessoas talentosas, tanto no atendimento de *coaching* quanto no exercício do meu ofício pastoral. Pessoas com grande potencial, o que é de se esperar já pelo fato de serem o que são: pessoas. O natural do ser humano é trazer em si potencialidades e talentos a serem desenvolvidos. Cada um com um dom. Alguns com dons especiais e excelentes ideias, tornando-se uma espécie rara em meio a uma sociedade que dá ouvido e aplauso a quem não tem realmente o que dizer.

Então eu me pergunto, por que pessoas tão inteligentes e capazes não têm conseguido dar os passos necessários para alcançar seu objetivo? Não têm trazido o benefício que pode originar-se de sua capacidade? Nem para si mesmo e muito menos para sociedade. Fui pesquisar sobre planejamento estratégico e resultados, desenvolvimento do potencial humano e biografias de grandes líderes e cheguei à primeira conclusão: grandes talentos são desperdiçados por falta de foco e medo de saírem da zona de conforto!

Para ter sucesso e alcançar resultados é necessário foco, obstinação, fazer a escolha e torná-la sua obsessão. Mas aí você me diz: "Poxa, eu já foquei neste projeto durante dois anos e percebi que não era isso". Ok, mas, dois anos é muito pouco tempo de atenção dado a algo que você realmente acredita que pode fazer a diferença. As grandes movimentações na sociedade, mudanças de paradigmas ou grandes projetos são construídos passo a passo. As grandes maravilhas do mundo não foram construídas da noite para o dia. Foram necessários tempo, suor e, muitas vezes, sangue. O valor do seu sonho estará de acordo com o que você renunciará por ele, o preço que estará disposto a pagar e os desafios que estará disposto a vencer.

Foco é mais do que pensamento contínuo no objetivo, foco são decisões que resultam em ações que te aproximam daquilo que você almeja. Você saberá se está focado quando perguntar-se: o que estou fazendo neste momento me aproxima ou me afasta do meu objetivo? Se a resposta for sim, você está focado, caso contrário, você está perdendo tempo com coisas delegáveis ou inúteis. Seu desejo ainda não se tornou tão visceral a ponto de você guerrear por ele.

Há três coisas primordiais que é preciso fazer para alcançar os resultados almejados:
1. Descobrir sua visão e criar sua missão, a partir daí fazer com que todas as suas ações girem em torno destas. Cada meta deve ser estabelecida sempre de forma específica e mensurável para que você possa controlar seus resultados.
2. Perseverar na sua visão e missão: é preciso obstinação, a palavra desistência e desânimo devem desaparecer da sua mente, ser riscadas do seu vocabulário. A perseverança tem uma força muito grande, nada pode abater o espírito daquele que persevera. A grandeza não está no tamanho dos seus sonhos, isso pode ser relativo como é o conceito de sucesso, mas na força do seu espírito em perseverar num propósito.
3. Avalie e mensure cada etapa assim como as metas alcançadas, uma visão sólida não fica clara num piscar de olhos, ela vai se delineando, tomando forma à medida que amadurecemos com a perseverança, então vamos revendo nossos planos, vendo com clareza nosso sonho e acreditando fielmente na nossa capacidade em atingir aquilo a que nos propomos.

Lembrando das diferenças: sonhos, metas e resultado

Sonhos: o sonho é aquele estágio embrionário de nossas metas, é quando nós paramos em algum momento do dia e olhamos para o infinito e temos a sensação de como a nossa alma é grande e de como nosso potencial ultrapassa o alcance dos nossos olhos. O sonho nasce em nossa imaginação e nos faz transcender em direção à beleza da realização, nos impelindo a ir para frente e dando significação a nossa existência despertando a nossa consciência para um propósito maior. O sonho se torna tão parte de nós que Steve Jobs disse: "Cada sonho que você deixa pra trás, é um pedaço do seu futuro que deixa de existir." A vida tem a cor que nós pintamos e o sonho é a visão de nós temos que nosso futuro será pleno e com sucesso.

Metas: a meta é o próprio sonho, mas de uma forma lapidada, específica e estruturada, ou pode ser também um subproduto dele, ou uma das etapas para alcançá-lo. A meta é definida, mensurável e datável. É o sonho que pula da imaginação para o papel e toma proporções racionais, sendo, neste momento, traçado o plano de ação para alcançá-lo, o mapa do caminho que seus passos trilharão para chegar mais perto do seu objetivo final. Cada etapa concluída e cada plano de ação concretizado a autoconfiança aumenta, nós sentimos que somos capazes e que nosso limite inexiste.

Resultado: é a consequência de todo seu empenho, das renúncias, noites em claro, dinheiro investido e "não" ditos aos convites de amigos e amigas. Pode advir em cada etapa trazendo um sabor de vitória na boca, ou pode ser o tão almejado sonho que se concretiza em nossa vida e nos sentimos realizados e com nossos talentos multiplicados, pois, durante todo o processo de planejamento e execução do plano para chegar ao pódio, nós amadurecemos, desenvolvemos novas habilidades e competências. Tornamos-nos guerreiros e aprendemos a nunca desistir, fortalecemos nossa personalidade diante de cada tentação de desânimo e transformamos cada situação de aparente fracasso (fracasso não existe) em oportunidade de aprender. Estamos prontos para desenvolver e alcançar outros sonhos e metas, mas que dessa vez seja com o espírito mais evoluído e confiante.

**"O homem mais pobre não é o homem sem dinheiro.
É o homem sem sonhos."
(Max Forman)**

26

Autorrealização

O propósito deste capítulo é que o leitor consiga perceber as chances que temos de realizar todos os nossos sonhos por meio de uma análise interior, de uma mudança interna de ressignificações de padrões que nos impedem de crescer, de aprender e de criar maneiras de expandir todo o nosso potencial em busca de realização pessoal. Convido você a experimentar o topo da pirâmide

Lene Oliveira

Lene Oliveira

Graduada em Gestão de Recursos Humanos, *personal & professional coach* e *practitioner* avançado em Programação Neurolinguística (CrerSerMais Desenvolvimento Humano), psicanalista, instrutora de ioga para crianças e adolescentes, escritora, pesquisadora do comportamento humano. O foco de sua atuação é desenvolver o potencial humano; assim, vive engajada em projetos que beneficiem o ser humano. Realiza palestras, *workshops* e treinamentos comportamentais.

Contatos
www.leneoliveiracoaching.com.br
lenefarias2@hotmail.com
www.facebook.com/
desenvolvimentoaltoimpacto
(11) 98878-1430

O caminho para a autorrealização requer treinamento diário. Somos iguais a uma empresa quando ela seleciona um profissional para uma vaga em aberto, para exercer uma função específica. Porém, o mundo se renova, existem novidades no mercado, e tanto a empresa quanto um colaborador têm de estar atentos às tendências. Se uma empresa não adapta seu funcionário às novas tecnologias, se fica presa a uma política antiga, se não dá prioridade para o conhecimento de seus colaboradores, se não motiva, se não proporciona treinamentos, palestras e *workshops*, é nítido que esse ser humano vai perder a criatividade, vai perder rendimento, pois ficará preso à mesmice, uma vez que tanto a vida pessoal como a profissional são eterno movimento.

Ficar ligado a uma empresa que o deixe mecanizado causa um estardalhaço na vida particular e na saúde da empresa e, consequentemente, compromete o crescimento dela. Quando não se cria oportunidade de crescimento, os dois (empresa e colaborador) giram na mesma velocidade, perdendo chances de crescimento, de inovação, de renovação, além de uma série de novidades e oportunidades.

Assim somos nós quando entramos em um processo de sonhos, metas e realização. Passamos por várias etapas, ou seja, é um trabalho árduo conseguir sair de um padrão para outro, pois essa troca é dolorosa, exige tempo, dedicação, disposição, humildade para aceitar tudo o que estará passando com você nesse processo. Exige quebra de paradigmas e muita disciplina para que se mantenha firme em seus propósitos.

A busca pela autorrealização exige esforço, aprendizado, estudo e um bocado de atitude.

Todos os dias, temos de realizar a faxina diária de nossa mente.

Acredito que o melhor *feedback* é aquele que provém do seu íntimo, da sua verdade nua e crua, daquele que o enxerga melhor que ninguém: você!

Diariamente temos a oportunidade de nos avaliar, de nos olhar e de tirar proveito desses erros, situações e atitudes, para que amanhã nossas ações estejam mais próximas do que acreditamos ser nosso ponto de realização. Nossas ideias têm de estar alinhadas com nossas atitudes.

Deixemos para trás tudo o que nos impede de crescer, de ir adiante. Você sabe o que o impede de dar pelo menos o primeiro passo rumo aos seus sonhos? Você tem sonhos? Se não, meu caro, sinto informar-lhe que você está bem longe da autorrealização.

Devemos tê-los claramente em nossa mente e vivenciá-los como se os estivéssemos realizando, para então começar a quebra do que paralisa.

Pense no seu maior sonho, vale qualquer coisa mesmo, um sonho grandioso. Agora, perceba como você se sentiria se esse sonho se realizasse?

Temos de ter sentido claramente a emoção de realizar um sonho para saber o que nos dá paz, o que traz afago à alma, o que nos dá satisfação e, então, correr.

Mas correr muito em busca desse sonho, porque será ele que nos manterá em movimento; por mais distante que ele esteja, acredite, você é capaz de alcançá-lo.

Entretanto, esse alcançar não é aquele de que se fala da boca para fora, mas aquele que você encara com maturidade, com poder e com consciência do caminho a trilhar, com sabedoria para desviar dos empecilhos que encontrará no caminho, das dificuldades que se apresentarão diante de você querendo impedi-lo de seguir.

E, acredite, nessa busca seu pior inimigo, aquele que poderá impedi-lo de chegar aonde deseja é você.

Isso mesmo, você, tudo depende da sua capacidade de inovar, de olhar estratégias que condizem com suas verdades, com seu grau de comprometimento para esse sonho dar certo!

E cada padrão deixado para trás nos fortalece e nos faz mais confiantes para a chegada. Deixa-o mais realista e forte. Não estou dizendo aqui que essa busca será fácil, mas estou afirmando que cada atitude nova, cada forma de mudança, é primordial para que você se sinta realizado.

Segundo Maslow, o ser humano é assim:

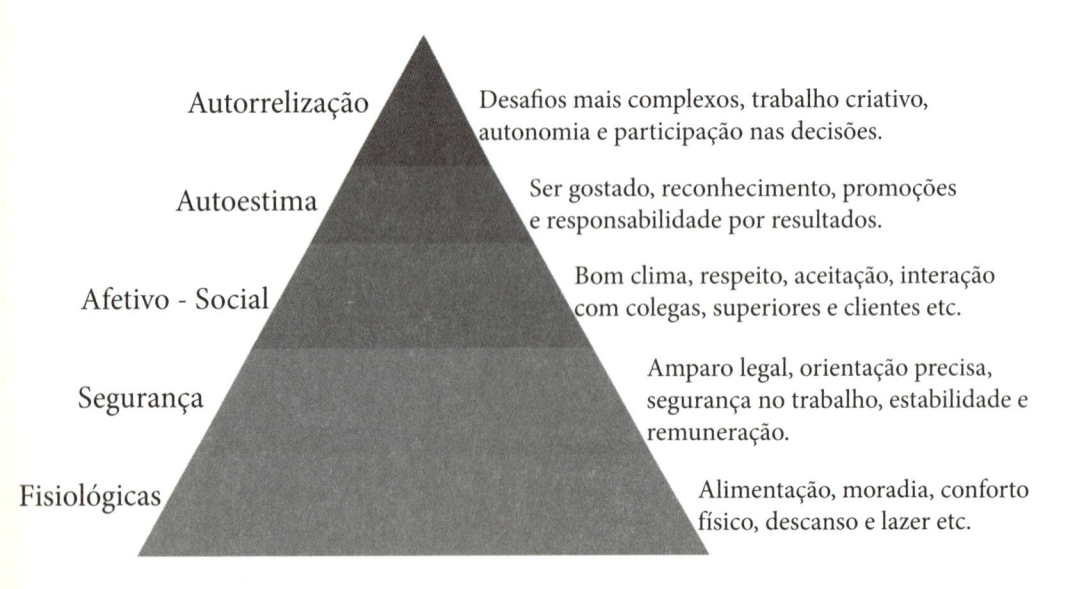

Autorrelização	Desafios mais complexos, trabalho criativo, autonomia e participação nas decisões.
Autoestima	Ser gostado, reconhecimento, promoções e responsabilidade por resultados.
Afetivo - Social	Bom clima, respeito, aceitação, interação com colegas, superiores e clientes etc.
Segurança	Amparo legal, orientação precisa, segurança no trabalho, estabilidade e remuneração.
Fisiológicas	Alimentação, moradia, conforto físico, descanso e lazer etc.

Diz ainda que poucas pessoas são capazes de se sentir satisfeitas com o que fazem. Apenas 2% da população mundial seria autorrealizadora.

Podemos mudar isso.

Você sabe por que é tão difícil se autorrealizar? Acredito que seja em razão da nossa sociedade consumista, que nos empurra a ter, e não a ser. Não estou defendendo a ideia radical de que não devemos comprar um carro legal, uma casa bacana, roupas descoladas, mas sim defendendo a consciência do consumo, do bem-estar, do estar em sintonia consigo e com o mundo, com as pessoas que você se envolve, com a naturalidade de suas ações. Isso é transcender a existência, a mesmice, a criatividade controlada.

Sei também que um indivíduo que se encontra sem suas necessidades básicas atendidas não pensará com o topo da pirâmide (autorrealizador), mas isso não o impede de quebrar o padrão de necessidade, buscar muito, sonhar, esperar e aproveitar as oportunidades.

Há pessoas que perguntam: "Como saberei que a oportunidade é aquela? Como vou identificá-la?"

Você saberá quando seus propósitos se alinharem com suas atitudes; você saberá na hora que elas aparecerem à sua frente e, digo mais, você saberá buscar essas oportunidades porque já estará no caminho. E tudo vai clareando de uma forma belíssima e íntima. É um misto de euforia, com sabedoria e bem-estar. Posso afirmar que é uma ida sem volta. Como dizia Einstein: "Uma mente que se abre a uma nova ideia nunca mais voltará ao seu tamanho inicial", muito bem-dita essa frase.

Temos quatro pilares fundamentais na busca da autorrealização: físico, mental, emocional e espiritual.

Físico: são os cuidados alimentares básicos, os exercícios físicos regulares, a preocupação com o bem-estar e a manutenção da qualidade de vida. Estando atentos a isso, temos mais chance de não adoecer e de prolongar nossos dias.

Mental: em minha opinião, esse é um dos mais valiosos, pois, se não estivermos alinhados com nossa saúde mental, nada funcionará, já que é da mente que nascem todas as nossas ideias, pensamentos que nos elevam, que nos engradecem.

Temos de fazer sempre uma faxina para retirar a poluição que nela se instala. Só assim o caminho para produzir ideias abrirá.

Emocional: nele se concentram todas as nossas emoções e sentimentos. É um pilar que tem de ser trabalhado, pois dele surge nosso comportamento. Se não soubermos lidar com as emoções que nos são descarregadas a todo instante, não conseguiremos ser assertivos em nossas atitudes.

Espiritual: guia-nos para o caminho do bem; é dele que nasce toda forma de uma pessoa buscar significado do bem que faz ao outro, sem esperar nada em troca; a ética aliada a valores, à inovação, à inspiração, à expansão da consciência.

Na espiritualidade os conceitos transcendem o tangível. Trata-se do grau mais elevado do ser humano em relação ao próximo.

Alinhados esses quatro pilares, você chegará a sua essência, que é única. Somos seres importantíssimos como unidade no mundo, somos seres que não são iguais, cada um é diferente do outro; e, para se autorrealizar, você não pode parar, tem de se manter em movimento, em aprendizado constante e em silêncios profundos e análises constantes.

E a cada dia você vai descobrindo o que o aproxima do amor, da saúde, da paz, do equilíbrio, da delicadeza dos gestos e falas e da autorrealização.

Termino com uma frase budista: "Não importa quantas palavras sagradas tenha lido e não importa quantas tenha dito. De nada lhe servirão se não agir de acordo com elas".

Referência

CHIAVENATO, Idalberto. *Introdução à teoria geral da Administração*. São Paulo: Makron Books, 1993.

27

O poder extraordinário do perdão para uma vida de sucesso e prosperidade

Como alcançar a autorrealização em passos simples e muito poderosos por meio da libertação do perdão

Leonardo Oliveira

Leonardo Oliveira

Treinador comportamental, *head trainer* pelo Instituto de Formação de Treinadores (IFT). *Master coach trainer* pela Academia Brasileira de Coaching (Abracoaching). *Personal & professional coaching* – PPC – pela Sociedade Brasileira de Coaching (SBC). Diretor executivo do Instituto de Florescimento Humano (IFH), treinador comportamental *maximus leader training*. Especialista em treinamentos de alto impacto. Palestrante sobre Inteligência Emocional, Liderança e Gestão de Times.

Contatos

leonardo.oliveira@ifh.com.br

(81) 99793-2826 / (81) 98968-3883

Lembra quando você tinha 5-10 anos de idade e por muitas vezes conseguiu de alguma forma, talvez até mesmo misteriosa, perdoar um colega quando houve uma briga? Por que será tão difícil perdoar hoje em dia? Por que muitas vezes é tão difícil resgatar sentimentos que estão em nossa essência?

Talvez... talvez, mesmo que por um momento, possamos sentir saudade de voltar ao jardim da inocência, aquele jardim em que poderíamos fazer o que quiséssemos, sem medo, sem mágoa, sem receios. Apenas na certeza de que poderíamos, sim, viver uma vida plena.

Por meio do perdão, podemos dar mais um passo na direção de nossa libertação pessoal e alcançar, subir mais um degrau rumo ao nosso sucesso.

Recordo-me de uma história que aconteceu onde eu morava, numa cidade do interior do estado da Bahia, Castro Alves, a cidade do poeta. Quando saía da escola (interessante que a escola ficava bem no alto da cidade) e descia a toda velocidade, uma das sensações mais maravilhosas que senti na vida foi aquele vento tocando meu rosto. Que sensação deliciosa essa, não é? Liberdade, tranquilidade, diversão.

Fui convidado por alguns amigos a fazer uma trilha de bicicleta. Era divertido, parecia uma aventura real. Visitávamos lagos, subíamos em "pés de árvores" (isso era o melhor). Quem não lembra como era bom experimentar essas sensações? Sentimentos em sua pureza junto à natureza. Ainda consigo me recordar do barulho das folhas das árvores e também do capim fresco.

Eram momentos mágicos que ficaram eternizados em minha mente, meu coração, meu corpo, sim, no corpo, porque, de fato, o capim cortava muito, e muitas vezes nos machucávamos, mas isso fica para outra história.

Retornando para casa, lembro-me de que na pequena cidade havia uma rádio, e dona Jailma, minha mãe, já me chamava preocupada nos alto-falantes.

Recordo que, ao chegar em casa, depois de uma baita reclamação, de apanhar por sílabas e ainda ficar de castigo, senti raiva! Mas como? Como poderia minha mãe me punir por estar me divertindo com meus amigos?

Como poderia ela me repreender por estar vivendo e curtindo meus momentos de criança, minha infância? Queria ela que eu não aproveitasse esses momentos? Que fosse uma criança infeliz? São tantas perguntas para minha mente de criança, não é?

Dizem que o melhor lugar do mundo é dentro de um abraço. Depois de algum tempo de castigo, minha mãe, com lágrimas nos olhos, me deu um grandioso abraço. Não aquele abraço como quem abraça sem emoção, mas aquele abraço materno. Lembro que ainda soluçava de tanto choro. Até que ela me disse:

— Tudo bem, filho, espero que você tenha aprendido a lição! Eu te perdoo.

Aquelas palavras ecoam na minha mente até hoje. Um dos maiores ensinamentos que tive com meus pais foi que era possível se perdoar. Entendi o que poderia ter feito de errado e como meus pais estavam preocupados com minha aventura.

Mas percebi que não poderia viver uma vida desse jeito, viver talvez me lamentando por ter causado de certa forma tanto mal a quem fazia tudo por mim.

A partir daí decidi me perdoar. Perdoar a mim mesmo e seguir a vida adiante.

Mas, por que não o fazemos hoje em dia? Por que aos 15 anos de idade tive uma briga com meu pai e só fui entender que precisava seguir adiante com a minha vida quase 15 anos depois? Por que só entendi que deveria deixar de lado o meu orgulho, a minha mágoa, a tristeza e perdoá-lo 15 anos depois?

Por meio dos treinamentos comportamentais de que participei, descobri o poder que existe dentro de cada um de nós. A decisão que podemos tomar internamente para nos tornarmos ainda mais felizes, conquistar nossa vida e alcançar nosso sucesso (entendo que o sucesso pode chegar para cada um de forma diferente).

Talvez algum tipo de problema, trauma ou situação acompanhe você ainda hoje, até mesmo enquanto lê este livro. Perceba que a libertação interior começa no momento em que você toma a decisão, no momento em que escolhe viver uma vida plena, perdoando aqueles que realmente o têm ofendido, procurando criar maneiras de ser feliz e não mais deixando que a raiva, a tristeza ou qualquer tipo de sentimento possa lhe ser prejudicial, impedindo-o de ser cada vez mais feliz.

Observe-se: tome consciência de como você está se sentindo. Determine um tempo para si. Perceba o que o vem impedindo até agora de ter uma vida mais plena, uma vida de felicidade; o que o vem impedindo de dizer "eu amo você" a quem deveria; o que o vem impedindo de fazer mais, de procurar entregar mais resultado em seu trabalho; o que o vem impedindo de abraçar seus filhos em casa. O que vem impedindo você de ser feliz?

Tome a decisão: uma vez que você saiba o que está passando, toma consciência do que está sentindo e pensando. Agora é a hora de você tomar a decisão, não precisa resolver de uma vez. Todos sabemos que é preciso dar o primeiro passo. Motive-se a buscar o melhor de si. Procure se sentir reconhecido por suas qualidades e suas características. Busque sua essência, proporcione a si mesmo a oportunidade de fazer as coisas de forma diferente. Não importa seu comportamento passado, o importante é você tomar a decisão de mudar para melhor a partir de sua essência, que é o que o torna único e extraordinário.

O legado: quais ações concretas você vai definir para mudar o rumo da sua vida e o das pessoas que o cercam. O palestrante norte-americano Zig Ziglar deu à sociedade este pensamento: "Dizem que motivação não dura... o banho também não, por isso ele é recomendado diariamente". Uma vez que entendemos, tomamos as rédeas da nossa máquina e decidimos tomar a decisão de seguir adiante, o que vamos deixar? Qual é o legado que cada um de nós vai deixar para os filhos, os amigos, os pais, para o mundo?

Dentro de cada um existe uma vontade grande de organizar os sentimentos em ações concretas e transformadoras. Todos temos sempre novas chances. Sei que talvez alguns de nós queiram nascer de novo, recomeçar a vida com novas oportunidades e entender que o momento, este momento, é AGORA.

Seja confiante, seja corajoso, perceba que existe grandeza em você para fazer as transformações necessárias em sua vida. Resgate sua essência. Antes de ter é preciso ser!

A cada momento, percebemos que milhares de pessoas reacendem as chamas em sua vida, pessoas que muitas vezes estavam com a alegria de viver escondida.

Perceba que em você existe a energia necessária para transformar sua vida. Uma vez que conseguimos entender e internalizar essa ideia, por meio do *coaching*, da Programação Neurolinguística (PNL) e das mais diversas técnicas de desenvolvimento humano, podemos nos reinventar.

Talvez não estejamos conseguindo ver aquela luz. Não digo a luz no fim do túnel, mas a luz do caminho. Nossa jornada é iluminada e cheia de luz, mas muitas vezes vemos escuridão, que é causada por sentimentos que foram se acumulando ao longo de nossa jornada. Existe grandeza em cada um de nós, mas é preciso que esse potencial seja despertado. Assim como um interruptor talvez possa acender a luz da sabedoria, também podemos entender que somos capazes de iluminar nosso caminho e, com o trabalho que nós, treinadores comportamentais, realizamos, estamos também iluminando o caminho de outras pessoas. Deixaremos nosso legado, deixaremos nossa marca e, acima de tudo, em nossa jornada, seremos muito mais felizes!

Perdoe-se, pois, como dizia Napoleon Hill em um trecho da Filosofia do sucesso, "Nós descobrimos que neste mundo o sucesso começa pela intenção da gente, e tudo se determina pelo nosso espírito". Entendendo e internalizando como possível perdoar a nós mesmos, podemos modificar nossa vida, ser mais felizes, contagiar o ambiente com alegria e entusiasmo e dar o próximo passo rumo a nossas conquistas.

É preciso entender que, quando nos perdoamos, vamos além, independentemente do que aconteceu. Baseado na frase de Anthony Robbins, seu passado não é seu futuro! O que determina nosso futuro são as escolhas que fazemos para conquistar o que queremos. Seja quem quiser ser, deseje o que quiser e lhe será dado. Liberte o perdão que existe dentro de você e conquiste sua autorrealização!

28

Vida com propósito: o segredo para a autorrealização

Acesse seu propósito mais elevado,
foque no lado brilhante da natureza humana,
valorize a dimensão "noética", ou seja, "espiritual" e
viva a sua melhor versão!

Lídia Batista

Lídia Batista

Psicóloga (UFMG). *Master Practitioner* em Programação Neurolinguística (PNL). *Trainer* em Programação Neurolinguística (PNL) - Southern Institute of NLP (Flórida – USA). *International Coach*, membro da International Coaching Community. *Coach* em Nível de Identidade – pessoalmente treinada por Robert Dilts e Débora Bacon. *Business Coach* – pessoalmente treinada por Joseph O'Connor. *International Master Coach* - ICI (International Association of Coaching Institutes). Certificação Internacional em "O Novo Código da PNL" – pessoalmente treinada por John Grinder e Carmen Bostic St. Clair. *Trainer* em PNL e Neurossemântica - International Society of Neuro-Semantics - ISNS - pessoalmente treinada por L. Michael Hall. Habilitada para certificar internacionalmente o treinamento de AUTORREALIZAÇÃO pela International Society of Neuro-Semantics – ISNS. Diretora da Psiconsultoria.

Contatos
www.psiconsultoria.com.br
lidiapsiconsultoria@hotmail.com
whatsapp (31) 99200-0445
(31) 3847-2099

O ponto de escolha

Psicologia da autorrealização é a aquela que foca no lado brilhante da natureza humana, ou seja, a que visa acessar e desenvolver o que há de mais nobre e elevado. Essa abordagem viabiliza a expansão e a amplificação do potencial humano. O foco não é remediar, mas, sim, gerar a "excelência humana". Ela visa à conquista de uma vida plena, abundante e cheia de propósito.

Essa mudança de paradigmas iniciou-se na década de 1930, mas só foi reconhecida entre as décadas de 1950 e 1960. A psicologia da autorrealização é considerada a terceira força da psicologia, depois do behaviorismo e da psicanálise.

A psicologia da autorrealização começou com um projeto de modelagem da autorrealização. Abraham Maslow encontrou excelência em dois de seus professores: Ruth Benedict e Max Wertheimer. Ele se interessou em conhecer mais a fundo as estratégias mentais, emocionais, linguísticas e comportamentais de seus professores. Desse seu interesse, surgiu a primeira modelagem de pessoas psicologicamente saudáveis. Maslow foi lançando seus dados sobre pessoas autorrealizadas em um caderno e a esta obra deu o nome de "Projeto de Bons Seres Humanos". Maslow é grandemente reconhecido no cenário internacional por ter criado a "Hierarquia das necessidades"(1941) e por seu trabalho Motivação e personalidade (1954).

Primeiro movimento do potencial humano

Na década de 1960, iniciou-se o primeiro Movimento do Potencial Humano, liderado por Abraham Maslow, Carl Rogers, Rollo May e outros. Esse movimento veio a explodir na década de 1970, com o surgimento de uma imensa variedade de novas terapias, de práticas educacionais e de amplificação de experiências da consciência. As ideias e os posicionamentos sobre a natureza humana começaram a mudar. Até então, as psicologias focavam no tratamento de traumas e patologias.

O Movimento do Potencial Humano era parte da mudança de paradigmas para o lado Positivo da Natureza Humana, que está ligado a melhor versão do ser, à necessidade de se expressar, de expandir e de fazer a diferença.

O propósito da vida é ter propósito – logoterapia

Viktor Frankl criou a logoterapia com base em sua experiência em um campo de concentração nazista. Nessa abordagem, o homem é considerado um ser biopsicossocioespiritual. A logoterapia não é a procura de um, mas a procura "do Sentido". É centrada na busca do sentido vital. Ele traduziu logos como 'significado'. Para ele, significado é o princípio controlador do Universo, é o centro da vida em direção ao qual todos nos dirigimos, consciente ou inconscientemente.

Frankl partiu do princípio de "sum" de Descartes, o "eu sou". Para ele, o "sum" não é um ser biologicamente determinado como Darwin entendia, ou um ser sociologicamente determinado como Marx acreditava, nem psicologicamente determinado como Freud pensou. Os seres humanos, embora determinados por todos esses fatores, retêm em si uma importante parcela de liberdade, na qual não são absolutamente determinados, mas livres para tomar atitudes. O "eu noético", ou seja, o "eu espiritual", tem o poder de ir além e alcançar-se acima das aflições do eu psicofísico.

Para Frankl, nasce um conflito existencial quando o indivíduo se percebe diante de uma ou mais preocupações, citadas a seguir:

- A morte (que impõe um limite inadiável para nosso tempo e nossa vida);
- A liberdade (que só pode ser restringida pelos limites de nossa consciência, nossos valores éticos e nossa responsabilidade pessoal);
- O isolamento existencial (que é o fato que não pode compartilhar nem transferir);
- A falta de sentido para a vida (que é a base das psicopatologias modernas).

Sentido da vida diz respeito ao anseio por encontrar alguma coisa a que se dedicar e pela qual valha a pena se dedicar. Em 1955, Frankl disse que a maioria dos clientes sofria uma frustração existencial, um vácuo que pode ser compreendido como a falta de sentido para a vida, o que deixa a pessoa em um profundo estado de confusão.

A logoterapia introduz, além da dimensão somática, a dimensão espiritual, que é própria e autônoma em si mesma. O fato de se ver como um ser no mundo, mas com lastros além, no infinito, faz de nós pessoas cheias de esperança e de fé na vida. Para Frankl, Deus é uma realidade viva, existente e conhecida do homem, como espécie, muito embora não seja possível observá-lo com olhos da ciência positiva. A logoterapia é a "cura através do significado, orientando as pessoas para o autoconhecimento e o encontro do seu lugar na totalidade da vida".

Veja a seguir algumas técnicas utilizadas na Logoterapia:

- Intenção paradoxal: o profissional propõe ao cliente manter o sintoma que está incomodando, como estratégia para conseguir o contrário. É necessário partir do conceito de angústia de expectação (ou ansiedade antecipatória) para compreender a dinâmica de funcionamento da intenção paradoxal. Ansiedade antecipatória compreende o fato de que um sintoma evoca no cliente o medo de que possa se repetir, e esse medo faz com o sintoma realmente acontecer. O medo provoca o sintoma de que temos medo, e o aparecimento do sintoma faz o medo ficar ainda mais intenso, o que agrava o sintoma, criando um círculo vicioso. A intenção paradoxal atua na interrupção desse círculo.

A luta contra o sofrimento gera o próprio sofrimento. A luta contra o medo cria o medo. E a luta contra a doença infecciona e faz crescer a enfermidade. A luta contra a doença é a mais grave de todas as enfermidades.

Quem tem medo, tem esperança de que a coisa possa acontecer, conta com essa possibilidade e espera por ela, por mais absurda que possa ser. O mundo do "medo do medo" e da luta contra a doença esconde o desejo da continuidade dela.

- Derreflexão: tentativa de deslocar a atenção do cliente que está preocupado com sua doença para outra coisa mais importante e significativa de sua vida, que esteja no futuro. A derreflexão desloca a atenção do cliente de sua condição de sofrimento e procura dar sentido a sua dor e descobrir o sentido maior de sua existência. Esse procedimento é de suma importância porque o sintoma não é o que há de mais importante na vida do cliente.

- Apelação: é o recurso técnico que permite o reavivamento da riqueza sentimental e afetiva da pessoa em estado de perturbação. Essa técnica consiste em viabilizar ao cliente a manifestação de sua capacidade de sentir, sua humanidade escondida e carente de um resgate. É importante sublinhar o lado forte da vida da pessoa que se encontra enfraquecido.

- Diálogo socrático: é a conversa sobre autoconhecimento. Ajuda o cliente a descobrir o verdadeiro eu, o que ele tem de mais perene e indestrutível. O diálogo socrático como ferramenta tem quatro papéis importantes:

    a. Afasta o cliente de seu problema (funciona como derreflexão);
    b. Ajuda a assumir novas atitudes;

c. Alerta para o fato de ter vencido os sintomas;
d. Capacita o profissional e o cliente a encontrar o sentido vital.

O logoterapeuta é um agente de humanização da psicoterapia. O dialogo socrático é uma ferramenta humanizadora, é a busca do encontro "eu e você" na prática da psicoterapia.

- Técnica do denominador comum: é utilizada nas situações-limite e constitui-se de uma avaliação minuciosa sobre as perdas e os ganhos ao fazer determinada opção.

A logoterapia acredita na consciência e na responsabilidade, acredita também na democracia, na justiça e converte-se, nos dias atuais, em uma prática altamente revolucionária. É uma síntese bem abrangente da psicoterapia. Vitor Frankl, ao considerar o homem um ser biopsicossocioespiritual, resgatou a dimensão noética até então desconsiderada. O homem é tido como um ser livre e responsável por suas ações, capaz de fazer o que é esperado ou dizer "não", ditando suas próprias regras.

Segundo movimento do potencial humano

O cenário atual de desenvolvimento humano está completamente mudado em relação ao cenário em que ocorreu o primeiro Movimento do Potencial Humano, que falhou porque seus idealizadores não aplicaram em si mesmos suas descobertas e porque não tinham métodos específicos e viáveis para facilitar a autorrealização. Dr. L. Michael Hall (criador da neurossemântica), ao estudar a psicologia da autorrealização, descobriu que a programação neurolinguística (PNL) tem suas origens no primeiro Movimento Potencial Humano. Em 2007, o International Institute of Neuro-Semantics (Instituto Internacional de Neurossemântica) lançou o segundo Movimento do Potencial Humano. Esse modelo foi baseado no trabalho de Maslow e Rogers e nos avanços da PNL e da programação neurossemântica. A sistematização e a criação de vários modelos confiáveis para a liberação da autorrealização do Dr. Michael Hall expandiram a psicologia da autorrealização.

Coaching

Nos processos de *coaching* faz-se necessário trabalhar a autorrealização. Apresentarei, a seguir, duas excelentes técnicas para serem incorporadas nos processos de *coaching*, as quais também podem ser autoaplicadas.

Despertando seu potencial
COACH:
CLIENTE:
SESSÃO NÚMERO: DATA:
1 - Você se conhece, sabe quem você é, e quem você pode se tornar?
2 - Como está sua saúde e sua vitalidade?
3 - Como você está lidando com suas emoções?
4 - Como estão seus relacionamentos pessoais e profissionais?
5 - Como você tem cultivado sua espiritualidade?
6 – O que lhe envolve e lhe dá alegria em sua vida?
7 – Você se sente entusiasmado para se desenvolver e se tornar a sua melhor versão?
8 – Você deseja isso em sua vida?
9 – Você está pronto para esse nível de transformação?
10 – Você está disposto a fazer o que é preciso para conquistar sua Autorrealização?

Desenvolvendo a excelência
COACH:
CLIENTE:
SESSÃO NÚMERO: DATA:
1 - Especifique um recurso interno (uma qualidade ou característica) que você quer desenvolver para viabilizar a sua autorrealização. Menu: autoconfiança, coragem, ousadia, tranquilidade, segurança ou outros.
2 – Acesse esse estado. Você pode se lembrar de uma situação onde você viveu esse recurso, criar mentalmente esse recurso ou se imaginar no lugar de alguém que tem esse recurso.
3 - Faça um levantamento das crenças apoiadoras. - Quais crenças vão apoiar este estado-recurso? - O que você precisa acreditar para aumentar a credibilidade em si mesmo? - Essa crença realmente o empodera? - Você já está pronto para adotar essa crença?
4 - Acesse o estado-recurso com a nova crença. O que você precisa fazer para que essa crença se instale completa e plenamente?

> 5 - Permissão
> Você tem permissão para experimentar essa nova crença?
> Você está pronto a se permitir adotar essa crença que apoia sua autorrealização?
>
> 6 – Trace um Plano de Ação de autorrealização
> Quais as ações práticas você fará nos próximos dias para consolidar isso?
> Em quais datas você fará cada uma dessas ações?
> O que você fará para se lembrar de executar essas ações?

Coaching para autorrealização

É focar no lado brilhante da natureza humana, é superar limites, é expandir o potencial humano, é ir além. É ajudar o cliente a acessar as necessidades elevadas por meio do levantamento do propósito, da missão da pessoa como ser humano. É satisfazer as necessidades mais elevadas do ser, depois de já ter realizado as necessidades básicas. É considerar a dimensão noética, ou seja, espiritual, do ser humano.

É conduzir o cliente do estado atual ao estado desejado. É despertar nele possibilidades, é dar-lhe meios para reconquistar e tomar posse dos próprios poderes pessoais – pensar, sentir, falar e agir.

Busque sua autorrealização. Seja a sua melhor versão, cumpra a missão para a qual você foi designado e vá além daquilo que jamais imaginou.

Referências

II Encontro de Logoterapia do Vale do Paraíba. De 05 a 08 de dezembro de 1989. Um sentido para a vida. São José dos Campos, SP.

FABRY, Joseph B. A busca do significado. E.C.D, 1984.

FADIMAN, James. Teorias da personalidade. São Paulo: Harper e Row do Brasil, 1979.

FRANKL, Viktor E. Em busca de sentido: um psicólogo no campo de concentração. Porto Alegre, Sulina, 1987. São Leopoldo, Sinodal, 1987.

GOMES, José C. V. Logoterapia: A Psicoterapia Existencial Humanista de Viktor E. Frankl. São Paulo: Edições Loyola, 1987.

L. Michael Hall. Manuais do Treinamento de Autorrealização: Introdução à Psicologia da Autorrealização" e "Despertando a Vitalidade".

29

Coaching e o resgate do poder de ação

Breves considerações sobre o MAMTRA – Programa de *coaching* de carreira para músicos e artistas.
O presente artigo tem por objetivo tecer algumas considerações sobre as contribuições do *coaching* de carreira para o resgate do poder de ação do indivíduo, levando em conta algumas vivências de destaque que tive e continuo tendo no desenvolvimento de carreira de músicos e artistas

Lilah Kuhn

Lilah Kuhn

Life coach, *coach* de carreira; método MAMTRA para músicos e artistas; psicóloga Organizacional; consultora em Desenvolvimento Humano. Psicóloga, formada pela Universidade Federal da Bahia (UFBA), com MBA em Gestão de RH, curso em Gerenciamento de Projetos pela Fundação Getulio Vargas (FGV) e formação em *Professional* e *Self Coach* pelo Instituto Brasileiro de Coaching (IBC) e ainda bacharela em Música pela Faculdade Cantareira. Atuante no mercado de RH desde 2001 e de música e entretenimento desde 1998, é especializada em gestão de pessoas, planejamento estratégico, palestras e treinamentos motivacionais, comportamentais e técnicos, certificada analista comportamental e analista 360° também pelo IBC. É proprietária das empresas AC Coaching e Desenvolvimento Humano e Music for Fun, produtora executiva da gravadora Guitarcoop e *coach* de carreira para músicos. Realiza trabalhos de direção de voz em estúdios para bandas. Foi premiada com o Troféu Caymmi de Melhor Intérprete em 2003/2004.

Contatos
www.mamtra.com.br
contato@mamtra.com.br

Nicho, mercado, demandas

A minha decisão de atuar como *coach* de carreira para músicos e artistas fluiu como algo natural, em razão da minha atuação há quase 20 anos na área da música, tanto cantando como artista quanto como empreendedora e produtora executiva e cultural, e na área de educação musical. Percebi um nicho específico de negócio bastante significativo neste cenário do mercado musical, artístico e de serviços de entretenimento.

Posso dizer que alguns ambientes me chamaram atenção para tal questão. O primeiro deles foi o ambiente universitário. Quando resolvi cursar Bacharelado em Música, encontrava-me com 31 anos, já tinha formação em Psicologia e MBA em Gestão de Pessoas. Ou seja, minha situação profissional e minha postura eram bem diferentes das dos meus colegas iniciantes.

Fato é que, no decorrer da segunda faculdade, pude perceber que minha diferença em relação a meus colegas não era simplesmente em razão da idade e por ter outros cursos nas "costas". Mas sim, e especialmente, por já ter vivenciado muitos outros desafios e possuir mais anos na jornada musical que eles. No entanto, não poderia dizer que no amor éramos diferente. Todos amávamos nossa profissão: a música. Mas, quando se passam anos de "casamento", é que realmente percebemos por que casamos, com quem casamos e por que insistimos em permanecer casados com a música.

Pois bem, a partir dessa sutil diferença de vivência e de formação, fui visualizando como muitos músicos, em início de carreira, mesmo apresentando grandioso talento para seus respectivos instrumentos, muitas vezes se perdiam ou mesmo desistiam do curso, e até mesmo da carreira, por não terem orientação e suporte adequados ou por não terem desenvolvido outras habilidades e competências que não lhes eram ensinadas na faculdade, mas são fundamentais para sua caminhada profissional e pessoal: planejamento, persistência, força de vontade, autoconfiança, motivação, metas, objetivos, visão, missão, propósito, comunicação, marketing pessoal, autogestão, trabalho em equipe, liderança, gestão financeira, empreendedorismo, entre outras muitas. Ou seja, nesse contexto universitário, o poder de ação desses indivíduos mostrava-se inibido ou mesmo diminuía com a proximidade do fim do curso, quando se viam pressionados a ingressar no mercado de trabalho de maneira decisiva e, muitas vezes, ainda não sabiam por onde ir, ou mesmo não tinham referências nem vivências suficientes que fortalecessem suas escolhas e suas tomadas de decisões.

Um segundo cenário que me chamou a atenção foi o de artistas já engajados na carreira há anos, na faixa etária entre 30 e 40 anos ou mais, com formação universitária ou não, mas com algumas queixas em comum. A mais recorrente delas era a sensação de falta de realização e retorno efetivo por parte de sua escolha profissional.

Em contato direto com diferentes pessoas desse nicho, foi possível identificar alguns pontos em comum nos discursos delas, por exemplo:

- Total dedicação à carreira, a projetos e a horas de estudo;
- Investimento de dinheiro, tempo e energia, mas sem retorno proporcional efetivo;
- Sensação de pouco ou nada ter sido construído ou realizado;
- Projetos que são iniciados, mas não têm continuidade, "morrem na praia";
- Sentimento de que anos passam e o posicionamento não muda;
- Falta de reconhecimento;
- Dificuldades para fazer sua arte alcançar o grande público;
- Crença limitadora de que as coisas são e serão sempre as mesmas nessa área e, por isso, eles sempre terão subempregos;
- Crença limitadora de que não têm capacidade de vender seu produto artístico e não sabem fazer outra coisa senão "ser músico".

Passagens como essas nos fazem refletir muitos aspectos. Até que ponto esse profissional de fato nada realizou? Será que essas horas e esse dinheiro foram investidos da melhor maneira? Quais seriam os reais objetivos a ser alcançados por esse profissional? Para ele, o que seria "construir algo"? Que tipo de legado gostaria de deixar?

Outros perfis de queixa que se mostraram repetitivas em meus atendimentos foram:

- Sentimento de insegurança, impotência;
- Medo, ansiedade extrema por não alcançar o desempenho nem os resultados que eu gostaria, seja em performance técnica, seja na área financeira ou em projetos;
- Autopercepção de medo e insegurança relacionados à crença limitadora de não se achar capaz de conseguir os resultados que deseja;
- Atitude de sempre justificar o não feito, as ações que poderiam realizar, mas

sempre encontram motivos para não concretizá-las, camuflando a mesma descrença de não se sentir efetivamente competente, capaz de realizar o que almeja, ou medo de exposição aos comentários e às opiniões dos outros à sua volta.

Esse tipo de relato indica pessoas com grande insegurança, medo e com seu poder de ação extremamente enfraquecido, ou mesmo esquecido, por múltiplas situações que contribuíram para esse comportamento. Por exemplo, pessoas que tiveram um início pouco estruturado e, com o passar do tempo, em algum ponto, essa ação teve consequências, e isso veio a se tornar extremamente fundamental para dar passos mais largos em sua carreira.

Outras pessoas foram expostas por longo período a um grande volume de críticas destrutivas, ou atuaram em cenários de alta competição, ambientes profissionais hostis que as fizeram ter contato com muitos "nãos" das pessoas à sua volta, ou seja, ambientes de escasso apoio, e elas, em razão disso, não conseguiram sozinhas até ali desenvolver estratégias de fortalecimento emocional, autoconfiança e automotivação.

Num terceiro olhar sobre tais pontos, é possível também reconhecer um alto nível de autoexigência técnica e por resultados de excelência, de forma que chegam a ser paralisantes, isto é, uma crença de que os projetos e as obras artísticas, para serem efetivamente realizados, precisam sair perfeitos. Quando se dão conta de que não será possível essa entrega perfeita, muitos desistem ou mesmo nem começam, dando justificativas para a não realização, alimentando o ciclo de autoboicote e reforçando as crenças limitadoras citadas anteriormente.

Muitos terminam "endurecendo" a tal ponto de chegar a desistir dos projetos e mesmo da carreira, por não entenderem ou não assimilarem que os erros fazem parte do processo de aprendizagem, desenvolvimento, amadurecimento da obra, carreira e vida.

Essas questões e aflições são muitas vezes recorrentes aos artistas em diferentes momentos da carreira. Todavia, o mais interessante e gratificante tem sido encontrar muitos deles desejosos por saber mais, interessados em quebrar esse padrão autoboicotador, buscando desenvolver novas habilidades, competências, fortalecer-se emocionalmente e ainda poder lidar melhor com suas realidades e seus ambientes profissionais, de modo que possam realizar mais e dar sentido a suas jornadas.

São indivíduos que se sentem incomodados com a condição em que se encontram, mas seu poder de ação não foi esquecido; ao contrário, foi revelado na busca por transformação, por apoio para entender melhor suas realidades interna e externa, de modo a implementar as mudanças necessárias para um caminho novo e de autorrealização efetiva. E, nesse sentido, o papel do *coach* de carreira para esse público tem ficado cada vez mais nítido e segue se consolidando na minha caminhada.

Público-alvo

O *coaching* musical e artístico é voltado a professores de música, solistas, músicos de bandas, músicos de orquestra, cantores, músicos atuantes em estúdios com editoração musical, produtores musicais, atores de teatro, TV, cinema, *performers*, comediantes, produtores executivos e culturais, assistentes de produção, fotógrafos, dançarinos, bailarinos, artistas plásticos, escritores, jornalistas, cineastas, figurinistas, *designers*, profissionais da área de eventos, maquiadores, radialistas, ou seja, todo e qualquer profissional atuante no âmbito das artes em geral e que deseja direcionamento, ressignificação de carreira ou promover mudanças comportamentais e em sua trajetória profissional.

O método MAMTRA

Em fevereiro de 2015, estruturei o método MAMTRA – um programa de desenvolvimento de carreira para músicos e artistas – e de lá para cá venho trabalhando no atendimento de muitos deles, desejosos de transformação comportamental, fortalecimento emocional, mudança de *mindset*, ressignificação e direcionamento de carreira.

A proposta do MAMTRA é de realização do processo de *coaching* focado em cinco pilares: movimento, autoconhecimento, motivação, transformação e autorrealização.

Pode-se entendê-lo como um processo de *coaching* de carreira voltado para músicos e artistas que visa propiciar entendimento efetivo e materialização da sua arte, seja ela musical, cênica, audiofônica, plástica, visual, cinematográfica ou de outros formatos. A metodologia foi apresentada ao grande público no livro Ação transformadora, lançado em setembro de 2015, ainda que já fosse uma prática e uma realidade muito antes disso.

O MAMTRA é desenvolvido dentro de um prazo mínimo de 90 dias, ou seja, três meses, no caso de sessões semanais, totalizando o ciclo após 12 semanas. No caso de sessões quinzenais, ele será concluído após um ciclo mínimo de seis meses.

Benefícios do MAMTRA

No intuito de qualificar e quantificar os benefícios por trás do processo do método MAMTRA, podemos citar alguns mais significativos:

- Autoconhecimento: ampliação da visão de mundo e de si mesmo;
- Definição de um propósito de vida e carreira, visão, reconhecimento de valores e alinhamento deles com seu o propósito;
- Organização e planejamento: geração de metas e objetivos focados no projeto artístico/carreira;

- Gestão do tempo e do projeto artístico/carreira;
- Posicionamento: otimização do impacto de imagem pessoal e artística;
- Resgate do poder de ação e otimização de resultados;
- Otimização das relações pessoais e profissionais (*networking*);
- Direcionamento, ressignificação ou mudança de carreira;
- Entendimento da motivação como ferramenta de continuidade para manter o projeto artístico/carreira em ação;
- Busca e conexão com o que realmente deseja e se identifica.

A experiência com o método MAMTRA tem evidenciado ser o resgate e o fortalecimento do poder de ação do músico e do artista sobre sua vida, sua carreira e seus projetos, decisivo para as transformações e a implementação de mudanças necessárias em suas realidades. Esse trabalho se faz por meio de intensificado resgate de autoconfiança, quebra de padrões mentais de medo, ansiedade e insegurança, assim como da realização de um levantamento de tudo o que esses indivíduos já realizaram em suas trajetórias, mas que pouco ou mesmo nada internalizaram como resultados alcançados.

Essa dificuldade de assimilação de seus resultados muitas vezes se dá pela crença limitadora de que artista realizador é somente aquele que atinge a fama e o sucesso, entendendo esse conceito somente como presença e alcance da grande mídia televisiva, impressa, grande número de visualizações na internet e redes sociais, e não por suas ações e seus projetos implementados. Essa crença limitadora gera uma miopia significativa nesses músicos e artistas a ponto de também acreditarem que, se um disco, espetáculo, performance não atingem a grande mídia é porque não deram resultado, ou seja, um entendimento imediatista restritivo que venda seus olhos para que não consigam enxergar que uma carreira artística de sucesso perpassa pela continuidade de suas realizações, pelo conjunto de obras lançadas e evidencia sua trajetória de aprendizado, desenvolvimento e amadurecimento como artista.

E isso revela uma visão limitadora de que todos os seus projetos não deram certo, por falta de reconhecimento do outro (público, colegas, imprensa), quando em verdade a sua carreira está sendo fortalecida e consolidada pelo conjunto de suas ações efetivamente implementadas. Ações estas que podem apresentar muito mais contribuições reais a sua comunidade, às pessoas a sua volta do que outros tantos produtos culturais que são por vezes lançados com todo o aparato midiático, todavia sem sentido algum ou mesmo nada contribuindo e não se configurando efetivamente como obra artística agregadora.

É nesse sentido transformador e de gerar uma mudança efetiva de autopercepção e de visão de carreira que o *coach* na condução do método MAMTRA deve atuar como um facilitador para seus *coachees*. Deve contribuir com ferramentas e empoderando-os a buscar autoconhecimento, novos comportamentos, novas habilidades, organização, planejamento, geração e consolidação de novos hábitos; dar suporte para que transformem e ressignifiquem suas crenças, de modo a dar sentido e concretude ao projeto artístico de cada um, visando, por fim, o real alinhamento, direcionamento de carreira artística e autorrealização efetiva dos *coachees* músicos e artistas.

30

Coaching com PNL na prática

Em de mais de 22 anos com a Neurolinguística em consultório e em cursos no CIH para mudanças de comportamentos indesejáveis e de alcance das metas e objetivos das pessoas, viemos compartilhar nossas experiências. Trazemos um *case* de como a PNL pode auxiliar clientes na busca de suas realizações tanto pessoais quanto profissionais, numa melhora na sua qualidade de vida, uma das técnicas utilizadas, *reimprinting* e o método de *coaching* de Robert Dilts

Lúcia Roberta A. Luna
& Cesar Alves Campanha

Lúcia Roberta A. Luna & Cesar Alves Campanha

Psicólogos e Diretores do CIH- Centro de Integração Humana desde de 1983. Possuem as seguintes formações: *Practitioner* em PNL (Centro Dinâmico de PNL–Dr. Walter de Biase) (1994). *Master Practitioner* em PNL (Centro Dinâmico de PNL – Dr. Walter de Biase) (1995). *Trainer Advanced Level I* (Le Touquet– França–1996). Associate Trainer (Málaga– Espanha–1997). *Trainer Training* (Aix-les- Bains- França -1998) credenciado pelo Southern Institute of Flórida e a Society of NLP–Edward Reese e Maryann Reese. *Coach*–PISC (Professional Integrative Sistemic Coach - 2013). *Master Coach* (Metaforum). Com formação em *Coach* Ericksoniano e Hipnose Ericksoniana Avançada (Jeff Zeig). Com formação em Constelações Sistêmicas-com Cornélia Benesch. Formação em *Coaching* Generativo Intermediário com Dilts e Gilligan. *Presence Coaching* com Dilts e Moss (2015) e Constelações Estruturais com Sabine Klenke.

Contatos
centrointegracaohumana.com
contato@centrointegracaohumana.com
(81) 3326-2733 / (81) 99224-2769

Case

Cliente do sexo masculino, 30 anos, relata grandes dificuldades somáticas, isto é, tem um direcionamento emocional das tensões a descarregar no corpo, criando sintomas de doenças somáticas (como alergias, sinusite, problemas de infecções na pele, fibromialgia), o que causa grande sofrimento, medo e sensação de que vai adoecer e vir a falecer.

Foi proposto um trabalho de identificação das possíveis causas originárias dessas somatizações e medos, pois em casos assim se descobriu que a mente cria cadeias neuronais somáticas direcionadoras das energias psíquicas para os sintomas somáticos, reforçando cada vez mais as reações pelo corpo.

A proposta do *coaching* é tentar mapear e identificar o(s) momento(s) traumático(s) que poderia(m) ter gerado e formatado essa cadeia somática no processamento mental do *coachee*. Segundo a neurolinguística, esse processo psíquico, chamado de *imprinting* (uma impressão – *imprint* = gravação), ocorre quando um indivíduo passa por uma experiência emocionalmente significativa, a qual associa forte sentimento e a partir dela forma uma ou mais crenças, que vêm à tona em momentos de emoções muito fortes, provocando uma alteração energética mental, que fornece uma cena primal da origem de uma cadeia neuronal somática, o fato gerador da somatização.

A partir desse momento, a mente da pessoa começa a direcionar as emoções e os sentimentos que tenham similaridades com os da cena primal, desencadeando os sintomas do quadro somático, o que neurologicamente reforça cada vez mais as reações de desconforto.

A técnica que selecionamos para o tratamento dos sintomas somáticos foi o *reimprint*, cujo objetivo é encontrar a cena primal que originou a cadeia neuronal somática, a fim de reformatar este direcionamento psíquico energético muitas vezes inconsciente para novas reações emocionais mais positivas.

A reimpressão é usada no tratamento de traumas, crenças limitantes, sentimentos e comportamentos persistentes na vida adulta (como timidez, insegurança, agressividade, etc.) e em alguns casos de fobias.

O primeiro passo da técnica é encontrar o impasse (dificuldade sintomática) no caso do *coachee* e trabalhar o estabelecimento da linha de tempo dele. Na cena que apresenta os sintomas somáticos, o *coach* vai criar uma associação mental (âncora guia) para que o *coachee* possa se orientar na sequência do exercício, servindo como estímulo na busca de outras cenas anteriores na linha do tempo, até encontrar a cena primal em que tudo começou.

Outros termos técnicos da neurolinguística sumariamente importantes e modificadores do nosso processamento mental e das nossas mudanças de comportamentos são associados e dissociados.

Richard Bandler, um dos criadores da PNL, relata que, quando trabalhava com pessoas fóbicas, percebeu que esses pacientes, ao expressar suas sensações fóbicas, tinham formas linguísticas de falar diferentes; alguns pacientes que ainda tinham os sintomas fóbicos relatavam a cena de sua fobia como se ela estivesse acontecendo no aqui e agora, no presente, isto é, de modo associado à cena vivenciada; ao passo que outros se expressavam de modo diferente, como se as sensações estivessem no passado distante; estes últimos não tinham mais os sintomas fóbicos, que se apresentavam de maneira dissociada, fora dos estados emocionais.

O segundo passo do exercício é a associação na linha do tempo. Faça isso fisicamente, posicionando-se de frente para o futuro e de costas para o passado e caminhando lentamente para trás, passando por cada "fato/acontecimento importante associado ao impasse", até encontrar a cena primal, na qual tudo começou; então, coloque um marcador mental, uma bandeirinha para localizar as cenas que tenham a ver com as sensações e os sintomas similares aos da cena inicial somática temporalmente. Deixe uma "bandeirinha" em cada fato e, em seguida, procure ser levado pela sensação ancorada (associada) com a intenção de que sirva de "guia" nessa busca até chegar ao primeiro evento mais forte emocionalmente – o "evento primal, ou primordial" –, o incidente no qual ocorreu o *imprint*, formando as "crenças básicas"(que são pensamentos ou ideias que operacionalizam nossas estratégias, hábitos sobre as nossas reações comportamentais).

O próximo passo da técnica é identificar as pessoas ou as ausências envolvidas na cena primal que possam ter influenciado o *coachee* no seu *imprinting* (principalmente as crenças que possam atuar de forma limitante), para chegar ao que chamamos de "molécula relacional" – EU e outro(s) envolvido(s) na cena da "gravação". Essa é sua identificação funcional e operacional mental num momento traumático, aquele alguém com quem você passou a se identificar funcionalmente a partir do *imprint*.

Localize uma perspectiva "pré-imprint" (dê um passo atrás do incidente, antes de o *imprint* ocorrer na linha do tempo). Essa é outra estratégia muito rica da PNL; é o que denominamos "dupla dissociação", isto é, além de o *coachee* estar vivenciando a experiência da cena traumática na linha de vida associada e dissociada, nesse momento, inclui-se essa forma da dupla dissociação a fim de buscar a perspectiva do momento pré-imprinting, dando um passo atrás na linha do tempo. Desse "local seguro" e tranquilo, assista ao incidente ocorrido e verbalize as crenças ou as generalizações formadas na cena primal. Geralmente são frases como: "Eu sou fraco, ou impotente, ou covarde"; "Eu sou menos inteligente do que os outros"; "Gostar de alguém é muito perigoso".

Dissocie-se para fora da sua linha do tempo. Esse ponto é a "metaposição ou terceira posição de percepção". Daí você pode ver onde se situa o incidente, o que ocorreu antes e o que veio depois dele. Note que agora as "crenças verbalizam" a partir desse outro ponto de vista. Talvez você veja que fez tudo o que foi possível fazer naquela oportunidade.

Descubra a "intenção positiva" do impasse. Seria proteger você ou preservar a sobrevivência de sua identidade? Pergunte ao seu "eu mais jovem": "Quem está aí com você nessa situação?" Faça o *split* da "molécula relacional", separando seu eu mais jovem do(s) outro(s) significativo(s). Procure a "intenção positiva" (toda ação que perdura em nossa mente tem uma condição de existir; no momento em que foi imprintado tratava-se da melhor maneira de reagir àquela situação e, por isso, essa memória tem de ser conservada) do comportamento de cada uma dessas pessoas.

Determine "os recursos ou as escolhas" que cada "outro importante" e também aquele "seu jovem eu" deveriam ter tido naquela ocasião para que o desfecho tivesse sido produtivo. São recursos e escolhas que não estavam "disponíveis" naquela época, porém você, e tão somente você, os adquiriu ao longo desses anos em que pôde descobrir tantas coisas novas.

Tente captar quais níveis estão precisando de recursos para a mudança necessária e acesse os "recursos necessários". Para tanto, escolha uma poderosa experiência de referência de seu passado, pródiga de todos esses recursos. Reviva essa experiência em sua "linha do tempo" associando-se plenamente. Ancore o "estado de recursos plenos". Depois, transfira-os.

Uma forma de produzir grande impacto é utilizar a "metáfora da luz (imaginar a cor de uma luz para simbolizar o recurso)". Ao atingir o clímax (estado de maior intensidade da sensação) do estado de recursos, imagine-os como um "feixe de luzes coloridas".

Linha do tempo do outro

RECURSO — *Transferir recursos* — RECURSO — Feixe de luz

Eu 1ª posição

"SPLIT"

PRÉ-IMPRINT
Cena antes do trauma

Outro importante

PASSADO — PRESENTE — FUTURO

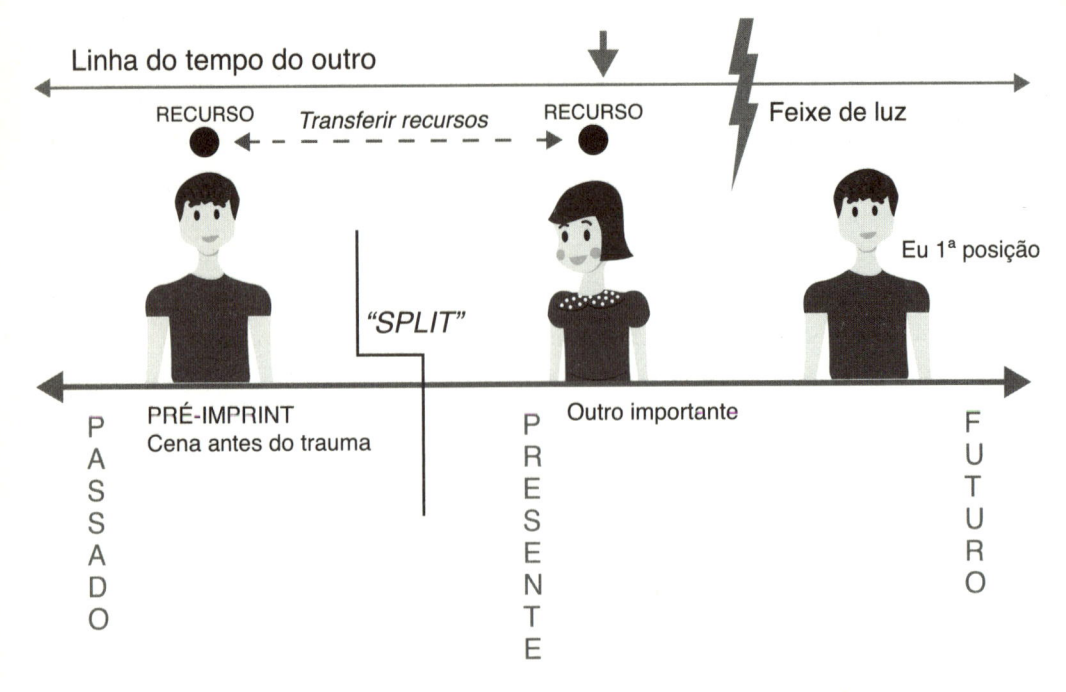

    Escolha a cor, ou combinação de cores, que achar mais significativa com relação aos recursos. Em seguida, dirija esse feixe luminoso a cada "outro importante" no evento, bem como ao seu "eu mais jovem". Perceba como e por onde a luz chega melhor a cada um e as mudanças produzidas no sistema em decorrência da adição desses recursos. Associe-se na relação funcional, atualizando sua identificação de papéis. Entre "na pele" de cada personagem e reviva o incidente do ponto de vista dele após lhe ter transferido os recursos adequados. Mantenha acionada sua âncora de recursos.

    Volte ao presente. Entre agora "na pele" de seu "eu mais jovem", incorporando também a ele os "recursos, as informações e as novas crenças". Com esses recursos e essas crenças novas, caminhe lentamente, observando as mudanças produzidas pelo *reimprinting* ao longo da linha do tempo, desde o seu crescimento até o presente.

    Faça o teste de Ecologia e ponte ao futuro (imagine uma cena futura em que o *coachee* poderia ter uma situação similar à dos momentos de dificuldades, perceba e sinta como ele reagiria. Se a reação for positiva, sem as sensações negativas e os sintomas, a técnica funcionou). O resultado desse trabalho é o que o paciente conseguiu superar as crises somáticas, diminuindo progressivamente suas alergias, seus problemas dermatológicos e sumiram as crises de sinusite. Numa das sessões ele estava com muita dor e não conseguia dormir. Foi aplicada esta técnica e o *coachee* deu um depoimento emocionado que a dor passou 90% e conseguiu dormir.

Aplicamos o *coaching* sistêmico, que trabalha o lado emocional das pessoas, aspectos conscientes e inconscientes, para que possam alcançar seus objetivos futuros com técnicas da PNL, Constelações Sistêmicas, etc.

Trabalhamos com a PNL sistêmica, da terceira geração, que enfatiza o campo relacional, a mente de campo. Segundo Dilts e Gilligan, no *coach* generativo, o indivíduo, quando está no seu melhor, fica conectado com seu eixo, respira melhor e entra em estado de COACH (C = *centered*/centrado; O = *open*/aberto; A = *attending with awareness*/presente com atenção; C = *connected*/conectado; H = *holding*/acolhendo). Já quando está fora do eixo, fica em estado de CRASH. (C = *contraction*/contração; R = *reaction*/reação; A = *analysis paralysis*/paralisia por análise; S = *separation*/separação; H = *hurt and hated*/ferido e odiado).

Quando estamos estressados, nosso diálogo interno tem a tendência de ficar intenso, e nós aplicamos técnicas para diminuir esse diálogo, como a meditação, a de auto-hipnose de Beth Erickson, a do *coach* de Dilts, a de CHART, etc.

Um dos motivos do estresse é que nosso corpo físico sempre está no presente, mas a mente nem sempre. Muitas vezes ela está no passado, vivenciando uma cena de dificuldade, ou está no futuro, provocando ansiedade, ou está pensando nos outros ou na própria pessoa. A técnica do *coach* de Dilts integra corpo e mente no agora, no presente, possibilitando que o indivíduo fique em paz internamente, no seu eixo.

Iniciamos a técnica de *coach* de Robert Dilts pedindo às pessoas que fechem os olhos, entrem em contato com o seu interior e respirem; observem como está a velocidade do pensamento, rápida, média, devagar; observem como está o corpo físico, que partes estão mais tensas, quais estão mais relaxadas; observem os sentimentos, se estão agradáveis ou desagradáveis.

Nossa energia vai para onde colocamos consciência. Quando colocamos consciência no corpo, mente e corpo ficam inteiros no presente. Coloque consciência nos pés, sinta os pés no chão. Os pés no chão são o fio terra, o aterramento que nos liga a esse momento tão especial que é o presente, o agora. Coloque consciência em todas as partes do seu corpo.

Dedique atenção consciente a um ponto dentro da barriga, um pouco abaixo do umbigo. É o eixo do corpo. Sinta a sensação de estar centrado no eixo do corpo, no seu melhor. As artes marciais e a ioga trabalham o indivíduo para que ele encontre seu eixo. Quando colocamos consciência no eixo, voltamos para ele. Sinta o alinhamento da vertical com o céu. Um eixo ereto e ao mesmo tempo flexível, com o qual você pode se curvar e se conectar com o mundo e depois retornar à posição inicial. Você deve imaginar uma cor que simbolize a conexão com o eixo e sentir essa cor dentro de si. Diga a si mesmo: "Eu estou centrado(a)".

Você pode expandir essa sensação, essa cor na altura do peito, no centro das emoções, e sentir a abertura do seu peito, a abertura dos órgãos dos sentidos para tudo o que vier tanto do mundo externo como do mundo interno. Você pode expandir essa sensação para a testa, centro da mente pensante, e sentir sua presença com atenção, acordado, alerta, atento. Pode expandir essa sensação para se conectar com tudo ao seu redor, acima da sua cabeça o céu, abaixo dos seus pés o chão, do lado direito, do lado esquerdo, na frente, atrás. E também pode se conectar com o seu mundo interno, pode expandir essa sensação para acolher, apoiar tudo o que vier tanto do mundo interno quanto do externo, porque são formas de crescermos como pessoa.

Referências
O'CONNOR, Joseph. *Manual de PNL*. Qualitymark. p. 86, 87, 98 e 99, 2004.
DILTS, Robert. *Estratégia da Genialidade III*. Summus editorial. p. 292, 1995.

31

Entre, fique à vontade! A casa é sua!

"Dentro de cada um de nós há uma enorme e verdadeira casa, com lugares expostos, mais sociais, lugares de convívio mais reservado e lugares considerados íntimos onde a gente se esconde e guarda coisas que nem mesmo sabemos. Há verdadeiros tesouros guardados dentro dessa casa e, para descobri-los, que tal experimentar o Agora?"

Luiz Márcio Andrade

Luiz Márcio Andrade

Administrador pelo Centro Universitário UNA de Belo Horizonte-MG, pós-graduado em Gestão de Pessoas e mestre em Capital Humano. Experiência de 22 anos como gestor em instituição financeira, professor de pós-graduação na Fundação Getulio Vargas em Belo Horizonte e em Brasília e na Facitec no Distrito Federal. Palestrante, *professional & self coach* formado pelo Instituto Brasileiro de Coaching (IBC), terapeuta prânico (cura prânica do Mestre Choa Kok Sui) formado pelo Instituto Prana de Brasília, estudioso e pesquisador da Evolução da Consciência Humana há mais de 30 anos.

Contato
luizmcandrade@gmail.com

Há uma cena no filme Poder além da vida, com o ator norte-americano Nick Nolte, em que ele, no papel de *coach*, instiga um jovem atleta a refletir sobre três perguntas e respostas. São elas:

Onde você está? Aqui.
Que horas são? Agora.
Quem é você? Este momento.

Essa reflexão é estranha para a maioria de nós, pois nos concentrarmos no aqui e agora é algo complexo, já que estamos condicionados a quase sempre passar nossos dias "revivendo" fatos e emoções passadas e planejando constantemente o futuro, muitas vezes sob a forma de "pré-ocupação" e ansiedade. São raros os momentos em que nos dedicamos 100% ao presente, ao aqui e agora, de corpo, mente e alma.

Mas e se aceitássemos a provocação de Nolte e praticássemos "o Aqui, o Agora e Este momento" pelo menos por alguns minutos no dia, como seria? O que sentiríamos? Para onde essa prática nos levaria?

É provável que nos levasse a um lugar que é nosso, mas ainda pouco explorado: nossa essência. Um tesouro guardado em algum lugar dentro de cada um de nós que acessamos pouco, muito pouco, de tanta coisa que o encobre, como, por exemplo, crenças de todos os tipos, medos, preocupações e, principalmente, julgamentos. É tanta coisa por cima que, para encontrá-lo, precisamos fazer uma jornada lá dentro onde a gente "existe" e começar a selecionar o que fica e o que deverá ser descartado, até chegarmos a ela: nossa real essência do ser.

Para iluminar nossa jornada, trago trechos de uma das reflexões do grande educador Paulo Freire, que nos diz: "Para você me educar... precisa saber da minha vida... conhecer as funções das coisas nas quais eu creio... precisa me encontrar lá onde eu existo... você precisa estar comigo onde eu estou...".

Trazendo ainda mais luz a essa jornada, atrevo-me aqui a fazer uma analogia desse "lugar onde eu existo" com o conceito de "casa", maravilhosamente elaborado pelo antropólogo brasileiro Roberto DaMatta, que nos faz o seguinte convite:

[...] creio poder encaminhar o leitor-visita para dentro desta casa. Que ele entre nos quartos e percorra os corredores. Que visite as varandas e veja a paisagem de alguma janela. Que fique realmente à vontade e possa sentar-se numa boa e confortável poltrona. Do seu lado estarei sempre atento com um cafezinho, uma água gelada, um refrigerante, uma explicação. Mas, como a casa é minha, tenho limites e meus segredos. Há coisas que não posso ver e há momentos de desamparo e de insegurança criados pela própria arquitetura da casa. Mas pode estar seguro o meu leitor-visita que fiz o que pude e tentei até mesmo lhe indicar o caminho do quintal e da cozinha.

Sob a luz desses dois grandes pesquisadores, trazemos algumas reflexões:

- Somos seres valiosos, muito valiosos, mas esse tesouro está guardado ou até mesmo escondido em algum compartimento de nossa "casa";
- Como toda "casa", nosso lado social é naturalmente o que mais aparece para o mundo exterior, onde predominam nossos comportamentos, moldados por nossas crenças e valores;
- Mas a "casa" também possui alguns cantos, aqueles que somente nós acessamos e onde nos sentimos acolhidos, onde a gente se aproxima do tesouro que é a nossa essência, mas, na maioria das vezes, não chegamos lá, pois nos deixamos levar pelas crenças internas de "menos valia", de tristeza, de preocupação, de julgamento e não merecimento e nos paralisamos de novo. É o ciclo das crenças paralisantes;
- Então, como é possível chegar lá? Para oferecer uma possível resposta, volto à provocação do personagem de Nick Nolte no início do artigo: "Viva o Aqui, o Agora e seja Este momento". Sem qualquer julgamento, sem a tagarelice da mente, simplesmente "seja" por alguns instantes, quantas vezes quiser durante o dia. Neste instante não há cobrança do futuro nem do passado. Você simplesmente é. Respire com calma, agradeça e seja este instante. É no Aqui/Agora/Neste Momento que a gente se transforma, transforma o mundo ao nosso redor e constrói um futuro novo, como uma tela branca aguardando a nova criação do artista;
- Mas e as emoções, como ficam? Aí vai uma dica: suas emoções são o grande combustível para essa jornada para dentro de "casa".

A base de nosso poder são as emoções. Sendo assim, o lugar desse poder está no presente ou no momento em que a emoção acontece, no Agora. O passado já foi; o futuro será criado com base nas escolhas deste momento. Portanto, em nosso local íntimo de poder, em nossa "casa", muitas vezes não explorada, é que podemos construir a mudança que desejamos.

Quanto mais aprendemos a prestar atenção e focarmos no que está ocorrendo em nossa mente, em nosso corpo, em suas reações e sentimentos, no que está ocorrendo externamente, mais nos encontraremos no fluxo da vida, em vez de lutarmos contra ele.

É em nossa "casa" que guardamos "bugigangas" que ocupam espaços e interferem em nossa energia. Podemos chamá-las de velhas e limitantes crenças. Até mesmo algumas que talvez nem soubéssemos que possuímos. Talvez muitas dessas crenças não nos sirvam mais, mas elas ainda estão lá atuantes e ainda nos mantêm presos a padrões limitados. Um exercício interessante é, no momento em que reconhecemos uma crença, se pudéssemos parar por um momento e dizer a nós mesmos: "Não, essa não é mais minha verdade, porque agora eu sei...". Se então substituirmos essa crença por uma verdade mais ampla, descobriríamos que, após fazer isso algumas vezes, o computador da mente substituiria a velha pela nova verdade. Simples assim, mas não é fácil.

Para retirar bugigangas de nossa casa, é preciso coragem. Coragem de rever o que se esqueceu, de se emocionar novamente com um objeto que guarda lembranças, de encontrar até mesmo o que nem sabia que tinha e que pode ter validade no Agora. Revirar crenças, abençoá-las, agradecer a elas e dispensar o que não serve mais é transmutar.

Trazer tudo isso para o Agora é seu lugar de transformação, de transmutação. Quando rimos de forma livre, quando damos gargalhadas, estamos totalmente no presente. Não há passado nem futuro naquele instante, só o presente. Quando se encontra rindo, alegre, com paixão e fascinação pela vida, você segue o fluxo do presente. Nessa imersão de si mesmo no Agora da fascinação, você cria um espaço ou um canal por onde novas informações e conhecimentos fluem.

Isso nos traz outra reflexão: de onde viria o chamado "pensamento original"? Quando você está na alegria do Agora, não há espaço para julgamentos negativos, pelo menos naquele momento. É o que acontece com artistas que, quando estão vivenciando intensamente o momento presente da arte, deixam a criatividade fluir, e novas ideias chegam.

Escolhas e decisões tomadas neste Agora carregam a mesma ressonância. Por isso, sua vida, então, será vivida principalmente em paz, alegria e harmonia, pois nesse momento não há julgamentos, nem críticas, nem preocupações.

No entanto, quando uma situação provoca uma reação contrária, de medo – raiva, agressão, ressentimento, vitimização, inveja, etc. –, o oposto ocorre. Em vez de fluir com o sentimento, tudo se aperta na região da barriga (plexo solar), e essa energia fica armazenada. Eventualmente, esse sentimento armazenado cria doenças e enfermidades, desequilibrando-o e tirando-o do centro da harmonia. Energia foi feita para fluir, não para ficar estagnada.

Se a gente conseguisse lidar com todos os sentimentos à base de medo tão logo eles ocorressem, no Agora, a gente voltaria rapidamente ao ponto central de equilíbrio. É como se você, ao deparar com uma situação adversa, voltasse a sua casa, ao seu local de reflexão profunda, sentasse em sua poltrona, abençoasse o sentimento de medo, reforçasse que você merece ser feliz, que você é divino, não importa a experiência que esteja vivendo, e, logo após esse "banho de casa" e de acolhimento, você estaria então pronto para voltar à rua para fazer sua próxima escolha ou tomar sua próxima decisão do ponto central, e não do ponto de ressonância do medo.

Quando você observa isso de forma lógica, pode ver quão importante é prestar atenção no "Aqui/Agora/Este momento" como o caminho para a sua casa divina. Seu corpo fala com você o tempo todo. Ele lhe diz o que é necessário para sua nutrição, seu descanso, seus exercícios, etc. Você perde o sinal se não está atento. Você perde momentos de alegria e de beleza se não vive o Agora. Você perde oportunidades incríveis de dar e receber amor, de dar carinho, educação ou simplesmente um tempo de atenção.

Quando você se vê em algum julgamento com relação à outra pessoa, entre no Agora e sinta que não há nada fora de você, exceto uma grande oportunidade de conhecer mais sobre si. Um julgamento sobre alguém é baseado em alguma crença ou medo que você tem sobre si mesmo.

Tudo isso o está movendo em direção ao conhecimento de quem você é e para lidar com as crenças limitantes e medos que o mantêm longe do amor próprio, da vida que deseja ter e da vida que merece ter.

Quando vive seu dia a dia, você emprega suas habilidades adquiridas desde a infância para fazer sua vida funcionar, para sobreviver e para obter sucesso em seus esforços. Para muitos de nós, isso pode ser uma luta, maior ou menor. Mas, algumas vezes, quando você acha que está vencendo e sua vida está funcionando, parece que o Universo puxa o tapete e mais uma vez tudo volta a patinar.

A verdade é que tudo está sempre mudando. Não importa o quê, você sempre terá desafios a enfrentar e situações consideradas "negativas" para resolver. O que precisamos é ser cada vez mais quem realmente somos em nossa essência: seres de luz.

O que nos mantém distantes disso são simplesmente nossas crenças de quem a gente acredita que é. O primeiro passo para mudar a realidade indesejada é mudarmos nossas crenças, tendo o absoluto conhecimento de que nós criamos nossa própria realidade. Somos nós que temos poder. Ninguém mais tem poder sobre você, a não ser que conceda esse poder a alguém. Você absolutamente cria sua realidade. Sua realidade externa é o que você percebe ser.

Até que a gente consiga entender que nós mesmos criamos isso tudo, não poderemos alterar nada. Somos vítimas de nossas próprias crenças. Quando vemos algo que criamos e não gostamos, podemos mudá-lo e aí começamos a compreender o incrível poder que somos. Quanto mais você começar a conscientemente criar, mais poderoso fica.

Isso requer que você se torne mais focado no Agora e preste mais atenção naquilo que você anteriormente chamava de "coincidência" ou "acidente", ou o que chamamos de "boa sorte" ou "má sorte".

Nada é aleatório. Tudo é criação e cocriação. Tudo no mundo, cada átomo e molécula de nosso corpo, a gente percebendo ou não, é uma consciência. Pode não ser um tipo de consciência que a gente reconhece, mas certamente tem sua própria vida e despertar. Tudo o que percebemos no físico existe primeiro e simultaneamente num campo energético, antes que possa se manifestar fisicamente.

Como tudo na existência é conectado, tudo impacta tudo mais. Nossos pensamentos e nossas emoções são energias que impactam tudo o que tocam. Pensamentos não vivem em nossa cabeça. Eles são como ondas de rádio que se espalham pelo Universo. Você pode direcionar seus pensamentos, envolvidos em emoções, para qualquer lugar na realidade. Eles não estão confinados no espaço e no tempo.

Desse modo, pode-se ver que nada está separado.

Quando a gente entende a conexão e o impacto que temos sobre o mundo, o poder que somos, então vem a responsabilidade do conhecimento. Sabemos que nossos pensamentos e nossos sentimentos podem melhorar ou poluir o entorno, então somos chamados a assumir responsabilidade e prestar muita atenção ao Agora. Neste momento, respire calma e profundamente, entre em sua "casa", sinta sua grandeza e pergunte: "o que eu quero transmitir para o mundo?"

Quando você está feliz, energizado e distribuindo amor, cuidando e dando atenção com gratidão a tudo à sua volta, algo extraordinário ocorre. Mesmo aquilo que chamamos de objetos inanimados à nossa volta respondem a essa extraordinária energia. Se tivéssemos habilidade de escutá-los, ouviríamos um som de gratidão pela energia que estamos dispensando. Não é questão de fazer alguma coisa, mas sim de SER a própria gratidão e o amor: de SER, não de fazer.

Pessoalmente não creio que a vida foi designada para ser uma punição. Ela foi designada para ser um jogo emocionante, para a gente expressar nossa imortalidade, nossa luz divina na existência física. Basta que a gente sinta isso e se aceite.

Essa é a essência de nosso ser, de nossa verdadeira casa, "lá" onde existimos, e vivenciar o "Aqui/o Agora/Este momento" permite-nos acessá-la.

Por favor, entre e seja muito bem-vindo! A casa é sua!

32

A teoria dos três autos – a chave para a autorrealização

A teoria dos três autos é um modelo dinâmico que foi construído ao longo de múltiplas conversas e exercícios práticos realizados durante as apresentações de meus cursos e *workshops* de *coaching*. Hoje, estou plenamente convicto de que, quando formulada e aplicada com determinação, é a chave para qualquer pessoa atingir a sua autorrealização!

Manuel Cortez

Manuel Cortez

Consultor, fundador do MC Instituto de Coaching, *master coach* executivo e palestrante. Executivo internacional com 30 anos de experiência nas áreas administrativa, financeira e RH, dos quais 20 anos como diretor de empresas multinacionais. Foi formador e professor convidado de cursos de gestão a alta direção de empresas da Associação Empresarial de Portugal (AEP). É graduado em Economia e Gestão pela Faculdade de Economia da Universidade do Porto (FEP). É *master* e *trainer* em Programação Neurolinguística pelo Instituto de Neurolinguística Aplicada (INAP). Certified *Meta Coach* ACMC pelo ISNS do Dr. Michael Hall dos EUA. Possui certificação internacional em *Life Coaching* e *Executive Coaching*. É também especialista em *Self Coaching* e em Eneagrama. Sua atuação rege-se pelas normas do International Coach Federation (ICF), de que é membro efetivo. É também membro da Meta-Coach Foundation (MCF).

Contatos
www.mcinstituto.com.br
mcinstitutomc@gmail.com
(48) 9115-4837

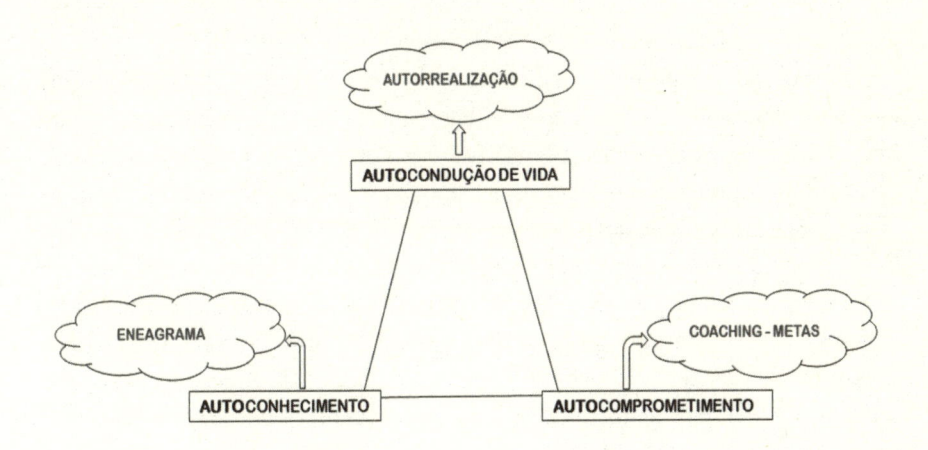

```
        AUTORREALIZAÇÃO
              ↑
    AUTOCONDUÇÃO DE VIDA

ENEAGRAMA              COACHING - METAS

AUTOCONHECIMENTO    AUTOCOMPROMETIMENTO
```

A teoria dos três autos é um modelo dinâmico construído ao longo de múltiplas conversas e exercícios práticos realizados durante as apresentações de cursos e *workshops* de *coaching*. Hoje, estou plenamente convicto de que essa teoria, quando formulada e aplicada com determinação, é a chave para que qualquer pessoa possa atingir sua autorrealização! A questão fundamental que hoje se coloca ao *coaching* é a resposta à pergunta: "Como você pode se beneficiar e transformar sua vida com essa ferramenta e assim atingir o que realmente quer, pode e merece?".

A teoria dos três autos é mais um estudo que prova de forma pragmática que o *coaching* sem resultados de pouco ou de nada serve. Todavia, prova também que, se aplicado de forma correta, é uma ferramenta poderosa, em razão de seu poder transformador. Os resultados obtidos podem ser aferidos pelo nível de autorrealização individual e pela influência positiva sobre os outros a nossa volta.

O que todo ser humano busca no limite é sua própria felicidade, do seu jeito e assente em seus valores, sua cultura e suas crenças. Ora, a conquista da felicidade de cada um depende das condições criadas para que essa felicidade possa germinar em sua vida, do seu jeito e respeitando a individualidade e as diferenças de cada ser humano. O *coaching* nos trouxe um diferencial revolucionário, por permitir que qualquer pessoa, quer seja um simples operário, quer seja o CEO de uma grande organização, possa se beneficiar do conceito e se surpreender ao chegar aonde achava que não era possível.

A descoberta do tesouro que cada ser humano tem dentro de si é que faz do *coaching*, do *mentoring* e da programação neurolinguística (PNL) ferramentas poderosas das modernas ciências humanas e motivou a que muitos, como eu, se interessassem por estudar, descobrir e aplicar em sua vida e na dos outros.

No exercício da profissão de *coach*, e embora existam muitas abordagens diferentes e muitas definições, que obviamente não cabe aqui desenvolver, o mais importante é o cliente. O cliente tem sempre as respostas para seus anseios e seus objetivos de conquistas e mudanças, e não o *coach* profissional, que apenas deve facilitar esse processo de descoberta interna. Nesse jogo, que na prática se traduz numa conversa o mais ajustada possível ao momento e à pessoa, o *coach* deverá usar perguntas simples e assertivas, provocando seu cliente pela resposta positiva e desafiando-o. E é aqui que a teoria dos três autos aparece como um modelo dinâmico e auxiliador do processo, no sentido de que ajuda o *coach* profissional a melhor entender seu cliente e o cliente a melhor perceber os porquês de seu estado atual e a importância de atingir sua autorrealização!

Então surge a primeira ferramenta que muito ajuda as pessoas a avançar em seus processos de melhoria, que é o primeiro pilar da nossa teoria dos três autos: o autoconhecimento.

Quanto melhor você se conhece, melhor sabe seus limites e suas possibilidades e melhor pode controlar suas emoções, que, muitas vezes e quando em excesso, podem atrapalhar seu desempenho. E, para melhor se conhecer, existem hoje algumas ferramentas específicas, sendo o eneagrama uma delas, o qual assenta na compilação de conhecimentos milenares. O eneagrama é um mapa tipológico complexo que nos permite compreender os diferentes tipos de personalidade e suas inter-relações. O termo é oriundo do grego ennéas, que significa nove, e grammos, que significa pontos. O eneagrama apresenta nove padrões de personalidade que constituem um sistema de desenvolvimento das competências emocionais de qualquer ser humano. Pode também ser definido como um sistema dinâmico que permite que cada um descubra o traço principal de seu comportamento, com as características positivas e negativas de sua personalidade, incluindo seu vício emocional. Quando você está em estresse, seu vício emocional pode condicionar seu autocontrole e levá-lo a tomar atitudes ou decisões extremas e difíceis de serem compreendidas, quer pelos outros, quer por você mesmo. Como acontece frequentemente na descoberta do eneagrama, muitas pessoas vivem sequestradas por sua raiva, seu orgulho, seu medo ou sua inveja, sem que tenham consciência desse fato. Essa descoberta vai ajudar e muito a expandir sua consciência e a tomar as rédeas de seu controle emocional. É uma ajuda poderosa na mudança de sua visão de mundo, de comportamentos e na forma de se relacionar com os outros à sua volta.

Outra vantagem fantástica, e não menos importante para todos nós, potenciais clientes do *coaching*, é o conhecimento do padrão comportamental dos outros a nossa volta; quanto melhor conseguirmos identificar o perfil dos membros de nossa equipe ou de nossa família, melhor os compreenderemos, e nossa capacidade de relacionamento melhorará, evitando conflitos e desenvolvendo nossa tolerância para com eles. Por isso, o eneagrama tem hoje tanta aplicação nas empresas como uma ferramenta de autoidentificação do padrão individual de cada um nos relacionamentos e na melhoria da comunicação interpessoal entre as equipes de trabalho, evitando conflitos e fofocas. No processo de *coaching*, se o profissional *coach* conseguir entender qual é o traço principal do comportamento de seu cliente, terá a seu alcance uma informação valiosa que muito o ajudará a melhor conduzir o processo, e seus "silêncios" serão mais fáceis de acontecer. Do lado do cliente, este melhor vai descobrir quanto seu padrão e suas emoções condicionam suas decisões e também quanto seu perfil pode ser seu aliado na conquista de seus sonhos e na realização de suas metas. Por isso, o autoconhecimento é a primeira condição para o sucesso da aplicação de nossa teoria em qualquer processo de *coaching*, tendo em vista a autorrealização individual. Como disse Sun Tzu, filósofo e general chinês em 500 a.C., na obra *A Arte da Guerra*: "Se você conhecer o inimigo e a si próprio, você não precisa temer o resultado de cem batalhas".

Na teoria dos três autos, o segundo pilar resulta do próprio processo de aplicação do *coaching*, em que a formulação de metas se traduz no autocomprometimento.

Seja qual for o tipo de formação em *coaching*, o roteiro ou os pressupostos que você aplica, desde o *self coaching* até o *meta-coaching*, o sucesso depende muito da capacidade de o seu cliente se autocomprometer consigo mesmo a mudar o que pretende, iniciando nova vida com um projeto de mudança, ou simplesmente a colocar em prática aquilo que decidiu, partindo para a ação.

Na aplicação prática do *coaching* e para simplificar o conceito de autocomprometimento, podemos distinguir três etapas que garantirão o sucesso do processo para o cliente:

1ª etapa: necessidade de levar o cliente a fazer um diagnóstico de situação atual de forma realista e aberta, baseado na confidencialidade e na confiança do processo de *coaching*. Cabe ao profissional *coach* criar as condições para que isso aconteça com naturalidade, para que seu cliente se sinta confortável e acolhido. É importante saber ouvir, apoiar e cutucar. Essa etapa ditará a forma de condução do processo de *coaching* e definirá o estado atual do cliente.

2ª etapa: desenvolvimento do estado do cliente por meio de várias conversas de *coaching*; estas poderão ser de clareação dos assuntos, afirmação de intenções, organização das preocupações, tomada de consciência do quadro mental, seleção do que é realmente importante e também de tomada de decisões conscientes para o futuro.

3ª etapa: formulação de metas de *coaching*, de forma determinada, quer na vida pessoal, quer na profissional. Elas podem ser simples e quantitativas ou complexas e qualitativas, como é o caso de metas de desempenho ou de mudanças de comportamentos. Poderá também acontecer, em casos especiais, a necessidade de elaboração de um projeto de vida nova, com várias metas, submetas e planos de ação específicos, quando o cliente quer se desafiar a mudar radicalmente sua vida atual.

O processo de *coaching*, na prática, é uma semente que é deixada na terra trabalhada durante o processo e que se espera germine no futuro, muitas vezes após o término dos encontros e das conversas *coaching*. Então, o que vai determinar o sucesso e o nível de transformação do cliente é o nível de comprometimento com as metas formuladas para o futuro, quer sejam de curto prazo, quer sejam de muito longo prazo. E é esse o segundo poder de nossa teoria dos três autos, o poder do compromisso. No processo de *coaching*, a palavra "meta" significa um compromisso firmado consigo mesmo, como se de um contrato registrado em cartório se tratasse.

O terceiro pilar da teoria dos três autos é a autocondução de vida, que nos levará a alcançar a autorrealização, conceito que reflete com profundidade o controle de nossa vida, e a autoavaliação permanente da realização de nossos sonhos.

Todos percebemos na sociedade atual a importância acrescida de termos o controle de nossa própria vida, por meio de nossas decisões e como estas são influenciadas por fatores externos, assentes nas facilidades de comunicação e nas tecnologias acessíveis a todos. Todavia, essa influência poderosa dos meios de comunicação acaba por moldar nossos comportamentos e nossa forma de pensar. Quando paramos para analisar, muitas vezes descobrimos que não temos total controle de nossa vida. Infelizmente muitas pessoas são meras espectadoras de sua vida e dificilmente atingirão sua autorrealização pessoal.

Para que cada um possa ser o comandante de seu próprio barco, é preciso acessar seus poderes internos e externos, além, é claro, de se conhecer melhor, parar para pensar o que faz aqui e aprender a trabalhar e viver com metas. Os poderes internos são o pensamento e o sentimento. Ninguém pode ser impedido de pensar ou de sentir, mesmo numa sociedade repressiva. Os poderes externos são a ação e a comunicação, que poderão, ao contrário, ter implicações com terceiros, porque sua utilização será sempre condicionada pelo ambiente externo em que cada um vive e trabalha. Ninguém, mesmo na plena convicção de suas razões, pode sair por aí fazendo o que acha ou lhe apetece e falando tudo o que pensa. Então, o segredo para autoconduzir sua vida é se armar com suas crenças e seus valores e acessar seus poderes com equilíbrio. Todos podemos discordar sem agredir os outros e ao mesmo tempo continuar a pensar diferente, sem perder o controle de nossas decisões ou mudar nossas crenças.

O grande criador do conceito de autorrealização, A. Maslow, por um lado, elevou a motivação do ser humano a um nível que antes não era considerado, por meio da pirâmide das necessidades. Por outro, definiu a autorrealização como o objetivo maior da vida, incentivando todo ser humano a se planejar a fim de atingir o máximo de que se acha capaz, sob pena de ser infeliz toda a vida por ficar aquém do que deveria se autopropor e desafiar.

Atualmente o Dr. L. Michael Hall, criador da Neurossemântica, evoluiu o conceito com a matriz dos significados, ao definir os quadrantes em que se encaixam e distinguem as pessoas mais autorrealizadoras, aquelas que conseguem o equilíbrio entre o significado dos seus sonhos e suas capacidades de realização prática desses sonhos.

No processo de *coaching*, o profissional *coach* deverá se disponibilizar a ajudar e desafiar o cliente a ser e se transformar na melhor pessoa possível, a atingir o seu máximo sendo quem é. Ser o melhor que é possível ser, liberando todos os seus potenciais interiores e muitas vezes adormecidos e acessando o que tem de melhor. A autorrealização é o estado mais avançado de sua motivação interior, por ter associado o sentimento de "dever cumprido" com satisfação plena, uma vez que atingiu tudo o que seria possível e o melhor que você pode ser. Por isso, hoje se fala e se aplica tanto esse conceito no mundo corporativo e na liderança de equipes, pois ele reflete o respeito intrínseco por cada ser humano, ao permitir diferenciar o nível de realização individual de cada um, sem comparações ou julgamentos. A medida da realização individual é que vai ditar seu nível de autorrealização.

Pare e ouça sua voz interior, conheça-se melhor e não descarte seus sonhos. Parta para a ação com metas bem formuladas, conduzindo sua própria vida, do seu jeito, de forma prazerosa e determinada, e atingirá tudo o que almeja e merece. Sua autorrealização será o melhor indicador de seu sucesso.

33

Meditação - processo facilitador no alcance da autorrealização

Este capítulo visa proporcionar ao leitor a oportunidade de refletir sobre a utilização da prática meditativa como processo facilitador no alcance da autorrealização. A meditação promove melhora na autoconfiança, na autoimagem, superação de limites, fortalecimento da vontade, possibilitando o alcance de um estado de liberdade psicológica e de autodesenvolvimento

Maria Cristina Pesce

Maria Cristina Pesce

Especializada em Treinamento empresarial na área de RH, Especialista em Medicina Comportamental Multidisciplinar pela UNIFESP. Pós-Graduada Curso Facilitadores de Meditação pela UNIFESP. *Practitioner* em PNL pelo Southern Institute of NLP e Self Instituto de Psicologia; Psicofisiologia do Stress pela ISMA – BR e ISMA – USA – International Stress Management Association. *Master* em Tecnologia da Educação pela Universidade de Salamanca convênio com a O.E.I. - Organizacíon de Estados Iberoamericanos para la Educacíon la Ciencia y la Cultura. Sócia-Diretora e fundadora da Dinâmica – MCP Serv. Ltda. Autora do livro "Meditação e Gerenciamento do Stress no Trabalho" – Edit Scortecci – 2011. Atua como consultora/*coach*, tendo ministrado cursos/palestras na área de RH em mais de 500 empresas brasileiras e estrangeiras.

Contatos
www.dinamicamcp.com.br
dinamicamcp@dinamicamcp.com.br
(11) 3846-3620

Autorrealização significa a realização de nossas próprias capacidades ou habilidades, isto é, expressar plenamente o que somos; implica em autoconhecimento e desenvolvimento pessoal.

Para tanto, é necessário que sejamos capazes de mergulharmos profundamente em nós mesmos, termos uma percepção realista de quem somos, dos demais e do mundo que nos rodeia e de estarmos totalmente presentes, focados no aqui e agora.

A meditação é um excelente instrumento que além de nos ajudar a mantermos o nosso foco de atenção no presente, nos auxilia neste processo de autodesenvolvimento.

O ser humano iniciou as práticas meditativas há anos atrás, quando se reunia em volta do fogo e focalizava sua atenção nas chamas por muito tempo.

Com este procedimento, sua consciência era afastada de seu padrão rotineiro de fugir ou lutar, passando para um estado alterado de consciência, que lhe trazia mais paz, calma e relaxamento, livrando-o de ansiedade. Isso trazia como benefício aos primitivos caçadores maior produtividade na hora da caça.

Meditação tem sido uma prática espiritual e de saúde em muitas partes do mundo, por mais de cinco mil anos. Durante os últimos 40 anos, a prática meditativa ganhou popularidade em países ocidentais como uma estratégia terapêutica complementar mente-corpo para muitos problemas de saúde. Mas, o termo meditação parece ainda estar envolto em um ar místico e mágico, no entanto, não é algo triste nem monótono, praticado por pessoas que possam estar alienadas e também não pertencem a esta ou àquela religião, nem a qualquer cultura específica.

Com o passar dos tempos, a meditação foi expandindo seus horizontes, muito além das correntes místico-filosóficas que a utilizam. Atualmente, esta prática tem sido empregada no meio empresarial e é discutida pela mídia.

Além disso, também vem sendo muito estudada no meio acadêmico e conta com inúmeras pesquisas e publicações científicas no Brasil e exterior.

No entanto, bastante confusão ainda persiste sobre o método. Muitas pessoas dizem que "meditar é não pensar em nada" e, historicamente, esta frase foi muito utilizada e apareceu até mesmo na mídia servindo como alvo de piadas em torno do método.

Por causa disso, muitas pessoas deixaram de praticar meditação e, consequentemente, deixaram de gozar de seus inúmeros benefícios. Quando se fala em "não pensar em nada", na verdade, está se falando no que chamamos de "relaxamento da lógica".

Meditação é um processo que envolve técnica específica, relaxamento muscular, relaxamento da lógica, estado necessariamente autoinduzido, utilização de uma âncora (habilidade de autofocar) Cardoso et al., (2004).

Os aspectos mais relevantes na definição de Meditação parecem ser os conceitos de "âncora" e "relaxamento da lógica".

> Como meditar consiste em utilizar uma técnica que nos ajuda a relaxar a lógica, e essa técnica costuma ser uma espécie de truque para enganar a mente, utiliza-se um artifício de focalização (que chamamos de "âncora") e procura-se focar toda a atenção ali. Seria como colocar todo o pensamento em um único ponto; toda a nossa gigantesca carga de pensamentos em um pequeno foco, como quem tenta colocar todo o mundo sobre uma cabeça de alfinete e esse esforço gigantesco acaba por produzindo um efeito: o estado meditativo. CARDOSO et al., (2007).

Na verdade, pode-se dizer que há vários tipos de âncoras, como por exemplo: focar na respiração abdominal, focar no ar passando pelas narinas, focar na região do plexo solar (parte mais alta do abdômen, à frente do estômago), focar no coração, focar entre as sobrancelhas, focar em algum som, focar em um ponto ou desenho, focar em uma contagem silenciosa e repetitiva (por exemplo, a contagem da respiração).

O ganho em utilizarmos uma âncora está em nos ajudar a não nos envolvermos nas sequências de pensamentos que fatalmente irão surgir durante a meditação. O fato é que todos os dias somos invadidos por uma torrente de sequências de pensamento.

Exemplos de sequências de pensamentos: inicialmente um pensamento surge em nossa mente "Puxa o João não me ligou"; logo em seguida outro pensamento que está encadeado a este aparece: "Será que aconteceu alguma coisa com ele?" "Ele parecia cansado". Então outra sequência de pensamentos surge: "Eu também estou tão cansada e ainda tenho que passar no Banco para pagar a conta que esqueci" " Aliás estou atrasada com este pagamento....Será que vou conseguir pegar o Banco aberto ainda hoje?" E assim por diante..... Estamos praticamente à mercê dessas correntes de pensamentos, frequentemente entregues a esse ziguezague estonteante; e, no dizer de monges budistas, os pensamentos seriam como macaquinhos que pulam de galho em galho (uma hora aparece um, logo em seguida outro e assim por diante).

No instante em que percebemos que estamos envolvidos em uma sequência de pensamentos, geralmente também percebemos que perdemos o foco na âncora. Neste momento, devemos "soltar", "largar", a corrente de pensamentos como se solta um balão ao sabor dos ventos e voltarmos a focar a nossa atenção na âncora, deixando de nos envolvermos na sequência de pensamentos. Logo depois aparece uma outra sequência de pensamentos e, consequentemente, a âncora será novamente perdida. De novo vamos "soltar" a sequência de pensamentos e voltar nossa atenção para a âncora, e assim por diante, sucessivamente. Esse exercício, repetido, com treino frequente, acabará levando ao relaxamento da lógica.

O relaxamento da lógica consiste em, durante a meditação, pretender "não analisar", "não julgar" pensamentos ou efeitos da prática, "não criar expectativas" quanto à prática ou seus efeitos. Para isso, o meditador irá "evitar se envolver nas sequências de pensamentos".

Relaxar a lógica é justamente evitar envolvimento nessas sequências de pensamentos. Mas, acontece que para "evitar nos envolver", teríamos que usar a lógica; seria preciso "comprovar" a existência da sequência de pensamentos, "analisar" a possibilidade de evitá-la, "julgar" se estamos sendo bem-sucedidos em nossa meditação, e assim por diante. E todas essas ações, como comprovar, analisar, julgar, são ações que exigem o uso da lógica e, portanto, não poderiam nos ajudar a relaxar a lógica.

De fato, não podemos utilizar os nossos pensamentos para "reduzir" os próprios pensamentos.

Justamente para driblar este problema, um truque, um instrumento operacional que nos permitisse relaxar a lógica sem ampliá-la e usando a menor proporção possível dela, foi criado: a "âncora" ou artifício de autofocalização.

Durante a prática meditativa "focamos" a nossa atenção na âncora e, sutilmente nos mantemos também atentos para a possibilidade de nos envolvermos em alguma sequência de pensamentos; assim que nos flagramos envolvidos em alguma sequência de pensamentos, retornamos toda a nossa atenção para a âncora e assim sucessivamente. Então, meditar é tecnicamente operacionalizada por meio de um dueto básico, composto por âncora + relaxamento da lógica. Focamos na âncora e relaxamos a lógica; perdemos a âncora, percebemo-nos envolvidos na corrente de pensamentos; voltamos a focar na âncora e voltamos a relaxar a lógica; percebemos nova perda da âncora e novo envolvimento na corrente de pensamentos; voltamos à âncora e mais uma vez relaxamos a lógica; e outra vez, mais uma outra vez, até que atingimos o estado modificado de consciência tão próprio da meditação.

Neste estado, ainda estamos nesta gangorra (âncora e sequência de pensamentos), só que agora de forma muito mais estável e com menos esforço. Conforme vamos praticando a meditação e permanecemos no foco, as alterações psicofísicas decorrentes disso começam a acontecer cada vez mais e, várias estruturas do nosso cérebro são envolvidas durante a meditação, tais como: córtex pré-frontal, giro cingulado, tálamo, sistema límbico além do sistema nervoso simpático e parassimpático, provocando vários efeitos que conduzem à calma e diminuição do estresse.

Dentre os efeitos fisiológicos da meditação destacamos: redução dos níveis de cortisol no sangue (considerado o hormônio do estresse), reduzindo o estresse; redução da hipertensão, melhora da resposta imunológica; aumento da atividade do sistema nervoso parassimpático, reduzindo a frequência cardíaca e respiratória, provocando calma e relaxamento muscular e mental; aumento da capacidade atencional; aumento da capacidade de memória e produtividade.

No que se refere aos efeitos psicológicos da meditação destacamos: diminuição da ansiedade e dos episódios compulsivos; melhora do humor; melhora da autoconfiança e autoimagem; aumento da capacidade de resiliência; fortalecimento da vontade e promoção da maturidade através da prática constante; experimentar um novo modo de ser no mundo leva a um estado de liberdade psicológica e de autorrealização.

Quando meditamos, além de mantermos o foco da atenção em nossa âncora, (que pode ser, por exemplo, a contagem da respiração), ao mesmo tempo temos que nos manter sutilmente alertas para não nos envolvermos em sequências de pensamentos ou ideações (como por exemplo, pensarmos se estamos nos saindo bem ou não na meditação, ou nos seus efeitos e assim por diante). Isso justamente tem o propósito de evitar analisarmos, julgarmos ou levantarmos alguma expectativa sobre o ato meditativo.

Quando conseguimos fazer isto, entramos no estado de "relaxamento da lógica". Quando meditamos, concentramos nossa atenção em uma âncora com tanta intensidade, que acontecem "pausas de pensamentos"; isso não significa que a mente para de pensar, mas sim que deixamos de nos envolver nessas sequências de pensamento.

Então, toda vez que nos percebemos envolvidos por algum pensamento ou sequência, devemos gentilmente soltar esses pensamentos e retornarmos para nossa âncora. O truque é enquanto estivermos focando na âncora, mantermos, ao mesmo tempo, uma atenção sutil para evitarmos nos envolvermos com as sequências de pensamento.

Em termos gerais, poderíamos dividir as meditações em ativas (técnicas com movimento) e passivas (técnicas sem movimento).

Dentre as técnicas ativas, o maior exemplo seria a meditação ao caminhar, empregada por alguns monges, na qual a âncora pode consistir em contar os passos, além de manter toda a atenção na sensação do contato dos pés com o solo. Toda vez que o praticante perceber que está envolvido com sequências de pensamentos, ele volta à âncora da contagem dos passos e do contato dos pés.

As técnicas passivas também podem ser divididas em técnicas com mantra e sem mantra; mantra é um som, palavra ou frase que é recitado repetidamente, geralmente num tom monótomo, sem variação, em voz alta ou silenciosamente, que é utilizado como objeto de concentração. Acredita-se que esses sons produzam vibrações, que provocam diferentes efeitos nas pessoas. Para surtir efeito na nossa saúde física e mental, é aconselhável que a meditação seja feita diariamente, pelo menos uma vez por dia (no mínimo quinze minutos), em local de preferência silencioso, sem interrupções. Portanto, para aqueles que iniciam na prática, é imprescindível autodisciplina, sendo o horário mais recomendado pela manhã ou ao anoitecer.

A título de exemplo, vamos mencionar a Meditação Zazen, que é oriunda da Escola Mahayana Budista, originária da Índia e foi trazida ao Japão vinda da China em 1191 DC.

"Zen é uma prática religiosa com um método único de treinamento da mente e do corpo, cujo objetivo é o despertar, ou seja, a autorrealização". (DAVICH, 2007)

Para a prática é essencial a harmonia do corpo, a respiração e a mente, sendo necessária uma alimentação saudável e em pequenas quantidades. A posição em que a prática pode ser feita é sentada, em lotus ou meio lotus, ou até mesmo em uma cadeira (se possível sem encostar) posicionando bem as mãos, boca e língua, mantendo os olhos meio fechados. Na Zazen, o foco da atenção, a âncora, pode ser contar a frequência das respirações (contagem do ciclo inspiração/expiração). Na prática, iniciantes podem repetir (em voz alta ou mentalmente) o som "um" ou "Ohm" enquanto contam.

Referências
CARDOSO R, Souza E, Camano L, Leite J R. *Meditation in health: an operational definition.* Brain Research Protocols, 2004; (58-60).
CARDOSO R, Souza E, Camano L, Leite JR. *Prefrontal Cortex in Meditation. When the Concrete Leads to the Abstract. A schematical hypothesis, concerning the participation of the logic for "logic relaxation".* NeuroQuantology, 2007; 5:233-40.
DAVICH V N. *O Melhor Guia para Meditação.* 3ª ed. São Paulo: Pensamento, 2007.p.25-236 passim.
PESCE, MC. *Meditação e Gerenciamento do Stress no Trabalho.* 1ª ed. São Paulo: Scortecci, 2011. p. 21-46.

34

Experimente ser você e construa uma carreira de sucesso

Muitas pessoas vivem insatisfeitas com suas carreiras e, consequentemente, com sua vida. Elas querem fórmulas mágicas para alcançar recompensas financeiras e emocionais para só então serem felizes. Porém, não existe fórmula mágica para alcançar uma vida cheia de recompensas. Existem, sim, alguns passos fundamentais. Quer aprendê-los?

Marta Andrade

Marta Andrade

Atua há 16 anos com desenvolvimento de pessoas, dos quais dez deles focados em desenvolvimento de lideranças. *Master coach* certificada pelo Behavioral Coaching Institute, reconhecido pelo International Coaching Council®. *Coach* pessoal, profissional e executivo certificada pela Sociedade Brasileira de Coaching (SBC). Neuro*coach* de liderança certificada pelo Neuro Coaching Center. Possui *Alpha Assessment Coaching* Certification pela Worth Ethic Corporation® (Síndrome do Macho Alfa®). Certificação internacional em teoria DISC e valores da Success Insights International. Possui ampla experiência no ambiente corporativo, atuando por mais de 12 anos nas áreas de Vendas, Marketing, Logística e Recursos Humanos. Acredito muito na possibilidade da colheita e, quando nos conscientizamos disso, podemos influenciar e, muito, no tamanho que ela terá.

Contatos
www.martaandrade.com
marta@martaandrade.com

Em 2010, deparei com uma crise de ansiedade que vinha dando sinais desde 2007. Percebia-me doente, sem reconhecimento emocional e financeiro, sem energia, sem motivos para me levantar e ir trabalhar. Fui a um médico que me alertou sobre esse quadro e com muita firmeza me disse: "Você precisa fazer uma escolha urgente". Eu estava exausta física e emocionalmente. Meu marido estava desempregado, e eu sentia toda a responsabilidade de manter meu emprego, a casa e as nossas necessidades. Não conseguia observar outra saída, meu foco estava no problema. Mas definitivamente precisava tomar uma decisão, precisava mudar, porque, muito mais que minha área profissional, eu precisava resgatar a vontade de viver, de entregar ao mundo meus talentos. Minha vida estava sem sentido e, como escreveu Victor Frankl, "Quando não podemos mais mudar uma situação, somos desafiados a mudar a nós mesmos".

Eu tinha consciência daquela situação, mas não sabia como começar a mudar. Procurei um processo de *coaching* e, depois de muito me vitimizar, ouvi outra frase dura, dessa vez do meu *coach*: "Você não está mudando essa situação por causa do desemprego do seu marido. Você não mudou porque não decidiu. O desemprego do seu marido é apenas uma excelente desculpa para que você continue na sua zona de conforto".

Ouvir isso me doeu muito e lembro-me de não me despedir dele naquele dia. Voltei para casa ainda mais arrasada e disposta a realmente desistir, entregar os pontos para a ansiedade e deixar aquele quadro evoluir para uma depressão. Olhei ao meu redor e não vi onde me apegar. Porém, foi nesse momento que algo especial aconteceu, eu decidi olhar para mim de forma diferente. Decidi observar minhas forças e o que eu realmente tinha de bom. Foi quando comecei a seguir exatamente estes passos que vou compartilhar com você nas próximas páginas.

Quero deixar claro que a única diferença foi o modo como encarei a situação, porque às vezes vejo pessoas esperando por um momento espiritual ou que uma luz entre em seu quarto e ouçam uma voz diferente. Vejo pessoas sentadas, esperando que Deus lhes faça o que elas estão capacitadas a fazer. Aqui não se trata de uma crítica, mas de uma experiência importante para dizer que você tem condição de mudar sua vida. Olhar para a minha vida de um novo ponto de vista foi renovador e me deu condição de criar novas possibilidades. Onde antes eu só via problemas comecei a ver oportunidades, soluções, projetos, parcerias e mudança. Sim, depois de todo aquele sofrimento existia algo novo, melhor, maior.

Quero nestas páginas compartilhar com você essa experiência, que foi a minha e pode ser a sua, em outra esfera ou situação. Espero de verdade poder ajudá-lo a encontrar uma saída, um novo caminho, e a alcançar uma carreira de sucesso, cheia de recompensas emocionais e financeiras, como tenho experimentado apenas cinco anos depois de tomar uma decisão.

Quero convidá-lo a se responsabilizar pela história que quer contar e pela vida que quer construir. Por isso, desenhei uma escada chamada Escada da Responsabilização.

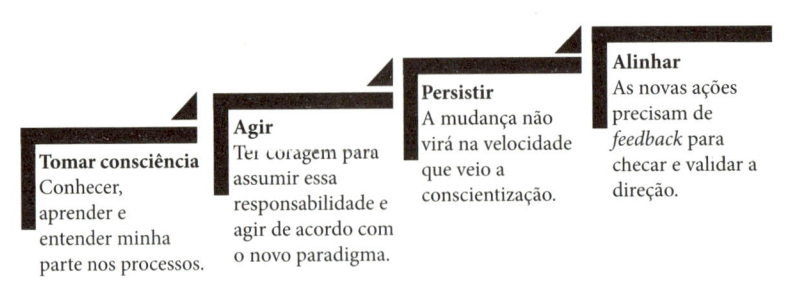

Tomar consciência
Conhecer, aprender e entender minha parte nos processos.

Agir
Ter coragem para assumir essa responsabilidade e agir de acordo com o novo paradigma.

Persistir
A mudança não virá na velocidade que veio a conscientização.

Alinhar
As novas ações precisam de *feedback* para checar e validar a direção.

Nesta escada, o primeiro passo é a consciência. Ao pisar nesse degrau, você deve responder às seguintes perguntas:

1. O que eu realmente gostaria de fazer?
2. Qual é a minha missão nesta vida?
3. Sinto-me realizado fazendo o quê?
4. Em que realmente acredito?
5. Quais são as três coisas mais importantes da minha vida?
6. Qual seria minha recompensa financeira ideal? Escreva um número-alvo.
7. Quais são meus talentos?

Lembre-se de que talento é aquilo que o diferencia, é diferente de competência. Competência é algo que pode ser aprendido e exige certo nível de proficiência. Já o talento é algo que você faz com facilidade e que, geralmente, acha que é normal em você, mas, ao observar os outros, percebe que eles não conseguem ter o mesmo desempenho, às vezes até o procuram para pedir ajuda nesse quesito. O que você faz de diferente que poderia levá-lo a ganhar mais dinheiro e ter mais recompensas emocionais? Como você pode contribuir mais para a sociedade?

Aqui vale lembrar a ferramenta TOP da Novations Group Inc. (2009). Descreva quais são seus talentos e suas paixões e cruze-os, vendo onde os está aplicando na organização. E se não estiver? Vale refletir onde poderia aplicá-los.

Talento · **P**aixão · **O**rganização

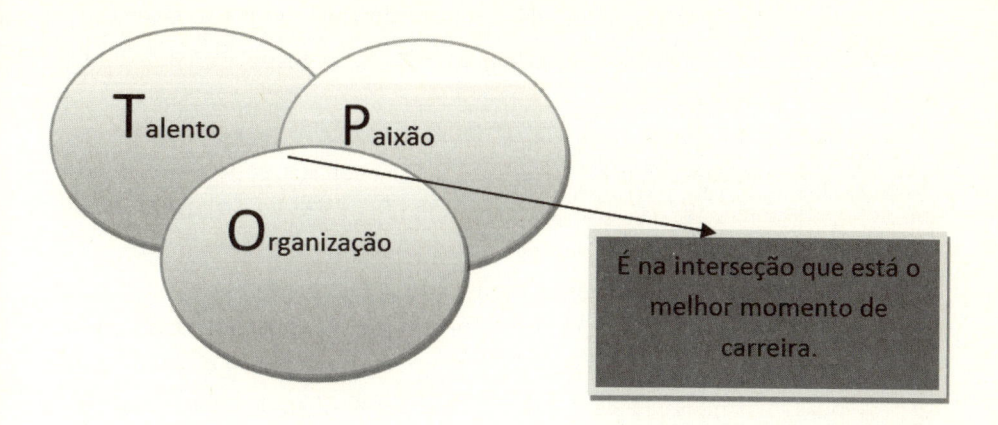

É na interseção que está o melhor momento de carreira.

Tome consciência de quem você é. Muitos de nós passaremos pela vida sem verdadeiramente saber a resposta. Antes de seguir para o próximo degrau, responda a essas perguntas.

O segundo degrau é o do agir. Se você tomou consciência de quem realmente é, de quanto pode contribuir mais e de quanto poderia estar tendo mais recompensas, agora é hora da coragem, é como se olhasse para uma piscina linda, com água limpa e transparente, e, antes de checar a temperatura da água, você pulasse. Nesse degrau não existe espaço para dúvida. Você precisa decidir o que quer a partir da consciência que tomou no degrau anterior.

Vamos supor que você decida ministrar aulas por perceber que possui um grande talento para ensinar. Já fez isso em algumas oportunidades e recebeu *feedbacks* maravilhosos sobre sua atuação. Até pisar no degrau da consciência, isso era apenas uma sensação boa, mas, depois de responder às perguntas anteriores, você percebeu que essa pode sim ser uma oportunidade de carreira que lhe trará recompensas emocionais e financeiras, pois está alinhada com seu propósito. Então, o que você fará de posse dessa revelação? Qual será sua ação agora? Existe um ditado que diz que "quem assenta na garupa não comanda o cavalo", ou seja, se você não toma as rédeas da sua vida, jamais conseguirá ditar a direção que deseja tomar. Alguma circunstância ou alguém sempre fará isso por você. O seu chefe, a falta de dinheiro, o casamento, os filhos... Nesse degrau é preciso ter coragem e agir de acordo com a nova direção que deseja dar à sua vida, por mais que essa decisão pareça absurda para aqueles que o rodeiam, e, acredite, muitos serão contra sua escolha.

Nesse momento, é preciso criar uma visão pessoal. É preciso criar uma imagem mental inabalável de si tendo sucesso, sendo reconhecido. Essa visão pessoal deve estar muito clara em sua mente em todos os momentos em que se sentir abalado. Respire fundo e olhe para essa visão. Veja-se incrivelmente livre, íntegro e legítimo fazendo o que é certo.

Isso não significa ter arrogância, mas, muito diferente disso, significa ser humilde para realizar aquilo que o Universo o comissionou a fazer. Seja humilde o bastante para se reconhecer como parte de um todo e saiba que, portanto, você tem uma responsabilidade a ser entregue.

O terceiro degrau é o do persistir. Tenha certeza de que o sucesso e as recompensas da mudança não virão na mesma velocidade de sua conscientização. Imagine-se subindo naquela sua balança que fica no banheiro do seu quarto. Você se pesa todas as manhãs e percebe que está alguns quilos acima do peso. Porém, quando se senta à mesa no café da manhã come aqueles dois pães com manteiga e café com bastante açúcar. Ao fazer isso, você sabe que está acima do peso, mas não muda suas atitudes, permanece fazendo a mesma coisa.

Conheço muitos profissionais assim, eu mesma fui assim por muito tempo. Estava infeliz, insatisfeita e não fazia nada de novo ou às vezes fazia durante uma semana, mas não conseguia dar continuidade. O cansaço e o desânimo me venciam, e eu voltava às minhas ações de sempre. Criar uma carreira nova que traga recompensas exige persistir no novo, exige dizer à sua mente que está agradecido por ela lhe lembrar o que você fazia antes, que está agradecido por ela fazê-lo sentir medo e duvidar, mas é preciso dizer a ela que esses novos pensamentos não o ajudam a alcançar seu novo resultado. Já estive diante de clientes que faziam a mudança dizendo que não daria certo, então toda a energia cerebral deles era direcionada a frustrar a nova decisão.

Nesse degrau, sugiro que você busque um mentor. Alguém que seja uma referência para você, que já tenha passado por algo parecido, alguém que torça pela sua realização pessoal e profissional; alguém que, no momento da fraqueza, do desânimo e do cansaço, você possa buscar para desabafar, trocar ideias e se animar. Essa pessoa precisa ser muito bem escolhida, não deve ser alguém pessimista e derrotada. Vejo profissionais buscando como referência pessoas fracassadas e nunca entendi isso. Por isso, esteja atento ao escolher seu mentor.

Para continuar persistindo, é preciso criar pequenos alvos. É a velha história de "comer o boi aos bifes". O todo é composto de partes. Qual é sua meta de resultado? Depois do degrau da consciência e do degrau do agir, você tomou uma decisão, e essa decisão deve ser dividida em partes. Então, crie metas parciais que comporão a meta total.

Até:__/__/__
Meta parcial:

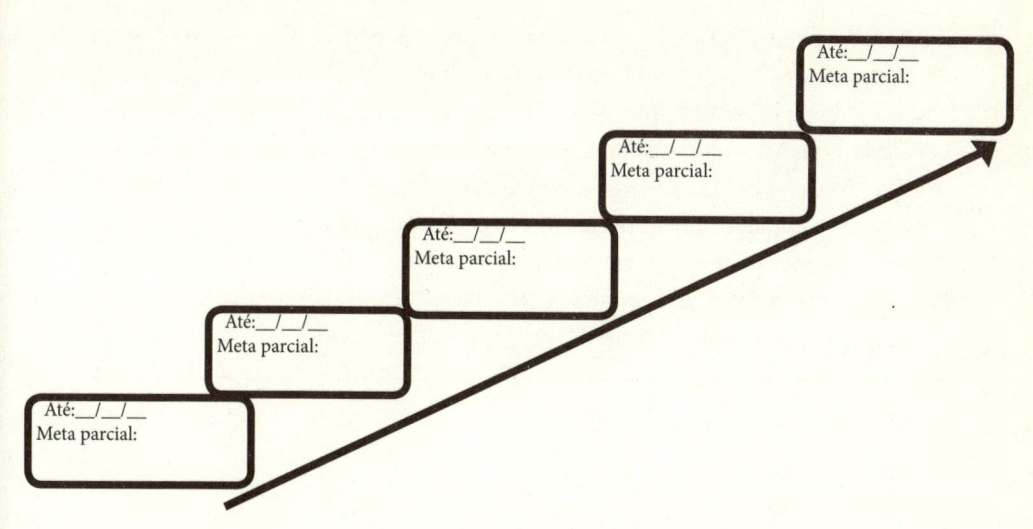

Até:__/__/__
Meta parcial:

Até:__/__/__
Meta parcial:

Até:__/__/__
Meta parcial:

Até:__/__/__
Meta parcial:

E, assim, parta para o quarto degrau da Escada da Responsabilização, o alinhar. Nesse degrau, você deve observar se suas metas parciais realmente o estão levando ao novo resultado. Você deve ser disciplinado, firme e honesto consigo. Crie formas de medir se está tendo o resultado que traçou e, se não está, realinhe. Aqui não vale desistir, é preciso ser adaptável, pois nem sempre acertamos de primeira, até porque estamos aprendendo a ter uma nova carreira, uma nova empresa, um novo posicionamento. A meta parcial que você criou talvez tenha ficado aquém do que você precisava, então é necessário ser mais rigoroso. Vamos supor que você tenha definido buscar cinco novos clientes para o seu negócio. Você os conseguiu, mas eles não deram a renda que a empresa precisava para obter lucros, então será necessário buscar mais quantos clientes? Que valores eles terão de trazer? Observe o aprendizado que obteve com essa ação e já programe as próximas ações. Não perca tempo, seja veloz para construir os resultados que provam para sua mente que essa nova escolha é a correta para sua vida. Não permita que ela comece a desconfiar de não ter tomado a decisão certa. A dúvida enfraquece suas bases e o faz ter ações também frágeis. Ações frágeis não o levarão ao sucesso.

Eu passei por todas essas fases quando decidi abrir minha empresa, a Marta Andrade *Coaching* & Desenvolvimento. Nesses cinco anos pude experimentar muito reconhecimento emocional e financeiro. Já atuei com empresas dos mais diversos ramos e treinei milhares de pessoas. Sinto-me realizada pessoal e profissionalmente. Ter você lendo este capítulo com certeza é uma grande vitória para mim.

Em 2010, quando recebi aquela frase dura do meu médico, não imaginava aonde poderia ir.

Talvez para você tomar uma decisão já seja um grande passo. Tenha certeza, é mesmo. Porém, a decisão é apenas o primeiro degrau; continuar na escada é ainda mais desafiador. O sucesso está em subir a escada e adquirir o aprendizado de cada degrau. Subir essa escada o fortalece para continuar evoluindo no novo caminho que desenhou. Ao evoluir, celebre cada passo, cada meta parcial alcançada. Como orienta a filosofia Huna, "abençoe aquilo que você quer", aprenda a ser próspero e a ser grato. A gratidão abre as portas da prosperidade, que se refere não apenas ao dinheiro, mas também a uma vida com saúde, segurança, amor e relacionamentos fortes e saudáveis. Você pode e merece ter uma vida e uma carreira assim.

Experimente ser você e construa uma carreira de sucesso!

35

Processo de coaching: uma arte

No decorrer do processo de *coaching*, a incumbência maior do *coach* é criar condições para que o cliente repense, reavalie e considere algo que busca e que, mesmo julgando fundamental para si dentro do seu contexto, seja capaz de voltar atrás se esse for o caso. Assim, justifica-se o processo de *coaching* personalizado e individual, flexível, responsável, sério e comprometido

Neide Izabel Minati

Neide Izabel Minati

Personal & Professional Coach, Positive Coach, Líder Coach, Happiness Coach, Practitioner em PNL Sistêmica. Facilitadora em Treinamentos. Profissional com mais de 25 anos de experiência no mercado, atuando como empresária e executiva sênior nas áreas comercial, administrativa, financeira, gestão de recursos humanos e educação. Foi sócia e cofundadora da Crisul Laminadora, e atualmente é sócia e fundadora da Faro Coaching. *Coach* e membro da Sociedade Brasileira de Coaching. Certificação internacional em *Coaching* pelo BCI – Behavioral Coaching Institute e pelo ICC – International Coaching Council. *NLP Practitioner* – Internacional Neuro-Linguistic Programming Systemic. Pós-Gestão de Recursos Humanos – Uninter (Curitiba). Graduada em Letras – URI (Erexim/RS). Especialista em Vendas – Faculdade de Tecnologia Senac Blumenau. Especialista em Desenvolvimento Gerencial pelo SEBRA Coach - Liderança Refinada - FFM Fundação Fritz Muller. Eneagrama Para Líderes - Iluminatta Business. *Master Practitioner* em NLP Systemic - (em curso).

Contatos
www.farocoaching.com.br
neideminatiw@hotmail.com
(47) 3327-3840

Que o *coaching* é um processo que conduz indivíduos e empreendimentos ao atingimento de melhores resultados nas mais diversas situações, sendo, ainda, um meio que oferece custo-benefício interessante e ainda acaba por promover a transformação na vida e nos negócios das pessoas, tudo isso é fato comprovado entre inúmeros indivíduos e empresas.

O sucesso é possível por meio do estabelecimento de parcerias e do comprometimento das partes, com foco, determinação e ação.

Para Timothy Gallwey, o *coaching* é uma relação de parceria que revela e liberta o potencial das pessoas de forma a maximizar o desempenho delas, ajudando-as a aprender ao invés de ensinar algo a elas.

Associar-se é poder se situar com propriedade, conhecer e se reconhecer para um melhor entendimento de si e de sua condição.

"Para ter sucesso verdadeiro, faça quatro perguntas: Por quê? Por que não? Por que não eu? Por que não agora?" (James Allen)

A arte do coaching na prática

Todo bom profissional do *coaching* sabe que, para levar as pessoas ao encontro do que desejam, precisam ou querem e, principalmente, levá-las ao alcance dos resultados, é necessário estar atento quanto à escolha das ferramentas que melhor se encaixam em cada situação.

Antes de tudo, porém, é necessário um diagnóstico inicial, um conduzir à reflexão sobre quais pontos se deseja clarear, quais são as sensações do cliente, seus pontos de melhoria, sua postura diante da possibilidade de alcançar o que deseja e quais são as consequências que poderão acarretar.

Timothy Gallwey, em seu livro *O jogo interior de tênis*, apresenta passos para facilitar e acelerar a aprendizagem do jogador de tênis. Aponta que, no momento de aprendizagem, há dois jogos pela frente: um jogo exterior e um interior.

O primeiro é o mais visível, contra um adversário ou para atingir uma meta. O segundo desenrola-se na mente do jogador, contra obstáculos internos, como concentração, confiança, nervosismo.

Desse modo, ao estabelecer uma meta, deve-se ter clareza do que se quer e se ela é a expressão de seus valores.

O estabelecimento de metas é o passo imprescindível que definirá e justificará cada decisão e ação.

Para entrar em ação, você precisará assumir literalmente o comando da sua vida, comprometendo-se com cada avanço.

Toda ação tem consequências num âmbito maior. Toda meta que se persegue terá consequências para si próprio e para as outras pessoas ao seu redor, princípio este que tem significado tanto para a jornada inicial como para o destino final.

Nesse caso, o cliente precisará dispor de recursos durante a jornada, necessitando, para isso, perceber-se. É preciso se certificar de quais qualidades pessoais, habilidades e capacidades possui e quais necessita desenvolver para alcançar aquilo a que se propõe.

Para tanto, será igualmente importante contar com pessoas para apoio, tempo, conhecimento, inspiração, dentre outros.

Durante a caminhada, a escolha dos recursos, dos métodos e das técnicas poderá fazer a diferença.

Desempenho-mudança-transformação

Trabalham-se todos os aspectos para promover o bem-estar e a melhoria de vida, quais sejam físico, mental, emocional, social, afetivo, financeiro, dentre outros.

Interessante se faz ressaltar que, quanto ao profissional, os aspectos ligados ao desenvolvimento de carreira ou de negócio e executivo são pontos de grande relevância e funcionam como impulsionadores para o alcance de pequenos progressos no decorrer do processo.

Contribui para o alcance de objetivos um planejamento cuja visão seja sistêmica.

Para um desempenho e resultados tão próximos quanto possível do desejado, é necessária a devida atenção para a escolha da metodologia, das técnicas e das ferramentas, além do efetivo comprometimento de quem busca resultados.

Como nosso olhar é direcionado à pessoa em toda a sua dimensão humana, para que possamos conduzir a vida de maneira a alcançar o que desejamos, procuramos ir além da necessidade primeira que a trouxe até a Faro.

De tantos exemplos que atingiram de bons a excelentes resultados, podemos citar três bastante significativos que reforçam a certeza de que cada situação é única e assim deve ser tratada.

Caso 1

O primeiro exemplo é o de um engenheiro que buscou o processo de *coaching* para desenvolver competências para ser líder de equipe.

Na entrevista inicial, procuramos fazer um levantamento prévio de como estava cada área de sua vida: com o que estava satisfeito e o que precisaria desenvolver para chegar a exercer a nova função pretendida com segurança, tranquilidade e competência.

Durante o processo, o cliente foi percebendo que, ao exercer um cargo de liderança, muitas coisas precisam ser deixadas em segundo plano em razão das exigências da função.

À medida que avançavam as perspectivas de estar à frente de uma equipe de trabalho e que percebia que possivelmente teria de alterar sua rotina, não querendo abrir mão de alguns valores, passou a desconsiderar tal possibilidade. A partir desse momento, as sessões foram tomando um novo rumo e significados.

No decorrer das sessões seguintes, foi percebendo quanto evoluíra como engenheiro dentro da empresa. De sete degraus, galgara cinco. E o que isso representava para ele e a família.

Desse modo, passou a considerar novas possibilidades de crescimento na empresa, sem deixar sua função de engenheiro. Optou por investir na carreira dentro da engenharia.

Um plano de ação foi elaborado. Voltou a estudar. Cuidou de trabalhar-se e desenvolver-se nas diferentes dimensões humanas, buscando equilíbrio entre elas. Passou a vislumbrar a subida dos degraus seguintes como uma forte motivação para continuar empenhado nas suas atividades diárias de engenheiro dentro da empresa.

Saiu do processo de *coaching* com expectativa elevada, confiante e satisfeito com sua profissão e sua contribuição dentro da empresa.

O que se quer mostrar com esse exemplo é que, muitas vezes, ficamos insatisfeitos com nosso trabalho por alguma razão pouco substancial e passamos a desenvolver a crença de que, se formos promovidos a um cargo diferente, poderemos ser mais felizes e nos realizar ainda mais. No entanto, ao procurar ajuda para conseguir o que acreditamos ser o melhor, poderemos nos surpreender e voltar atrás por perceber que estamos num caminho de êxito, crescimento pessoal e realização crescente. O que acontece é que, por algum motivo, colocamos nossas esperanças em coisas que poderão gerar mudanças que não desejaríamos e perdemos coisas que nos são de valor inestimável.

Com o processo de *coaching*, procuramos contemplar o cuidado com as quatro dimensões da saúde e bem-estar do ser humano – ou seja, as dimensões física, mental, espiritual e emocional –, com o firme propósito de promover o equilíbrio entre elas, para que o cliente possa conduzir sua vida de modo a atingir o que deseja, sem se descuidar do que é essencial e imprescindível para ter uma vida com qualidade e chances de êxito sem arrependimentos, num futuro muitas vezes mais próximo do que se imagina.

Portanto, no decorrer do processo de *coaching*, a incumbência maior do *coach* é criar condições para que o cliente repense, reavalie e considere algo que busca e que, mesmo julgando fundamental para si dentro do seu contexto, seja capaz de voltar atrás se esse for o caso. Assim, justifica-se o processo de *coaching* personalizado e individual, flexível, responsável, sério e comprometido.

Olhando o ser humano com toda essa complexidade das dimensões, o que o processo de *coaching* faz é conduzir o cliente para o futuro de modo que perceba o que realmente o fará se sentir feliz, realizado e pleno de sentido.

Quem é você? Aonde quer chegar? O que quer ser, fazer e ter? Quando quer? Quais são as opções, as ações e as estratégias para chegar lá? Quanto está disposto e seguro para chegar aonde pretende? Realmente é o que quer?

É fundamental transformar o futuro que deseja em meta. O profissional do *coaching* pode contribuir nessa transformação. A meta vai orientar as ações do cliente, despertando nele a necessidade de desenvolver competências necessárias para chegar lá.

Caso 2

A segunda situação é a de uma simpática cabeleireira, excelente profissional que atua há mais de 30 anos no mercado, que contratou a Faro para ajudá-la a melhorar sua autoconfiança, superar os medos que a impediam de realizar seu maior sonho: montar seu próprio negócio.

No primeiro momento, avaliamos seu estado atual com nível de satisfação em 12 áreas da vida. À medida que transcorriam as sessões, a cliente foi se dando conta de que, se desse atenção especial ao seu estado emocional, poderia alavancar um bom número de outras áreas, gerando maior equilíbrio entre elas.

O desafio seria melhorar o nível de pensamentos e emoções que nutria com muitas crenças que a impediam de perseguir o que tanto almejava. Com o passar das sessões, foi desenvolvendo mais seu senso de tranquilidade e confiança.

Assim que se sentiu mais segura, passamos a planejar seu negócio. Onde, quando, como, quem, recursos, vontade, comprometimento. Nos encontros semanais foram usadas ferramentas para auxiliar no autoconhecimento e na percepção das competências já adquiridas e das que precisariam ser desenvolvidas.

O plano de ação foi traçado, e ela desenvolveu a consciência de que era preciso se comprometer para atingir os resultados almejados. De posse dos dados, com objetivos claros e certa de que era o caminho a seguir, foi se trabalhando e pondo em prática cada desafio a que se propusera e em sete meses teve seu sonho realizado.

Nesse caso, foi fundamental, de início, detectar as crenças limitadoras, resultados de interpretações negativas das experiências vividas e mal resolvidas, mal interpretadas.

No momento que a pessoa se identifica com uma situação, ou um modelo, e a aceita como verdade imutável, pode se impedir de buscar a mudança de paradigmas.

Portanto, é essencial que identificar a raiz das crenças limitantes e como alterá-las para que sua realidade seja transformada.

A ferramenta escolhida de modo criterioso para cada situação torna-se um método eficaz para ajudar a criar novas possibilidades por meio da mudança de percepção interior e encontrar motivos que já se tem, até mesmo para desenvolver a gratidão. A mudança ao redor da cliente começou a acontecer quando foi mudado seu sistema de crenças e valores (lei da atração de atrair o que se sente e pensa), dando a ela a oportunidade de evoluir em consciência e atitudes.

Caso 3

Um casal, ele jornalista e ela empresária, contratou a Faro num momento em que estavam em busca de novas perspectivas e oportunidades de negócio e com o desejo de melhorar o desempenho profissional.

No primeiro momento, fizemos uso de ferramentas com que trabalhamos as dimensões humanas contemplando o cuidado com as quatro – física, mental, espiritual e emocional –, com o propósito de promover o equilíbrio harmônico dessas áreas.

No segundo momento, nosso objetivo foi elevar o potencial deles, desenvolvendo novas competências para impulsionar suas carreiras, aprimorar habilidades de pensamento e de tomada de decisões, promover maior confiança ao executar o trabalho escolhido e trilhar o caminho que os levasse a alcançar seus sonhos.

No decorrer do processo, quatro objetivos foram privilegiados.

Ele não estava feliz na profissão e queria um trabalho em que se realizasse e tivesse aumento de sua renda. Ela, por sua vez, queria se preparar para a sucessão do pai na empresa. Ambos desejavam adquirir o apartamento próprio e fazer uma viagem para Nova York.

Durante as sessões, foram utilizadas ferramentas que contribuíram na formulação de hipóteses e nas tomadas de decisão que levariam à realização dos objetivos propostos.

Ele se matriculou num curso para desenvolver novas habilidades. Venderam um dos dois carros que possuíam e deram entrada no apartamento e, com o dinheiro que economizavam do aluguel, pagavam as prestações.

A viagem, programada para acontecer dali a um ano, aconteceu seis meses depois.

Atender aos anseios do casal em questão, conduzindo-os rumo aos seus objetivos, foi muito gratificante. Com o aumento de seus rendimentos, sua satisfação, seu reconhecimento e seu sucesso, destacaram-se, criando seu diferencial competitivo.

Para a Faro Coaching, a máxima que diz que, gerando benefícios ao outro, se beneficia a si, à empresa e, indiretamente, a seus colaboradores, é verdadeira.

Condições são criadas para que os clientes possam viver sua vida de forma mais plena e de maneira satisfatória. Equipá-los para que se sintam mais realizados, tenham equilíbrio em sua vida e alcancem suas metas faz com que também vivamos de modo mais pleno e satisfatório.

Afinal, como bem disse Henry Ford: "Se você pensa que pode ou se pensa que não pode de qualquer forma você está certo."

"Nada lhe posso dar que já não exista em você mesmo. Não posso abrir-lhe outro mundo de imagens, além daquele que há em sua própria alma. Nada lhe posso dar a não ser a oportunidade, o impulso, a chave. Eu o ajudarei a tornar visível o seu próprio mundo, e isso é tudo." (Hermann Hesse)

36

Canvas como ferramenta de coaching para a autorrealização

O Canvas – modelo de negócios pessoal – é uma excelente ferramenta para apoiar o processo de *coaching*, pois possibilita uma visão ampla e articulada dos elementos-chave, estimula a geração de *insights* para identificar melhores destinos e caminhos para a autorrealização

Reinaldo Koei Yonamine

Reinaldo Koei Yonamine

Doutor em Engenharia com o tema Formação complementar do engenheiro e graduado em Engenharia da Produção pela Escola Politécnica da Universidade de São Paulo (Poli-USP); mestre em Psicologia Organizacional e graduado em Psicologia pela USP; pós-graduado em Administração pela Fundação Getulio Vargas; possui certificações em Programação Neurolinguística (PNL) com Tom Chung, Robert Dilts e John Grinder. Certificação em *Coaching* e *Mentoring* pelo Instituto Holos. Sócio-diretor da DPO – Desenvolvimento Pessoal e Organizacional. Consultor da Formare Consultores Associados. Coordenador do Programa Poli Gestão de Carreira na Associação dos Engenheiros Politécnicos (USP).

Contatos
www.politecnicos.org.br
rkyonip@usp.br
(11) 98383-1541

Este capítulo tem como objetivo apresentar o modelo Canvas, que pode ser aplicado a diversos níveis, do pessoal ao organizacional, para diversas finalidades (carreira, novos negócios, projetos, etc.). Neste artigo, o foco é a sua utilização como ferramenta de apoio no processo de *coaching* para a autorrealização.

Conceitos-chave e modelos a serem utilizados no Canvas

A seguir apresento um breve resumo, não exaustivo, de alguns modelos e conceitos relacionados à autorrealização, para que o *coach* possa apoiar o *coachee* de modo consistente, amplo e contextualizado, utilizando o Canvas.

Fontes de realização e satisfação

Fontes intrínsecas: emergem da própria pessoa como resultado de sua história pessoal, sua personalidade, seus valores e seus interesses:
- Satisfação com a própria tarefa, prazer em realizar a atividade (atender a pessoas, resolver desafios, cuidar de gente, atividades corporais e artísticas, etc.).
- Percepção da expansão do domínio de competências (conhecimentos, habilidades, atitudes e entregas) em direção à maestria e à expertise.
- Possibilidade de usar os próprios talentos e paixões. Em geral, quando se usam os talentos, não se vê o tempo passar, faz-se cada vez melhor (cerne da genialidade) e aprende-se rápido.
- Relacionamentos construídos ao realizar o trabalho, satisfação de conviver com pessoas que aprecia e respeita.
- Trabalho alinhado com o propósito essencial ou missão de vida; quando se tem consciência do propósito, tem-se a resposta às questões existenciais: "Para que estou aqui? Qual é minha razão de existir? Tem sentido fazer o que venho fazendo?". O propósito tem a ver com a percepção de contribuições significativas para outros usando seus talentos e recursos. Nessas condições o trabalho passa a ter um sentido profundo, e experimenta-se o nível do que Maslow chamou de "transcendência" e Mihaly de "estado de fluxo" (veja adiante).

Fontes extrínsecas: são obtidas ou fornecidas externamente. Em geral, são visíveis e mensuráveis e, portanto, costumam ser objeto de comparação e competição.
- Rendas, salários e benefícios tangíveis. São importantes para a sustentação profissional e pessoal, mas não deve ser o principal critério de satisfação e sucesso, apesar da grande pressão social. Assim como não deve ser ignorado para não cair na síndrome do "idealista morto de fome".
- Prestígio e legitimidade baseada na percepção do meio social. Apesar de ser um fenômeno visível e social, tem forte base nas fontes intrínsecas.

A busca da autorrealização deve contemplar todos os fatores, intrínsecos e extrínsecos.

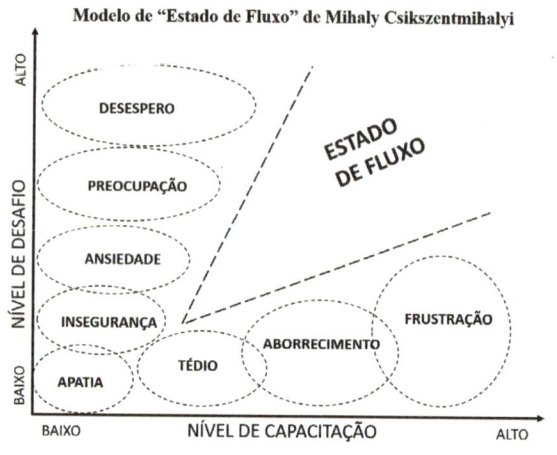

Modelo de "Estado de Fluxo" de Mihaly Csikszentmihalyi

Adaptado de Csikszentmihalyi, 1999

O psicólogo húngaro Mihaly desenvolveu extensa pesquisa para entender a relação entre o senso de realização/satisfação autêntica, o nível de desafios envolvido e o nível de capacitação para lidar com os desafios. Mihaly criou o conceito de "estado de fluxo" para representar essas relações. Conforme representado na figura acima, o estado de fluxo é uma área dinâmica (muda com o tempo e as circunstâncias) que cresce com os níveis de desafios e de capacitação. Isto é, à medida que se desenvolve a capacitação, buscam-se maiores desafios, o que, por sua vez, vai requerer nova e maior capacitação. As áreas que ficam fora do estado de fluxo são:
- Apatia: baixíssimo desafio que requer baixíssima capacitação;
- Tédio, aborrecimento e frustração: quando o nível de capacitação é maior do que o nível de desafio. É o resultado da armadilha da zona de conforto e acomodação
- Insegurança, ansiedade, preocupação e desespero: quando se enfrenta

um nível de desafio mais alto, mas não se está capacitado. É importante calibrar o nível de aspiração com o senso de realidade.

Trabalhar dentro da área do estado de fluxo possibilita que se dê o melhor de si, estando atento ao contínuo desenvolvimento e à busca de desafios significativos.

Modelo de "pontos fortes" de Marcus Buckingham

Buckingham, do Instituto Gallup, desenvolveu um modelo e ferramentas para avaliar "pontos fortes", um dos pilares do autoconhecimento. Pontos fortes são uma combinação de:

- Talento: é o principal componente dos pontos fortes e a fonte das possibilidades de grandes saltos de desempenho. É inato e emerge espontaneamente. Alguns sinais para identificar talentos são aprendizado rápido e prazer em utilizar ("não vê o tempo passar").
- Conhecimento: pode ser factual, informações e dados que em geral são requisitos de acesso, mas não são suficientes para grandes saltos; pode ser empírico (não está presente em livros nem é ensinado em cursos). Tem natureza prática, tácita ou conceitual.
- Técnica: formalização do conhecimento acumulado em sequência de passos ou procedimentos para realizar uma atividade. Pode ser aprendida e desenvolvida com a prática. Não é suficiente para sustentar com consistência quando está em jogo a inovação ou novos desafios.

Na busca da autorrealização é muito importante distinguir esses diferentes elementos dos pontos fortes.

Buckingham defende que devemos priorizar o uso dos pontos fortes em vez de gastar energia desenvolvendo pontos fracos.

O Canvas (quadro)

O modelo Canvas foi desenvolvido a partir da tese de doutorado de Alexander Osterwalder, inicialmente para representar e discutir modelos de negócios de empresas (Business Model Generation). Posteriormente foi desenvolvida uma variante para aplicação pessoal (Business Model You). O Canvas é um quadro composto de nove subdivisões adequadamente distribuídas, as quais possibilitam descrever, analisar e apresentar, de forma sintética, um projeto de negócio ou de carreira. Uma boa prática é preencher os campos com *post-it* coloridos, resultando em um quadro muito rico visualmente.

Benefícios: o fato de ser uma representação em um único quadro que engloba as partes essenciais da carreira possibilita uma visão geral, compreensiva e articulada de todas as partes. Isso facilita a elaboração de ajustes no projeto e a análise conjunta das implicações desse ajuste.

O Canvas com exemplo aplicado à autorrealização:
- Quem ajuda você a realizar seu trabalho? Parceiros e apoiadores.
- O que você faz? Atividades e tarefas, físicas e/ou mentais, realizadas para entregar o valor proposto.
- Quem é você? Talentos, competências, habilidades, interesses e valores, perfil comportamental, resultados de processo de autoconhecimento.
- Como você ajuda? Proposta de valor que possibilita reduzir "dores" (problemas) ou ampliar benefícios.
- Como você interage com o cliente? Relacionamentos para manter vínculos positivos.
- Como o conhecem e como você entrega seu serviço? Canais de divulgação e interação e formas de entregar o serviço.
- Quem você ajuda? Clientes e beneficiados, pagantes ou subsidiados.
- O que custa a você? Custos tangíveis e intangíveis para gerar o valor proposto pelo serviço.
- O que você ganha? Rendas e satisfações pessoais.

O quadro possibilita *insights* à medida que é preenchido. Pode ser feito em qualquer ordem e de forma parcial. As partes podem ser completadas em rodadas aleatórias e com participação de outras pessoas (cocriação). A força do Canvas está na possibilidade de analisar as relações entre as várias partes e identificar soluções ou melhorias.

Referências
BUCKINGHAM, Marcus, CLIFTON, Donald. *Descubra seus pontos fortes.* Rio de Janeiro: Sextante, 2008.
CLARK, Tim; OSTERWALDER, Alexander; PIGNEUR, Yves. *O modelo de negócios pessoal - Business Model You.* Rio de Janeiro: Alta Vista, 2013.
CSIKSZENTMIHALYI, Mihaly. *A descoberta do Fluxo.* R. Janeiro: Rocco, 1999.

CANVAS - MODELO DE NEGÓCIO PESSOAL

QUEM AJUDA VOCÊ
Apoiadores e parceiros

- Mentor
- Coach
- Fornecedores
- Associados
- Familiares e Amigos

O QUE VOCÊ FAZ
Atividades e tarefas

- Gostar do que faz
- Aprender sempre
- Domínio técnico
- Manter foco e visão geral
- Pesquisar e Inovar

QUEM É VOCÊ?
Qualidades e Recursos

- História de vida e Identidade
- Talentos e Paixões
- Competências
- Valores e interesses

COMO VOCÊ AJUDA?
Proposta de Valor

- Atende necessidades importantes e oportunas
- Serviços alinhados com Propósito
- Amplia benefícios e reduz dores
- Desafios que instigam crescimento

COMO VOCÊS INTERAGEM?
Relacionamentos

- Cultivar relacionamentos: Pessoal, redes sociais, telefone
- Grupo de estudo

CANAIS - Como te conhecem e como você entrega os serviços?

- Sessão Presencial, individual ou grupal
- Marketing Digital, Linkedin, Facebook, Youtube
- Associações

QUEM VOCÊ AJUDA?
Beneficiados e Clientes

- Quem, especificamente, necessita e é atendido por sua Proposta de Valor: Pessoas, Comunidades, segmentos sociais, Organizações
- Outros clientes potenciais que podem ser beneficiados por variante da proposta de valor ou de novos canais

O QUE TE CUSTA? Custos tangíveis e intangíveis

- Tempo e dedicação
- $ em Estudos
- Esforço para superar desafios
- Stress e desconforto

O QUE VOCÊ GANHA? Rendas e satisfações

- Gratificação e "Estado de Fluxo"
- $$$ e benefícios tangíveis
- Senso de Realização e Sentido
- Rede de amizades autênticas
- Desenvolvimento Pessoal e Profissional

37

Autorrealização – o trabalho de uma vida!

Como ser aquilo tudo que você está destinado a ser? Como ativar todas as suas capacidades, habilidades? Como se tornar a melhor versão que você quer e pode ser? A psicologia positiva de Maslow, a Programação Neurolinguística (PNL) e seus pressupostos e o *coaching* podem apoiar essa jornada. Aristóteles distinguia ato de potência. Uma vida plena de sentido só pode ser conquistada quando buscamos e atingimos a autorrealização

Reinaldo Paiva

Reinaldo Paiva

Psicólogo, administrador, consultor empresarial nas áreas de Gestão de Pessoas, Treinamento e Desenvolvimento Humano e Organizacional, especializado em Neurociências, Terapias Cognitivas, *Coaching* e Educação de adultos. Pós-graduado em Gestão de Negócio, Programação Neurolinguística, Consultoria Empresarial. Experiência como gerente de RH, *change management* em projetos de implantação de novos processos, consultor de empresas, psicoterapeuta cognitivo, palestrante, facilitador de grupos e *coach* executivo. Membro associado do Instituto Brasileiro de Coaching (IBC) e do Global Coaching Community, habilitado *professional & self coaching, neurocoaching* e *behavioral analyst*.

Contatos
www.ahimsaconsultoria.com.br
reinaldo_paiva@terra.com.br
(41) 8823-8181

> Os que se dedicam à crítica das ações humanas jamais se sentem
> Tão embaraçados como quando procuram agrupar e harmonizar sob uma mesma luz
> Todos os atos dos homens, pois estes se contradizem comumente a tal ponto
> Que não parecem provir de um mesmo indivíduo.
> Somos todos constituídos de peças e pedaços juntados de maneira casual e diversa,
> E cada peça funciona independentemente das demais.
> Daí ser tão grande a diferença entre nós e nós mesmos
> Quanto entre nós e outrem. Como Cícero, crede-me, não é coisa fácil conduzir-se
> Como um só homem.
>
> Michel de Montaigne (1592)

Que o diga Fernando Pessoa, o poeta maior da língua portuguesa do século XX. Quanto poderia ter sido, quão grandioso fora, fracionado em tantas "pessoas" diferentes – heterônimos –, diversas almas em choque, de opinião confrontante e humor mais extremado, num mesmo ser.

Ser gente não é tarefa simples. Gente se faz, não nasce pronta. Gente se constrói, se torna, é uma tarefa que não acaba nunca. É um projeto mais que uma conclusão; uma jornada mais que um destino.

Portanto, autorrealização, ou, em outras palavras, realizar o seu potencial e chegar a ser plenamente quem você é, dá trabalho. E aqui, concordando com os filósofos existencialistas, primeiro recebemos a existência, nos dão a vida, "caímos no mundo". Mas então, ao viver a vida, damos respostas, pensamos, criamos alternativas, respondemos às demandas; assim, é preciso tomar partido, construir a identidade, transformar a presença em ato e emergir-se como pessoa, criar a sua essência, o seu ser. Dar sentido à existência. É isso que significa a máxima "a existência precede a essência"!

Como seres humanos, então, não basta ter vida, é preciso se inventar, se afirmar, reconhecer e ser reconhecido. Mergulhamos num mundo dado, e forças sociais operam para nos formar, nos dirigir e nos enquadrar. Mas em algum momento, em vários momentos na realidade, nos perguntamos por quê? Para quê? É isso mesmo? E declaramos nessas horas – muitas vezes luminosas, noutras sombrias – o que queremos, quem somos, como estamos, o que deixaremos de legado nesta vida, neste mundo, quem queremos ser. O véu do "ser levado por" cai, e ganhamos a "direção, o comando de nosso destino". Assim e aqui começa a verdadeira jornada da individuação, como denominava o psiquiatra suíço Carl Gustav Jung a autorrealização.

Abraham Maslow: as necessidades humanas – foco no potencial humano

Quem elevou o termo autorrealização ao status que tem hoje foi o psicólogo norte-americano Abraham Maslow, que em 1943 apresentou ao mundo pela primeira vez o conceito de hierarquia das necessidades humanas, como parte de um trabalho maior sobre o potencial humano. Na década de 1950, nos Estados Unidos, Maslow foi um dos mais importantes representantes e fundadores da Psicologia Humanista, que tinha como principal foco deslocar a ênfase dada às doenças e às patologias do comportamento humano para o reconhecimento das habilidades e dos potenciais criativos e a saúde mental positiva das pessoas.

Segundo Maslow, as necessidades, e sua hierarquia, desempenham um papel muito importante na motivação das pessoas e consequentemente para a realização de seu potencial.

Ele dividiu as necessidades humanas em cinco categorias ou agrupamentos e instituiu uma espécie de progressão (em estrutura piramidal) – hierarquia –, passando das mais básicas, vitais e fundamentais para a sobrevivência às mais elevadas, psicológicas e existenciais.

As necessidades da parte mais inferior da pirâmide – fisiológicas e de segurança – são aquelas que sustentam a vida, estão mais relacionadas à sobrevivência do organismo, representam a sustentação vital. A não realização dessas necessidades em algum nível compromete a vitalidade, a saúde e o bem-estar do organismo, impactando fortemente na sua sobrevivência. Essas necessidades sujeitam mais fortemente o indivíduo a sentimentos de vulnerabilidade, deficiência ou frustração. As demais necessidades, usando a escala ascendente na pirâmide – relacionamento, estima e autorrealização – são de natureza mais complexa; ativam, disparam e são afetadas por vivências mais psicológicas, emocionais, sociais e existenciais.

Para se autorrealizar e desfrutar todo o potencial humano disponível, as pessoas teriam de realizar, frequentemente, em algum nível, todas as necessidades dessas categorias. Maslow indica que a autorrealização só é possível quando as necessidades dos níveis inferiores estão relativamente satisfeitas. As hierarquias podem ser compreendidas em termos de necessidades de segurança, necessidades de estímulo e necessidades de posicionamento no mundo. Vamos falar um pouco mais sobre cada uma das necessidades.

1. Fisiológicas

São aquelas consideradas mais essenciais e vitais para a sobrevivência, como alimento, água, ar, sono, excreção, homeostase, por exemplo. Elas precisam ser realizadas ou conquistadas em algum nível e com frequência sob pena de o indivíduo perder a vida. Todas as demais são secundárias, pois necessitam antes que estas sejam minimamente atendidas, realizadas.

2. Segurança

Necessidades de segurança ou proteção são aquelas relacionadas à segurança do corpo – roupas, abrigo, vizinhança segura, por exemplo –, à segurança financeira, de recursos, da saúde, seguridade social, ambiente favorável, entre outros.

3. Amor e relacionamento

Também conhecidas como necessidades sociais – ou psicológicas –, incluem o desejo de pertencer, a ânsia de ser amado e amar, ter intimidade, sentir-se aceito, acolhido. Fazer parte de algo maior. Nesse nível a família, as amizades, as parcerias, o romance, a intimidade e o envolvimento com grupos de interesse e organizações sociais, comunitárias e religiosas são fundamentais.

4. Estima ou pertencimento

Nessa categoria estão as necessidades de ser respeitado, valorizado, estimado pelos demais e ter o sentimento de estar contribuindo para a melhoria do mundo a seu redor. Aqui é o espaço da autoestima, da autoconfiança, dos sentimentos de segurança em si mesmos, conquista e respeito. Essas necessidades podem ser satisfeitas por meio da participação em atividades profissionais e sociais significativas, *hobbies* e atividades de lazer e realizações acadêmicas, por exemplo. Ser reconhecido como uma referência ou ser um modelo pode alimentar essa necessidade.

5. Autorrealização

Categoria mais elevada de todas, a necessidade de autorrealização ou de realizar plenamente o seu potencial representa, em poucas palavras, tudo aquilo que uma pessoa pode e é capaz de se tornar. Também chamada de necessidade de crescimento ou de ser, ela engloba a espontaneidade, a criatividade, a busca por solução inovadora de problemas, a ausência de preconceito, a abertura mental, a civilidade, a compreensão da complexidade da vida e o senso de contribuição e cooperação para a posteridade. Representa o mais alto grau de maturidade a que podemos chegar. A sensação de completude e integração com o mundo, com os outros, com a vida.

Quem não quer se autorrealizar?
Quem não gostaria de concretizar todo o seu potencial?
Quem de nós não deseja ser tudo aquilo que poderia ser?

> "Para onde vai a minha vida, e quem a leva?
> Por que faço eu sempre o que não queria?
> Que destino contínuo se passa em mim na treva?
> Que parte de mim, que eu desconheço, é quem me guia?
> Quem sou, Senhor, na tua treva e no teu fumo?
> Além da minha alma, que outra alma há na minha?"
> (PESSOA, 1930)

Ser tudo aquilo que você pode ser passa, portanto, pela busca diária ou frequente de encontrar ambientes, respostas, atividades e realizações nessas categorias de necessidades humanas. Das mais básicas e essenciais às mais fundamentais e existenciais. Para isso, você precisa se conhecer de verdade. Precisa ouvir seus desejos, suas vontades, suas aspirações, seus sonhos e seus anseios mais profundos. Mergulhar nesse território profundo, abissal, subjetivo da personalidade e do ser. Precisa ser capaz de dar voz a eles e descobrir formas de transformá-los em atos, pois o mundo – interior e exterior – muda com atos, e não com intenções. Fácil de falar ou de dizer. Trabalhoso de fazer.

Vários são os caminhos para chegar a um mesmo destino. Alguns solitários, outros acompanhados. Um bom amigo, leal e verdadeiro; um confidente; um parceiro ou parceira de muitos anos; um religioso; um líder no trabalho; um psicólogo ou profissional da saúde; todos, com uma boa dose de vontade, reflexão e consciência, podem ser excepcionais para a jornada rumo à plenitude do ser.

Coaching e Programação Neurolinguística (PNL)

Um dos caminhos possíveis para empreender essa jornada é por meio do *coaching*. Segundo Andrea Lages e Joseph O'Connor,

Coaching é uma parceria entre um profissional (*Coach*) que ajuda a um cliente (*Coachee*) a atingir o melhor em sua vida pessoal e a produzir os resultados que ele quer em sua vida pessoal e profissional. A intenção deste método é similar a outras profissões de suporte: ajudar uma pessoa a mudar da maneira que ela quer e suportá-la na transformação para o melhor que ela possa ser.

Como método de desenvolvimento humano, que encoraja e desenvolve habilidades, o *coaching* tem três pilares:

1. Foco no que o *coachee* quer – estabelecendo metas e objetivos factíveis e viáveis, bem como traçando planos de ação para alcançá-los;
2. Mergulho profundo nas crenças, nos valores, nos conhecimentos e nas habilidades necessárias para a realização dessas metas;
3. Parceria para desafiar crenças limitantes, construindo pontes entre o esta-

do atual e o estado desejado, treinando novos conhecimentos, habilidades e atitudes.

Uma das abordagens, que fundamenta o processo de *coaching*, está relacionada à Programação Neurolinguística (PNL). Iniciada na década de 1970 com os trabalhos de John Grinder, linguista, e Richard Bandler, psicólogo, ela estuda a maneira como estruturamos a experiência subjetiva – como pensamos, sentimos e agimos. O nome dessa disciplina de estudo é proveniente de três áreas: a Neurologia – o estudo da mente e como captamos, processamos e respondemos aos estímulos; a Linguística – como usamos a linguagem para conferir significado às experiências; e a Programação – os hábitos e as ações que estruturamos para responder às demandas e atingir nossas metas. A partir desses estudos, a PNL estabeleceu alguns pressupostos que se coadunam perfeitamente com o trabalho de *coaching* e podem nos ajudar a atingir todo o potencial do que podemos ser. O especialista em PNL Joseph O'Connor, em seu Manual de programação Neurolinguística, descreve os 13 pressupostos da PNL, muito úteis para refletirmos e abordarmos a nossa vida. São eles:

a. Respondemos a nossa percepção da experiência, não à realidade em si;
b. Escolher ou optar é melhor do que não ter nada;
c. Fazemos o melhor que podemos fazer em cada momento;
d. Funcionamos perfeitamente, com as capacidades disponíveis;
e. Agimos baseados em um propósito;
f. Comportamo-nos motivados por uma intenção afirmativa;
g. A mente inconsciente contrabalança a mente consciente;
h. Nossa comunicação gera as respostas que obtemos;
i. Temos os recursos necessários para evoluir, ou então podemos criá-los;
j. Mente e corpo são um só;
k. Processamos as informações através das lentes dos sentidos;
l. Podemos agir a partir de modelos de excelência;
m. Se quisermos compreender, precisamos agir.

O que esses conhecimentos, dessas diversas áreas de estudo, podem nos trazer?

Além de abrir nossos olhos para algumas dimensões da vida que precisam ser cuidadas, eles também nos ajudam a dar direção e sentido à existência. É isso que a ciência faz: dá sentido e direção. É quase como um GPS: o destino é escolha nossa, a jornada pode ser direcionada pelo "aparelho e seu *software*", mas a decisão pelo percurso é nossa e quem vai dirigir é quem escolhe, mais ninguém. Então o que podemos fazer com tudo o que vimos até aqui?

Primeiro, e mais importante, decida-se a enxergar a sua vida através de algumas "lentes" objetivas e consolidadas. Por exemplo, como está seu grau de satisfação das necessidades apontadas por Maslow? Você tem alimentado com frequência e adequação sua fome, sua sede, seu sono, seu descanso, seu desejo de intimidade? Tem respirado bem? Tem criado e construído um ambiente seguro para você? Tem um lar para voltar quando tudo parece estar se perdendo? E quanto ao amor? À amizade? A pertencer a algo e com outros fazer algo que é maior que você, além de você?

Tem sido respeitado? Respeita os outros? Consegue conviver bem com as diferenças? Confia em si mesmo e nos outros? Acredita que hoje realizou todo o seu potencial? Sente-se íntegro? Completo? Feliz? Realizado?

Segundo, avalie suas respostas profundamente e olhe para si mesmo com o olhar afirmativo de quem tem propósitos para fazer o que faz; recursos, capacidades, experiências e habilidades para encontrar alternativas melhores, bem como escolhas, energia e modelos ou apoio para mudar.

Terceiro, e finalmente, existem metodologias e profissionais preparados que podem auxiliar você nessa jornada, que é solitária – porque é sua jornada, e ninguém poderá fazê-la em seu lugar –, mas pode ser acompanhada.

Faça algo a respeito. A hora é agora. Lance-se nessa surpreendente viagem rumo a si mesmo. Do contrário, você corre o risco de sentir-se como Fernando Pessoa descreveu nos versos: "Tudo quanto penso, tudo quanto sou é um deserto imenso onde nem eu estou."

Referências

EDELMAN, Sara. *Basta pensar diferente. Como a ciência pode ajudar você a ver o mundo com outros olhos.* Curitiba: Fundamento, 2014.

GIANNETI, Eduardo. *O livro das citações.* São Paulo: Cia. das Letras, 2008.

KLEINMAN, Paul. *Tudo o que você precisa saber sobre Psicologia.* 2.ed. São Paulo: Editora Gente, 2015.

LAGES, Andrea; O'CONNOR, Joseph. *Coaching com PNL.* Rio de Janeiro: Qualitymark, 2004.

O'CONNOR, Joseph. *Manual de programação neurolinguística.* Rio de Janeiro: Qualitymark, 2006.

38

Você: o grande criador de significados

Dentro de você existe um impulso que anseia torná-lo uma pessoa autorrealizada. Abrir-se a esse impulso é uma oportunidade para se descobrir como um criador de significados e saber como utilizar sua consciência autorreflexiva para criar significados fortes e robustos que poderão levar você a uma mudança de vida com motivação para alcançar os seus ideais

Sandra Regina Amaral Martinhago

Sandra Regina Amaral Martinhago

Psicóloga formada pela UniCesumar. Diretora do Instituto Nefesh, pós-graduada em Psiquiatria e Dependência Química e Clínica em EMDR; *master trainer* internacional *coaching* HCN; *trainer* internacional da Neurossemântica NSTT pela ISNS (EUA) – Michael Hall; *trainer* TFT-Dx – Tought Field Therapy, Three In One Concepts – Advanced One Brain; *coaching* executiva pela SBCoaching; membro da Associação Latina Americana de Coaching do Chile; *coach* de gerentes pela IDEAR da Venezuela; *coach* integral ICI e *coach* de negócios pela Inpact do Chile; criadora do Sistema Nefesh de Terapias Holísticas (SNT); criadora do *workshop* Nefesh, do curso Neurociência Aplicada ao *Coaching*, do curso de Constelação com Bonecos da Autoestima e do curso Sucesso Financeiro; coautora do livro Usos y perspectivas del Coaching: un recorrido por el Coaching Iberoamericano actual (Ril Editores, Santiago, Chile, 2012), Team & Leader Coaching, Literare Books International.

Contatos
www.institutonefesh.com.br
sandra@institutonefesh.com.br
(44) 8404-1951 / (44) 3227-1503

Para você seria importante adquirir qualidade de vida? O segredo para isso está em conhecer os nossos significados.

Significados permeiam toda a nossa vida, e observar quanto eles são fortes e robusto é o que vai garantir uma vida mais satisfatória.

Utilizaremos o método PSEAR do Sistema Nefesh de Terapias Holística SNT e os conceitos desenvolvidos pelo Dr. L. Michael Hall para falar de significados.

PSEAR é acrônimo de "Pensamento, Sensação, Emoção, Atitude e Resultado".

O método PSEAR funciona como um Holon, que é o termo utilizado no Integralismo de Ken Wilber. A palavra holon vem do grego holos, que quer dizer "inteiro" ou "o todo", e on, que quer dizer "entidade".

A utilização desse conceito nos proporciona perceber a realidade de forma mais dinâmica, em vez de procurarmos conceitos que nos deixem imóveis, fazendo com que tenhamos uma representação rígida e fragmentada da realidade.

Um elemento não existe sem o outro, e eles não funcionam de forma autônoma e isolada, mas em um sistema em que se retroalimentam. O método propõe que um elemento faz parte de um sistema maior em que ele está envolvido. Assim, sem Pensamento não teremos resultados, e resultados não existem isolados.

Os resultados não se sustentam quando se busca alcançá-los sem levar em conta o sistema em que ele está. Os pensamentos serão inférteis, caso não se leve em conta os resultados.

Os resultados são fruto de significados; sem significados a vida do indivíduo não faz sentido. Seu bem-estar, sua felicidade, sua motivação, seu sucesso dependem de quão bom você é para dar significados fortes e robustos a tudo o que envolve a sua existência.

Quem é o grande criador de significados?

Alguns levam a vida acreditando que os resultados que obtém fazem parte de uma cruz que se tem de carregar, de um carma, ou julgam não ter muita sorte, achando que o Universo conspira contra.

Tomar consciência de que os nossos resultados são fruto dos significados que damos aos eventos que ocorrem em nossa vida pode fazer uma grande diferença.

Nossas escolhas estão baseadas nos sentimentos armazenados em relação ao que pensamos da nossa história de vida e dos significados dados a esses sentimentos. Esse pode ser o problema ou a solução. Questionar as escolhas seria o primeiro passo para pensarmos quais são os motivadores que nos levam a decidir por um caminho e não por outro.

Imagine-se sendo guiado pela vida como uma marionete dos seus genes, do ambiente em que você foi criado, da sociedade, da religião e dos modelos familiares. Seguir assim, sem nunca questionar, sem levar em conta o que isso significa, é assim que quer viver?

Normalmente utilizamos nossas percepções infantis nas escolhas que fazemos, sem questioná-las, ficando assim fadados a manter comportamentos e privações, o que nos impede de experimentar novas possibilidades e desenvolver o potencial que temos.

Ao ter a habilidade de pensar sobre as questões que envolvem uma situação vivenciada no presente não mais com os óculos da sua criança interior, ferida no passado, mas como adulto que é, deixando as evidências infantis, inevitavelmente estará criando modelos mais potencializadores e eficazes.

Vivemos no piloto automático, e nossas decisões são tomadas em milésimos de segundos, antes mesmo que se abra a boca.

O cérebro em descanso consome 27% da energia do corpo, então não diga que pensar é algo fácil, pois não é, gasta-se muita energia para isso.

Então, o maior desafio é desenvolver coerência entre o inconsciente e o consciente.

Aprender como fazer isso o colocará no controle da sua vida, agora você será o piloto, e não mais um mero resultado de processos inconscientes.

Você é o grande criador de significados ao tomar posse, de forma consciente, do entendimento de que sua vida é fruto dos significados que dá a seus pensamentos, suas sensações, suas emoções, suas atitudes e seus resultados. Assim, tudo se torna mais fácil. Agora basta fazer um levantamento dos significados que não o fortalecem e enfraquecê-los, potencializando, em contrapartida, os que lhe trarão o que realmente deseja.

Método PSEAR
Pensamento

Na maioria das vezes, não conseguimos responder a esta simples pergunta que nos fazem: em que você está pensando?

Acreditamos que sabemos o que se passa em nossa mente. Às vezes, consiste em um pensamento consciente levando aparentemente outro. Mas não é assim que nossa mente funciona. A maioria das impressões e pensamentos surge em nossa experiência consciente, sem que saibamos como eles foram parar lá.

Silenciosamente ocorrem em nossa mente as diversas decisões que tomamos, nossas intuições e nossas impressões.

Estamos tão acostumados com nossos pensamentos que se torna praticamente um absurdo imaginar que deveríamos duvidar deles.

Temos na mente muitas ilusões e devemos ser capazes de reconhecer o padrão ilusório e recordar o que se sabe a respeito dos pensamentos. Se você for capaz de fazer isso, não mais estará à mercê das ilusões. Chamamos essas ilusões de pensamento de ilusões cognitivas.

Mas há um detalhe: se ficássemos questionando nossos pensamentos todo o tempo, seria tedioso. Então, o melhor a fazer é aprendermos a reconhecer situações em que os enganos são prováveis e nos esforçarmos para evitar enganos significativos quando há muita coisa em jogo.

Pensamentos imediatamente levarão a sensações.

Sensações

Os cientistas cognitivos têm enfatizado, em pesquisas recentes, que a cognição é corporificada, ou seja, você pensa com seu corpo, e não apenas com seu cérebro.

Imediatamente após um pensamento, temos uma reação fisiológica, seja esse pensamento consciente ou não.

Quantas vezes você chegou alegre a um lugar e do nada se entristeceu, começou a sentir medo ou quem sabe raiva?

Sabendo ou não o que estamos sentindo, não importa; sentimos da mesma forma. As sensações de uma ou outra forma abrem caminhos para expressar-nos. A ignorância diante de nossas sensações não nos liberta delas.

Buscamos sempre uma forma de alcançar conforto cognitivo. Qualquer coisa que torne mais fácil para nossos pensamentos funcionar com suavidade estamos dispostos a aceitar. E é essa busca de conforto cognitivo que vai predispor nossas crenças.

A sensação de conforto cognitivo vem da ligação forte com a lógica, de associações com outras crenças ou de preferências por uma fonte em que você confia e de que gosta.

Podemos parar nesse estágio e viver tranquilamente o destino de nossa vida, mas, se quisermos nos tornar "seres humanos", o desafio é pensar sobre nossos pensamentos e sobre os sentimentos desses pensamentos.

Emoções

Inteligência emocional não é apenas a capacidade de raciocinar; é também a capacidade de encontrar material relevante na memória e mobilizar a atenção quando necessário.

Na neurossemântica dizemos que emoção é a diferença do nosso mapa mental sobre o mundo (mapa) e nossas experiências no mundo real (território).

Ao tomar consciência dos significados que estamos dando às nossas emoções, podemos desenvolver a capacidade de manejar os estados internos produzidos por elas.

Se reprimirmos uma emoção, ela sempre encontrará um canal de expressão (geralmente fisiológico); o que podemos reprimir é o acesso à consciência das emoções, mas ficaremos à mercê delas.

Cada emoção nos traz uma informação sobre como nosso organismo inconsciente experimenta certa realidade. Essa mensagem será emitida de qualquer maneira. De nós só depende a forma que queremos recebê-la.

Não estamos destinados a ser leais às nossas emoções quando elas aparecem. Devemos questioná-las. Elas não são ordens, mas indicadores da realidade externa, e podem ser falíveis. São registros somáticos dos nossos significados e dão pistas da matriz de nossos modelos internos que direcionam nossas ações. As emoções acontecem dentro de nós em nosso sistema mente-corpo, impulsionando-nos ou paralisando-nos.

Inteligência emocional consiste em saber lidar com nossas emoções. Para tanto, cabe observar que guardá-las, suprimi-las, ignorar a mensagem pode ser catastrófico. O melhor é aprender a soltá-las, dando-lhes novos significados ao fazer novas escolhas.

Somos fabricantes de significados, e eles são mantidos na mente. Experimentamos a vida em estados mentais e emocionais específicos. Nossos estados emocionais estão todos tão inter-relacionados que não podemos separá-los.

Muito do mundo de significados não corresponde à realidade. Cerca de 88% do que vemos é o cérebro mostrando o que queremos ver, ou seja, nossas representações internas armazenadas nos sistemas representacionais (VAC).

Como andam os seus significados? Estão fortalecendo você? Estão empoderando-o? O corpo é programado para encarnar o que acreditamos e está sempre buscando "tornar reais" as nossas crenças.

O que é uma crença? Um pensamento confirmado e os significados que dou a essas confirmações. Pensamentos vêm e vão, mas as crenças ficam como comandos no nosso sistema. Não é a verdade que determina uma crença, mas a confirmação desses pensamentos.

As crenças e os significados são motores para colocar em ação ou não nossos projetos.

Ao adicionar os mais robustos significados em nossa vida, estaremos indo em direção à nossa ânsia de fazer a diferença no mundo.

Como criador de significados, você pode criar e destruir, pode inventar significados positivos ou negativos, escolher os melhores e mais nobres e eliminar quaisquer significados que o diminuam.

O caminho da mudança de significados não pode ser algo ameaçador para você, não pode ser um caminho de destruição da sua história. Faz-se necessário estar seguro o suficiente para querer mudar, estar disposto a ter um novo olhar para essa história e reconhecer que algumas coisas não fazem mais sentido nos dias de hoje.

Principalmente porque você é prisioneiro de seus conceitos e significados, e isso o está impedindo de voar alto, fazendo com que, em vez de ser como a águia, você se comporte como a galinha. Assim, mesmo tendo toda a potencialidade para voar, contenta-se com o solo seguro e em bater as asas a alguns centímetros da terra.

Viveremos e morreremos por nossas crenças. É urgente pensá-las, tirar o ego da frente, e refletir: "Eu quero ter razão ou ser feliz?" Se quiser ter razão, manterá padrões herdados e defendidos sem ao menos pensar sobre eles.

Às vezes frases ditas por colegas ou professores referentes a alguma atividade que não tenha sido realizada com sucesso ainda ressoam em você e proporcionam lembranças da falta de recursos da época. Essas frases estão ainda na mente refletindo a distorção cognitiva que existe. Poucas vezes paramos para pensar que a atividade que não foi possível realizar no passado é extremamente fácil no presente. Mas o significado de incompetência ainda está na mente adulta, como se você ainda fosse aquela criança.

É possível modificar essa ameaça passada. Um dos primeiros passos é assumir que hoje você está suficientemente seguro para mudar. Você não é o comportamento do passado, tem seu valor incondicional. Desenvolver a autoestima é o primeiro passo para eliminar as fontes de ameaça.

A dinâmica que cria as limitações que nos aprisionam e nos privam da autorrealização é o medo de si mesmo e proteção contra si mesmo (Hall, 2009).

O próximo nível de nossa performance e competências são as escolhas que nos levarão à ação.

Ação

Quando encontramos um grande porquê na vida e acreditamos que isso é valioso e importante, colocamo-nos em ação.

Ao utilizar nossa mente para investir valor e merecimento em nossa vida, eliminamos as distorções, e isso nos empodera para a autorrealização. Traduzimos nossas grandes ideias em comportamentos que nos levam a desenvolver nosso modo de ser.

Isso nos levará a resultados, a uma vida autorrealizada, vivendo por nossos mais altos significados.

Resultados

Imagine-se capaz de viver em harmonia com seus dons e suas possibilidades só pelo fato de pensar suas representações, verificar que valor tem atribuído a si mesmo e qual valor tem concedido às palavras que escuta, além de dar a tudo isso novos significados mais empoderadores. Quando faz isso, você se centra; assume seu valor incondicional. Você é você, e não o que faz e possui, as competências que tem ou não. Você tem alto valor, que é incondicional, nada pode ameaçá-lo, e os resultados virão. Só você é capaz de ressignificar os acontecimentos de sua vida por meio da mudança de sua visão de mundo e transformar-se em protagonista de sua história.

No link a seguir disponibilizo um áudio que proporcionará uma experiência para a mudança de significados:

http://goo.gl/WEoJR0 ou www.youtube.com/watch?v=l3qf8JGoyPQ

Referências

ANWANDTER, Paul. *Introducción al Coaching Integral ICI.* Santiago: RIL Editores, 2008.

HALL, Michael L. *Unleashed: A Guide to Your Ultimate Self-Actualization Meta-Coaching.* Washington, D.C.: Library of Congress, 2007. v. 3.

HOFFMANN, Wolfgang. *Creencias limitantes.* Venezuela: Editorial Melvin C.A., 2013.

KAHNEMAN, Daniel. *Rápido e devagar: duas formas de pensar.* Rio de Janeiro: Objetiva, 2012.

39

Qualidade de vida

Os modelos corporativos e sociais desencadeiam comportamentos individualistas e exagerados na conquista do "ter e ser alguém", comprometendo a qualidade de vida. Cada vez mais pessoas descontentes e frustradas analisam mais profundamente como planejar melhor o futuro, viver melhor o presente e resolver de forma eficaz o passado. "Qualidade de vida" agora passa a ser uma conquista

Silvio Laranjeira

Silvio Laranjeira

Empresário; *personal & professional coach*; terapeuta individual em Programação Neurolinguística; radiestesista (harmonização de ambientes com radiestesia, radiônica e feng shui); mestre em pentagrama. Especialista em *Personal and Professional Coaching* pela Sociedade Brasileira de Coaching (SBC), facilitador: Villela da Matta e Flora Victória; *master practitioner* em Programação Neurolinguística – Delphos e Associados – facilitadores: Valderez Ferreira e Ione Laranjeira. Formação em radiestesia, radiônica e feng shui (equilíbrio e harmonização de ambiente) – facilitador: Francisco Borrello; mestre em Pentagrama, equilíbrio energético, estudo dos chacras e harmonização pessoal – facilitador: Daniel Atalla.

Contatos
silviolaranjeira.com
silvio@silviolaranjeira.com
(11) 97178-3468

Felicidade

Quando falamos em felicidade, queremos dizer exatamente o quê?

Falar em felicidade nos coloca na posição de observador, como se fôssemos incapazes de expressar a palavra adequada, então procuramos motivos para "estarmos felizes". Temos uma compreensão muito limitada do que realmente é felicidade, então vivemos em busca de algo externo e conseguimos o que chamo de "pequenos estados de felicidade". Experimentamos essa sensação quando conquistamos atenção carinho e compreensão das pessoas que amamos, mas também quando adquirimos algo, como um carro ou uma casa.

Tudo o que se refere à felicidade parece estar no externo, fora de nós, e assim dependemos do externo como um bebê depende da mãe no primeiro ano de vida, sem conseguir fazer coisas básicas como se alimentar ou outra atividade qualquer que seja determinante para a própria sobrevivência.

Dependemos do externo para saber se somos aceitos, amados e admirados, mas procuramos amor e aceitação em outras pessoas que também têm as mesmas deficiências e procuram exatamente as mesmas coisas.

Dessa maneira, vivemos uma eterna barganha de sentimentos, então não é difícil perceber que nos apegamos a bens materiais com muita facilidade, basicamente para conseguir alguns "pequenos estados de felicidade".

Compramos, compramos e compramos, mas onde está fixado o alicerce da felicidade que tanto procuramos? Quando então começamos a perceber que pouca coisa nos preenche de felicidade, saímos em busca desse alicerce dentro de nós.

Realização

A palavra realização tem as seguintes definições: "ato de realizar, execução, concretização"; "sensação de satisfação, no que diz respeito ao sucesso alcançado numa atividade, profissão ou carreira".

Dividindo a palavra, teremos: "real / ação" ou "ação verdadeira", isto é, a realização pessoal não é o objetivo alcançado, não é o fim da caminhada, mas é o próprio caminho que nos leva a um objetivo que, em primeiro lugar, sonhamos;

depois, planejamos; em seguida, determinamos a rota a ser seguida e, enfim, nos empenhamos em alcançar e concretizar o sonho que deu origem a essa ação.

Pensando dessa maneira, você perceberá que não pode haver fim na busca pela "sensação de satisfação" que temos ao atingir um objetivo, pois, quando acabamos de concretizar um sonho, outros terão de nascer e fluir em sua jornada repleta de movimentos e ações até alcançar a plena realização e a satisfação da conquista.

Certamente o maior erro que podemos cometer é desejar ou criar o objetivo para outra pessoa. Vemos pais sonharem para seus filhos a formação ideal, como médico, engenheiro, etc. O esforço deles para criar e educar os filhos sempre foi e sempre será a maneira ideal e correta pela qual a humanidade evolui constantemente, porém não podemos ter como objetivo de vida algo que está fora de nós ou que não dependa exclusivamente de nós.

Outro equívoco muito comum é crer que em algum momento da vida você vai parar de trabalhar, se aposentar e descansar ou, quem sabe, ganhar na loteria e viver de renda. Ledo engano... Quando paramos de sonhar, planejar, determinar como e concretizar novos objetivos, não há mais vida, não há mais ação, ou seja, adoecemos e morremos. Será que isso se encaixa em realização ou felicidade?

De que maneira então conquistamos felicidade e realização? Vendo assim, parece tarefa impossível, mas, acredite, não é. Observando pessoas felizes e realizadas, independentemente da idade – pode ser um jovem de 25 anos ou um grande jovem de 89 anos, a idade não importa –, e analisando-as bem de perto, você verá que a construção de sonhos na vida delas é contínua e vem revestida da real "ação de viver".

O que fiz com o meu tempo?

Analisando apenas este momento, o momento presente, pergunte-se: "Está sendo proveitoso? Estou vivendo minhas possibilidades ou apenas vivendo no fluxo dos acontecimentos?".

Com a intenção de informar a população, os noticiários estão aí nos colocando cada vez mais para baixo, cada vez mais temos a sensação de impotência diante de todos os erros do nosso governo, da nossa polícia e também da falta de ética de nós, cidadãos. Sim, estou certo de que algo tem de ser feito para o progresso e o bem-estar de todos. Mas vamos trazer esse assunto para dentro de nós, avaliando o que fizemos nos últimos nove meses. Separe uma parcela pequena do seu precioso tempo e faça uma lista do que fez nas diversas áreas da sua vida:

- Qual foi o crescimento profissional atingido por você nos últimos nove meses?
- Quanto você tem investido de tempo e de dinheiro para seu crescimento profissional?

- De que maneira você conduziu seus assuntos financeiros nesse período?
- O que foi feito para seu crescimento intelectual (por exemplo, cursos, palestras, livros)?
- Houve crescimento espiritual? Hoje você está melhor como pai/mãe, como filho, como companheiro no seu relacionamento amoroso e como cidadão? Eticamente você está melhor do que era meses atrás?
- Como foi o trato com seu corpo? Sua alimentação está mais balanceada? E aquela dor, você procurou saber o que a está causando? Houve investimento na sua aparência?
- O emocional está mais equilibrado? Sentimentos como medo, baixa autoestima, depressão, angústia, solidão, sensação de estar atolado em problemas que não são seus, de que maneira você cuidou e está cuidando desses assuntos?

Vamos lá, faça sua lista. O bem mais precioso que possui é "você mesmo", e o segundo é "seu tempo". Invista tempo em você, não tenha medo de encarar sua lista, tudo pode ser mudado, alterado, conduzido de outra maneira.

Certamente o ano acabará daqui a alguns meses, mas sua evolução pessoal não. Você vai ter de conviver consigo mesmo pelo resto da vida.

Faça sua avaliação. Não espere a vida lhe impor situações desagradáveis, problemas todos temos o tempo todo. A vida é um grande desafio.

A escolha é: estou vivendo bem como sou ou posso melhorar?

Dez anos!

Brincando de imaginar como estarei daqui a dez anos, entendo que 2026 certamente será um tempo diferente. Pensando em assuntos cotidianos, imagine como será o trânsito? E o clima? A saúde pública? Em que ponto estará a tecnologia? Quantas doenças novas surgirão? Quantas curas terão sido alcançadas? E "eu", como quero estar? O que estarei fazendo? Quantas coisas novas terei aprendido?

Hoje já temos consciência de que nosso futuro é construído no nosso presente. O presente construímos com a sabedoria adquirida no passado filtrada por nossas crenças e valores. O passado definitivamente não pode ser modificado, é apenas uma bagagem de experiências boas e ruins.

Observando tudo isso, percebo que não é uma brincadeira, mas um projeto de vida. Posso escolher continuar exatamente como estou, seguindo as mesmas crenças e valores que adquiri com as experiências passadas, e chegar a 2026 mais velho, com a sensação de que a vida continua igual, de que algumas coisas cotidianas mudaram, mas nada melhorou na minha vida.

Um projeto de vida, por menor e mais simples que possa ser, me coloca na posição de motorista ou condutor das escolhas que faço, ou seja, conquisto a posição de protagonista de minha história.

Quando pegamos um táxi, a primeira pergunta que o taxista nos faz é: "Para onde você quer ir?", e a informação tem de ser completa – rua, número, bairro, cidade. Não basta informar o bairro, pois apenas com essa informação você certamente não chegará ao destino pretendido. Nosso cérebro é exatamente como o taxista, por isso temos de definir de forma clara aonde queremos e desejamos chegar. Por exemplo, não basta informar quanto você deseja ganhar mensalmente, é preciso também informar como você vai ganhar esse dinheiro. E a saúde, como você quer estar daqui a dez anos? Certamente a resposta a essa pergunta é "gozando de plena saúde", mas como? Com quê? De que maneira vou cuidar de mim? Por exemplo, você pode fazer um projeto de saúde, com exercícios programados, ioga ou tai chi chuan, dança de salão; determinar com que frequência fará exames clínicos para prevenir diabetes, problemas cardíacos, dentários, etc. Não basta chegar a 2026 vivo. Certamente quero chegar vivo, mas com muita qualidade de vida, em todas as áreas da minha vida: melhorar meus relacionamentos, melhorar profissional e financeiramente, melhorar meu convívio familiar, melhorar minha saúde, minha disposição, minha cultura, e assim por diante.

Parece difícil, mas não é. Basta reservar um tempo do seu dia ou da sua semana e começar a fazer esse planejamento. Peça ajuda a quem também pensa assim, não tenha medo de ousar. Você é mais forte e tem mais poder do que parece. Tente experimentar, você pode e deve cuidar do bem mais precioso que tem: "sua própria vida".

Criar e recriar, fazer e desfazer... há um tempo e uma sensação para tudo

Há uma inquietação na mente humana tão enraizada no dia a dia que vivemos sem nos dar conta das pessoas que passam pela nossa vida, dos lugares que conhecemos, dos aprendizados com as situações cotidianas que vivenciamos. Em apenas um dia quanta coisa acontece a nosso redor e não vemos... não sentimos... não participamos como gostaríamos ou deveríamos... Olhando com atenção e sem julgamento, vemos ao nosso redor uma multidão de pessoas querendo algo, mas a maioria não sabe exatamente o quê. A busca pelo ter e pelo ser está cada vez mais acelerada, mais voraz, aterrorizando aqueles que não conseguem acompanhar o movimento intenso da grande mente coletiva. Vivemos desesperados, num momento de insegurança, desconfiança e medo.

Precisamos com urgência buscar a nós mesmos; o que sentimos e o que nos faz felizes ou infelizes devem voltar ao nosso controle. O sentimento de abandono e insegurança deve dar lugar ao preenchimento de si e à segurança em si; é preciso parar de olhar tanto tempo para fora de nós e aos poucos criar mais interesse pelo que está guardado dentro do peito. Estou falando de "sentir". Tudo o que queremos, de uma forma ou de outra, é apenas a busca por "sentir bem-estar"; queremos nos sentir bem em todas as áreas da nossa vida, mas, para que esse sentimento do bem ou do bom possa ser verdadeiro e íntegro, faz-se necessário olhar atentamente para a pessoa que está aí dentro, numa busca íntima do que quero, do que amo, valorizar os talentos, descobrir novos talentos.

Há tempo para tudo na vida, o tempo de plantar e o tempo de colher, o tempo de criar novos objetivos e o tempo de abandonar velhos sonhos. A vida nos mostra que a mudança é necessária, a evolução é contínua, não para, não cessa; a vida não espera o seu melhor momento para aprender, ela simplesmente apresenta novos e inesperados desafios e, de forma leve e sutil ou pesada e dolorosa, força nossa mudança sempre para melhor.

Aprender a "sentir" ou perceber com as sensações que temos quando somos presenteados pelos acontecimentos cotidianos está se tornando cada vez mais necessário. Não conseguimos mais pensar de forma lógica os problemas que nos alcançam. Sentir começa a ser fundamental para que tenhamos as iniciativas adequadas diante dos problemas e dos desafios. Até agora usamos o "pensar" para nos orientarmos, mas a evolução é necessária, então passamos a buscar respostas menos cognitivas, começamos a obedecer ao que realmente nos conduz à sabedoria: o "sentir". Na dúvida, sinta... Se o que sentir for bom, então você está certo ou no bem, mas, se o que sentir for ruim, então você está no mal, e o caminho que decidiu tomar está errado.

Jardins

Os jardins que se enchem de ervas daninhas não conseguem produzir direito. Tais ervas sufocam as sementes das plantas que queremos cultivar e as impedem de criar raízes, florescer e frutificar. Distúrbios, doenças e pensamentos negativos são ervas daninhas que permitimos crescer em nosso jardim mental. Emoções como ansiedade, depressão, medo, pânico, preocupações e desespero também são ervas daninhas. Pensamentos negativos e emoções estão intimamente ligados a distúrbios e doenças.

Hoje mais do que em qualquer tempo fazem-se necessários o autoconhecimento, o aumento da autoestima e o cuidar de si física, mental e espiritualmente. A mídia nos inunda com as necessidades de "ter", de "ser", de "possuir" e de "conquistar". Isso tudo é bom, mas...

O que eu quero intimamente "ter"?
O que eu "sou" verdadeiramente?
Quais são as "conquistas" que me fazem crescer?
O que "possuo", mas percebo que não é meu ou nem quero mais?

Limpe o seu "jardim". Essa é apenas uma atitude de amor próprio e respeito por si mesmo!

Aprendendo a sentir

Antes mesmo de pensar no que é certo ou errado, surge dentro de nós uma sensação... um sentir algo. Alguns chamam de "sexto sentido" ou "intuição", outros atribuem esse "dom" apenas às mulheres, mas na verdade não se trata de um "dom", esse sentir que temos quando analisamos alguma situação é inerente ao ser humano. Todos temos a capacidade de sentir se algo vai dar certo ou errado, se é bom ou ruim. Provas disso são as famosas frases "eu sabia que ia acontecer isso"; "parece que eu estava sentindo que ia acontecer". Grandes empresários explicam que "apenas seguiram a intuição e foram adaptando e transformando as ideias usando seu *feeling*".

Desenvolver esse *feeling* ou aprender a sentir é um treino, um exercício. Começamos a prestar mais atenção em nosso corpo e nas sensações que temos no dia a dia, como ir a um restaurante *self-service*, olhar para os diversos pratos expostos e sentir aqueles que mais aguçam nossa salivação. Simples, mas funciona.

40

Shangri-LÁ ao alcance de todos

Muito se tem falado sobre realização pessoal e profissional, felicidade e diversos caminhos que orientam as pessoas a chegarem "lá". Há pelos menos 30 anos falamos também sobre diversas técnicas que ajudam a mudar o *mindset* com o objetivo de ajudar as pessoas a conquistar seus objetivos. Então, por que ainda deparamos com uma grande parte das pessoas frustradas nos dias atuais?

Simone Negrão

Simone Negrão

Administradora, mestranda em Administração (linha de pesquisa Organizações Competitivas), especialização em Recursos Humanos e Qualidade na Escuela de Organización Industrial (EOI, Espanha), MBA em Gestão Empresarial (FGV/SP), Grafóloga, *Coach* pela Holos, *Mentoring & Holomentoring* sistema ISOR®, com credenciamento internacional oficial do ICF - International Coach Federation. Formação em Liderança Avançada pela Impact International (Boston), pesquisadora cientifica em temas de cultura organização e engajamento. Carreira com mais de 23 anos na área de Desenvolvimento Organizacional em empresas multinacionais como Executiva de Recursos Humanos. Atua também como *Coach*, palestrante e consultora dos temas liderança, *talent acquisition*, gestão de pessoas e *trainer* em diversas áreas relacionadas ao desenvolvimento humano e às organizações.

Contatos
www.mensenconsultoria.com
contato@mensenconsultoria.com
snegrao@gmail.com

A resposta a essa complexa pergunta está relacionada à expectativa desfocada que as pessoas inconscientemente alimentam como objetivo de vida. As pessoas projetam um padrão de felicidade baseado no valor do salário, em imóveis ou carro que possuem. Se um indivíduo atingiu esse patamar, é porque chegou a Shangri-LÁ (estágio da vida em que já se conquistou tudo o que se queria e se está feliz e pleno), ele é feliz porque tem tudo o que uma pessoa pode querer na vida.

Em uma sessão de *coaching* perguntei a um cliente aonde ele gostaria de chegar, qual era o sonho que ele gostaria de ver realizado e ouvi: "Quero ser feliz, ter duas casas pagas, um salário bom e o suficiente para poder viajar, comprar coisas".

Com esse padrão de felicidade, a grande probabilidade de ter o sonho frustrado é grande, não em razão de não conseguir o que se deseja, mas pelo fato de conseguir o que se quer e permanecer a sensação de que o "lá" ainda não chegou. O sonho dourado resume-se a TER (casa, dinheiro, viagens, coisas).

E o que se faz com a vida depois que de conseguir os bens materiais tão sonhados?

Infelizmente, quando a maioria das pessoas que têm esse *mindset* conquista os cobiçados bens, materiais se dão conta de que não se tornaram felizes ou satisfeitos com a vida. A tendência é querer sempre mais, porque a meta anterior já foi alcançada e é hora de estabelecer outra, geralmente mais ambiciosa.

Muitas vezes o "chegar lá" traz consigo uma conta médica alta por estresse, depressão, angústia e síndromes do mundo moderno: *workaholic, burnout*. Será que vale a pena?

Não estou afirmando aqui que trabalhar para construir uma carreira e progredir na vida para obter um patrimônio e estabilidade financeira seja ruim nem que não devemos fazer isso. Ao contrário, o progresso faz parte da vida humana. O problema é que há uma grande distorção de pensamento e valores em que a obtenção de bens materiais se confunde com felicidade. Esquecemo-nos de olhar o que já temos e conquistamos, e é muito! Então é possível ser feliz e ter sucesso na vida ao mesmo tempo?

A felicidade está mais próxima do que você imagina. Durante as sessões de *coaching*, percebo como as pessoas estão desfocadas e como, somente pelo fato de focar em seus objetivos, permite que um novo cenário se abra, cai o véu, e a pessoa fica maravilhada com as possibilidades que a vida está lhe oferecendo. Mas as possibilidades sempre estiveram disponíveis. A vida é generosa com todos, porém nossas percepções limitadas nos restringem. Você pode já ser feliz com o que tem e conquistou, mas ainda não se deu conta disso!

No âmbito das empresas, vejo com frequência profissionais muito jovens em início de carreira aspirando a altos cargos em empresas multinacionais. Após alguns (poucos) anos de experiência conseguem chegar a um cargo de gerência significativo, mas se frustram porque em sua mente está registrado que Shangri-LÁ é ser CEO ou presidente. Mas o que os aspirantes a esses cargos não consideram é que os profissionais que ocupam esses altos cargos sofrem pressões violentas do negócio, o nível de responsabilidade para apresentar resultados é massacrante e, na maioria das vezes, eles próprios não estão felizes também. É cada vez mais frequente conhecer histórias de executivos que tiraram um ano sabático ou simplesmente mudaram radicalmente seu projeto de vida: jogaram a carreira executiva para o alto para investir em um negócio pessoal que fosse mais gratificante e lhes permitisse ter mais tempo para estar com a família.

Mas, se ser CEO é tudo o que você quer na vida, isso pode ser conseguido inspirando-se no comportamento de pessoas que já alcançaram esse cargo. A modelagem é uma técnica poderosa que o ajuda a traçar uma estratégia que possa ser modelada, aprendida e aplicada nos mais variados contextos, baseada em comportamentos eficientes que sirvam como modelo, como alvo, adaptando ao seu próprio uso.

A pirâmide dos níveis lógicos

Na Programação Neurolinguística (PNL) há uma hierarquia mental denominada níveis lógicos, que trabalho muito com meus clientes e é importante você entender essa estrutura:

Em um único capítulo não podemos tratar de todos os níveis com profundidade, por isso vou focar nos três níveis que exercem as maiores transformações nos níveis consciente e inconsciente da mente: crenças & valores, identidade e espírito, principalmente porque podem limitar ou expandir nossas capacidades e recursos. É o porquê fazemos as coisas, regido pelo sistema nervoso autônomo. Nós não refletimos previamente sobre quais crenças temos para gerar tal comportamento, tudo ocorre no automático.

Crenças & valores

As crenças, positivas ou negativas, são o que a pessoa acredita ser o mundo verdadeiro para ela. As crenças geram pensamentos, e estes têm um poder muito grande no sucesso ou no insucesso da pessoa. Pensamento é energia pura, e, com a crença, é a origem dos resultados que você alcança na vida. Se crê e pensa que não tem capacidade para ter um bom emprego e ser reconhecido em sua profissão, então é isso que vai obter na vida. Ao contrário, se crê que pode conquistar um título de MBA de uma universidade americana, mesmo que sua atual condição financeira não colabore, já está a meio caminho de consegui-lo.

Tomando como base a figura seguinte, nos damos conta de que os resultados que você percebe em sua vida são fruto das crenças que alimenta. Se não está satisfeito com o resultado, a boa notícia é que isso pode ser modificado.

É claro que mudar crenças e a forma de pensar não é assim tão fácil, mas a neurociência nos brindou com uma conceituação importante, a neuroplasticidade, segundo a qual o caminho neural fica fortalecido quando o alimentamos frequentemente ao fazer sempre as mesmas coisas ou ter os mesmos pensamentos e emoções. Por isso, é difícil mudar um hábito. No começo um grande esforço nos é exigido, mas, à medida que novas sinapses são feitas no cérebro, o novo caminho fica mais suave, e o cérebro mais confortável.

Então, como mudo minhas crenças para que eu tenha outros pensamentos?

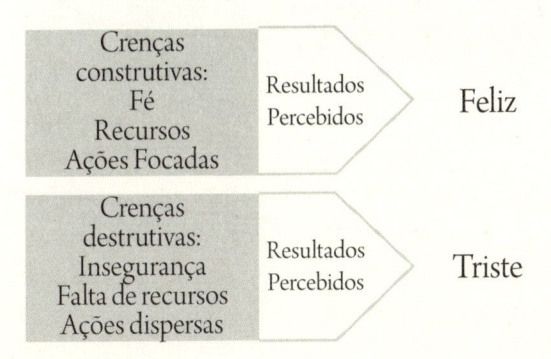

Crenças construtivas: Fé Recursos Ações Focadas	Resultados Percebidos	Feliz
Crenças destrutivas: Insegurança Falta de recursos Ações dispersas	Resultados Percebidos	Triste

Preste atenção onde estão centradas suas crenças, se são construtivas ou destrutivas, ou seja, se o ajudam a prosperar e progredir ou o limitam. Se seu caso é o último, então trate de rever suas crenças se quiser colher resultados mais satisfatórios na vida. O Universo é ilimitado, os recursos também o são, então para que se autolimitar?

Os valores também exercem um papel muito importante porque são o norte, em que você foca sua atenção na vida. Sua mente é ilimitada, mas capta atenção somente daquilo que lhe interessa, o que julga importante em sua vida num determinado momento.

Neste momento, convido você a refletir sobre os próprios valores respondendo mentalmente às seguintes perguntas: Que valores norteiam sua vida? O que é realmente importante para você, sua família, seu trabalho, seus bens?

Dependendo da resposta, você vai obter alguns indicativos nos quais deve colocar atenção para obter resultados mais satisfatórios. Se sua resposta está baseada em valores duradouros, os chamados valores finais, então você está no caminho certo para Shangri-LÁ. Já se sua resposta for outra, baseada em conceitos de curta duração ou em bens materiais, os chamados valores intermediários, então você poderá enfrentar conflitos existenciais, sentir um vazio interior e dificuldade em encontrar respostas que façam sentido em sua vida.

As agendas dos profissionais de *coaching*, *mentoring* e até psicoterapia estão cheias de pessoas buscando respostas do porquê ainda não chegaram a Shangri-LÁ, mesmo depois de tudo que fizeram ou investiram.

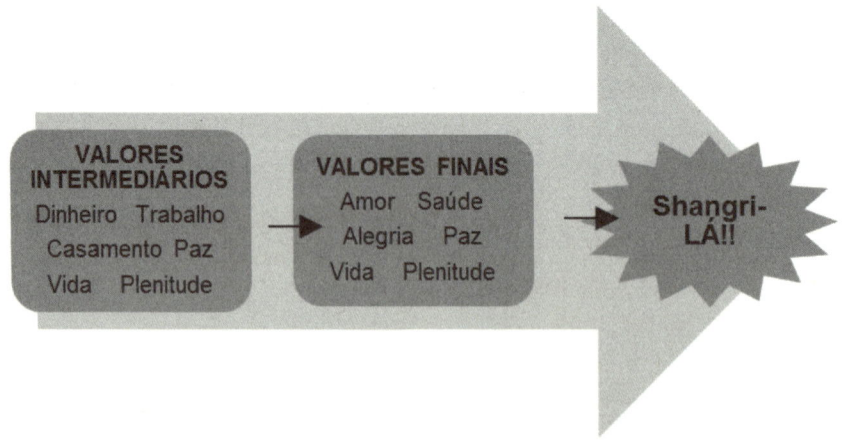

VALORES INTERMEDIÁRIOS	VALORES FINAIS	
Dinheiro Trabalho	Amor Saúde	Shangri-LÁ!!
Casamento Paz	Alegria Paz	
Vida Plenitude	Vida Plenitude	

Faça uma reflexão sobre seus objetivos na vida e trace um caminho verdadeiro que o leve a Shangri-LÁ.

Tenha em conta que ter um propósito centrado no progresso e no desenvolvimento de outras pessoas proporciona a você uma grande sensação de realização. Produzir frutos para os outros seres humanos expande o seu próprio ser, o engrandece e lhe proporciona plenitude. Pois é disso que trataremos no penúltimo nível lógico: a identidade.

Identidade

Para a PNL, a identidade é o conceito que temos de nós mesmos; e o que nos define como indivíduos únicos nos define como pessoa e também os papéis que exercemos na vida. A identidade é tão importante na vida porque exerce uma espécie de filtro em nossa vida, como se fosse uma tela de cinema em que o projetor é a identidade. Se você acredita que é um leão superpotente, é isso que a tela vai mostrar, se crê que é um gatinho medroso, também a tela mostrará essa imagem.

Qual é sua crença de si mesmo, com o que se identifica?

Se não está muito satisfeito com a resposta, o primeiro passo para mudá-la é acreditar que seu caráter pode ser mudado, bem como sua crença sobre si mesmo.

Em uma sessão de *coaching*, uma cliente comentou que, quando era jovem, estava estudando arduamente no cursinho para tentar passar no vestibular para o curso de Medicina. Ela estudava por horas, e, vez ou outra, sua mãe entrava no quarto e lhe dizia: "Por que você estuda tanto? Não vai passar mesmo!" Se não tivesse recebido reforços negativos constantes de sua própria mãe, certamente teria sido aprovada por se tratar de pessoa inteligente. Ela comentou que precisou da ajuda de psicoterapia para poder mudar sua crença negativa sobre si mesma e hoje se tornou uma executiva bem-sucedida. Esse é um forte exemplo de quanto a crença sobre si mesmo, positiva ou negativa, pode expandir ou limitar uma pessoa.

Espiritual ou espiritualidade

O mundo está passando por todo tipo de intensas e rápidas transições. Estamos passando por crises política, econômica, ética (no Brasil principalmente) e existencial em que se questiona a segurança baseada puramente no material. Em virtude disso, todas as dimensões começam a ter um novo olhar para o mundo e há a necessidade de nossa vida ter maior profundidade e sentido. A boa notícia e que é justamente na crise que temos a oportunidade de nos transformar. Para melhor.

O tema espiritualidade está cada vez mais presente, e vamos esclarecer desde já que não tem nada a ver com religião, aliás, os conceitos são bem diferentes.

No mundo corporativo defino espiritualidade como agir com ética e respeito com relação ao outro, à organização e a si mesmo; é manter a paz no ambiente e a harmonia com os colegas de trabalho, é buscar o bem coletivo em detrimento do individual e, acima de tudo, é o desenvolvimento de uma consciência para agir no ambiente de forma responsável. Enfim, ser uma pessoa melhor e ajudar o outro nesse caminho.

Se somos seres espirituais, por que nos baseamos tanto no material? E mais, por que atrelamos nossa felicidade na obtenção desse material?

Ofereço abaixo um plano muito prático e simples para ajudá-lo a trabalhar seu *mindset*:

1 – Reconheça que é possível mudar

Todas as pessoas que pensam que o caráter é imutável estão se tolhendo dos maravilhosos recursos disponíveis a todas as pessoas.

2 – Reconheça que é merecedor das mudanças

Os recursos e as oportunidades ilimitadas estão disponíveis a todos, permita-se! Você é merecedor de todos os benefícios que a vida proporciona.

3 – Trace metas claras de mudança

Mudar exige planejamento, pois trabalhar a mudança de crenças e hábitos requer conhecimento, persistência e prática. Leia artigos e livros sobre PNL, faça cursos se necessário, mas acima de tudo lembre-se de que todos os recursos necessários para a mudança estão dentro de você. Basta acessá-los.

4 – Verifique seu progresso frequentemente

Essa etapa é necessária para sua meta não sair dos trilhos.

Para finalizar este capítulo, gostaria de oferecer a você um poderoso exercício para ajudar sua mente a focar em suas metas e seus objetivos, utilizando a técnica da visualização criativa. É sabido pela física quântica que os pensamentos são ondas eletromagnéticas vibratórias que têm alcance ilimitado. Pensamento é criação!

Técnica da visualização

1. Sente-se em um ambiente tranquilo com as costas eretas, sofás não são os melhores lugares; se preferir, coloque de fundo uma música relaxante.
2. Respire profunda e lentamente (inspiração e expiração) umas cinco vezes.
3. Mentalmente visualize seu objetivo, qualquer que seja ele: um estado de saúde, uma promoção, a obtenção de reconhecimento, um empreendimento ou simplesmente estar feliz.
4. Agora, coloque-se nesse ambiente, faça parte dele e visualize-o com todos os detalhes possíveis.
5. O ponto alto: visualize o que você realmente quer que aconteça no passado, imagine que o que você deseja já aconteceu. Nessa fase você deve visualizar a si mesmo dentro da situação já conquistada, feliz pelo êxito.
6. E, por fim, agradeça com toda a força de seu coração.
7. Permaneça sentado por mais alguns minutos e encerre.

41

Coaching & autorrealização: PNL ressignificando crenças para o sucesso

Como seria se você pudesse convergir toda energia em crenças impulsionantes? Como seria manter um eixo que focaliza única e exclusivamente o sucesso e tudo o que pudesse representar limitações fosse ressignificado? Estar disposto com energia elevada e mente preparada para se autorrealizar é uma constante para o sucesso e com o *coaching* é possível!

Taís G. Santos & Prof. Douglas de Matteu, Ph.D.

Taís G. Santos

Graduada em Gestão de Recursos Humanos com méritos pela Fatec Mogi das Cruzes; *Professional & leader coach* com certificação internacional pelo World Coaching Council – IAPerforma; colunista GEPLICO – Grupo de Ensino e Pesquisa sobre Liderança e Coaching; psicóloga em formação pela Universidade de Mogi das Cruzes.

Contatos

tais.gsj@gmail.com
www.facebook.com/taisdasgracas
http://geplico.blogspot.com.br
(11) 97323-4303

Prof. Douglas de Matteu, Ph.D.

Diretor-presidente do Instituto de Alta Performance Humana – IAPerforma. Doutor em Business Administration e mestre na Arte do *Coaching* pela Florida Christian University. Bacharel em Administração, mestre em Semiótica, Tecnologias da Informação e Educação pela UBC; *master coach trainer* com reconhecimento internacional. Professor universitário com experiências nos EUA e no Japão. *Trainer* em Programação Neurolinguística. Coordenador do Grupo de Pesquisa em Liderança e Coaching da Fatec-MC. Escritor de sucesso com mais de 20 publicações.

Contatos

www.iaperforma.com.br
www.douglasmatteu.com.br
douglas@iaperforma.com.br

O ser humano é constituído por um misto de processos – biológico, fisiológico, cognitivo, emocional, social, espiritual, psicológico –, está sujeito à cultura, a questões sociais e políticas, ao ambiente físico e mental, às intenções interpessoais de suas micro e macro conexões. Essas características constituem essencialmente um ser único, esses multideterminantes fornecem ao indivíduo todos os recursos necessários para sua autorrealização. Há entre esses multifatores uma característica ontológica – ou seja, tipicamente humana –, que inspira e desperta a potencialidade ou que em alguns casos pode desacelerá-la: a capacidade de criar, manter e ressignificar crenças.

Crenças são generalizações, ideais globais e norteadoras que criam, em nível inconsciente, regras sobre nós mesmos, sobre o que somos, como somos, a forma como nos apresentamos e lidamos perante nós mesmos, os outros e o mundo objetivo e abstrato, de forma integrada; são como uma bússola direcionadora para movimentarmos em nosso mapa mental. A crença atua como uma verdade na vida do indivíduo, que é operacionalizada em seu cotidiano na forma de uma convicção.

As crenças são estruturadas por meio de percepções, do filtro que cada indivíduo impõe para sua realidade acerca das experiências, de julgamentos daquilo que foi vivenciado e internalizado; podem advir do mapa mental dos pais e/ou cuidadores na infância ou mesmo da própria óptica do indivíduo diante das situações vivenciais. Essas ideias criam e moldam aspectos comportamentais e de personalidade, estando fortemente relacionada aos níveis neurológicos de valores e de identidade. Cada uma dessas percepções é carregada de sentido e conteúdo afetivo, que pode ser positivo ou negativo, organizados e expressos, principalmente, por processos cognitivos por meio da linguagem, tanto externa (verbalização, fisiologia e comportamentos) quanto interna (pensamentos, abstrações e ideias).

Lidar com as crenças de um indivíduo é uma tarefa desafiadora, nortear essas ideias poderosas para a autorrealização e o sucesso é um tema inspiracional. Sendo estabelecidas inconscientemente, não são percebidas claramente nem vem sempre à luz de forma sistematizada em avaliações superficiais, e, mesmo sendo conhecidas, é preciso um processo profundo de descoberta e de autoconhecimento, guiado para resultados e fortuitamente para a autorrealização que possa dar conta da tarefa de elaborar ações nesse sentido.

No processo de *coaching*, lidar com as crenças é uma tarefa grandiosa e empoderadora. Essas ideias determinam a postura e a energia necessária para o sucesso do processo, determinam os motivadores que o sustentam e quanto de empenho será empregado para alcançá-lo. Podem indicar quais impeditivos internos (sabotadores) de cada indivíduo e determinam, ainda, o grau de satisfação ao longo e ao término de um processo. Assim, as crenças são determinantes para a autorrealização do cliente.

Ao participar de um processo de *coaching*, o *coachee* (cliente) deve compreender a relevância e participar ativamente das técnicas e das ferramentas utilizadas para investigar a origem das crenças, determinar até que ponto esta pode interferir, tanto positiva (crenças potencializadoras) quanto negativamente (crenças limitantes), e principalmente como modelar esse constructo no sentido de alavancar o potencial de autorrealização. Muitas crenças poderão ser reconhecidas única e exclusivamente em um processo de *coaching*, sem que necessariamente o cliente tivesse, ainda que vaga, a ideia da sua existência.

Visto que as crenças são estabelecidas em níveis subconscientes, pode-se utilizar ferramentas que atuem sobre essa óptica. A programação neurolinguística (PNL) e o *coaching* apresentam-se nesse contexto como uma forma de acessar experiências humanas subjetivas, por meio de um conjunto de técnicas, com a finalidade de refinar modelos comportamentais e linguísticos e dimensioná-lo em rota de autorrealização.

A PNL possui três dimensões:

Programação: maneira como processamos e assimilamos informações, como esta é organizada e acessada;

Neuro: remete à base neurológica, à percepção de estímulos por meio dos sentidos;

Linguística: uso da linguagem para a ordenação de pensamentos e direcionadora de comportamentos.

No *coaching* busca-se um repertório de ações (comportamentos desejados) embasado pelos recursos do *coachee* para a obtenção do sucesso e o alcance da autorrealização. Com a utilização da PNL, pretende-se entender como são estruturados os padrões dessas ações, ou seja, de que forma as pessoas são levadas a fazer o que fazem da maneira como o fazem e até mesmo suas motivações, por meio da linguagem desses indivíduos. A utilização dessa ferramenta é de extrema relevância ao considerarmos as crenças. Qual é a linguagem que o *coachee* tem utilizado para si? Quais consequências essa linguagem é capaz de produzir? São positivas (crenças potencializadoras) ou negativas (crenças limitantes)?

As crenças podem se expressar de diversas formas e sobre vários aspectos. Elas podem ser positivadas – quando impulsionam a ação, o pensamento e os comportamentos assertivos do indivíduo, sendo carregadas de conteúdo afetivo positivo – ou negativadas – quando dificultam ou mesmo impedem a ação, o pensamento e o comportamento assertivo do indivíduo, comprometendo o resultado e a satisfação. Geralmente são carregadas de conteúdo afetivo negativo e/ou falso, podem se apresentar em nível de identidade "Eu sou"; de capacidade "Eu consigo", atuar no nível de merecimento "Eu mereço", se expressarem de maneira reativa "Eu tenho de... para".

Algumas crenças são internalizadas desde tenra idade, como padrões, outras vão sendo estruturadas ao longo da vida. Algumas crenças podem se tornar latentes, agregando significado expressivo, outras podem estar em segundo plano, mas é evidente que em qualquer um dos casos sua atuação se faz presente.

Temos internalizadas diversas crenças em diversos níveis e vários aspectos de forma simultânea. A intervenção consiste em evidenciar uma crença que forneça subsídio para a autorrealização, minimizando crenças limitantes e maximizando as potencializadoras. Em linhas gerais, a crença não é simplesmente excluída, mas reeditada, ou seja, é substituída. É necessário instalar novas crenças que forneçam energia para o processo, promovendo maior possibilidade de sucesso e satisfação. Conhecendo esses padrões e as estruturas pelas quais o *coachee* se orienta, é possível lidar com essas crenças no sentido de ressignificá-las.

As crenças não podem ser suprimidas. É preciso recordar que elas foram construídas ao longo da vida do *coachee* por meio de suas percepções particulares, assim, a tentativa de destruir uma crença implica conflito interno, lacunas mentais e grande possibilidade de retorno à crença já estabelecida anteriormente, à mesma linguagem e consequentemente aos mesmos comportamentos. Faz-se necessário ressaltar o constructo cognitivo sobre o qual se firma a crença. A mente e o corpo foram adaptados a agir conforme esse padrão, por isso é necessário ressignificar, ou seja, implementar por meio de uma linguagem diferenciada uma quebra de padrão que promova um novo modelo de convicções para a mente do *coachee*.

O processo de ressignificação consiste em evidenciar conteúdos positivos a respeito de uma crença, confrontar sua veracidade e sua intensidade e instalar por meio da PNL um novo filtro para as crenças existentes, exercitando os processos cognitivos para assimilação e acomodação desse novo padrão e, assim, criando uma nova base de programação que será utilizada posteriormente para a elaboração de novas crenças em padrões mais efetivos e funcionais para o *coachee*.

Coaching em ação: espiral de ressignificação com PNL para autorrealização

A proposta então é utilizar a PNL nas sessões de *coaching* em seu cunho de ressignificação para evidenciar crenças que corroborem com a autorrealização do *coachee*. A ideia da espiral de ressignificação (conforme a figura 1) é promover uma reflexão passo a passo para intervenção em uma ou mais crenças limitantes que serão ressignificadas junto ao *coachee* e voltadas para seu sucesso e sua autorrealização.

A espiral representa uma forma de fragmentar crenças limitantes de forma a ressignificá-las e operacionalizá-las em sua forma positiva, promovendo ampliação do mapa de mundo do cliente e evidenciando como o processo de ressignificação deve ocorrer para ser bem-sucedido. Para tanto, a ferramenta deve promover questionamentos profundos e quebra de padrões do cliente, bem como a identificação e a implementação adequada de novos esquemas, conforme os cinco aspectos destacados.

1. Identificação de crenças limitantes: definir qual crença limitante precisa ser trabalhada.
- O que me impede de realizar o meu maior sonho?
- Quando me sinto impedido de fazer algo, o que me ocorre mentalmente?
- Quais pensamentos/ideias me limitam em determinada situação?
- O que ganho com esse pensamento/ideia?
- Quem são as pessoas envolvidas quando tenho esse pensamento/ideia?

2. Padrão de interrupção: será necessário interromper a crença limitante quando esta se manifestar, evitando que o padrão se repita e fortaleça determinada crença.
- Qual é a evidencia de que esse pensamento /ideia é verdadeiro?
- O que perco com ideia (associar a dor à crença limitante).
- Ao entrar em contato com esse pensamento/ideia, qual será a forma de superar esse pensamento/sentimento/crença?
- Há algo em mim que pode me fortalecer para transpor esse desafio?
- Como será minha vida daqui a 5, 10 e 20 anos, mantendo esse pensamento/ideia?

3. Ressignificando: após interromper a crença, é necessário inserir uma nova ideia no lugar desta. Deve ser expressa de forma objetiva, positiva e significativa – "Eu sou"; "Eu mereço"; "Eu consigo"; "Eu posso".
- Qual é a intenção positiva da crença anterior? E o que aprendo com isso?
- Como seria vivenciar esse pensamento/ideia?
- Qual pensamento/ideia posso ter para me autorrealizar nessa situação?
- Quão comprometido estou em manter esse pensamento/ideia?

4. Ensaio cognitivo (apropriar-se de forma duradoura da nova crença): a nova ideia passará a ser reforçada em intervalos constantes e breves, de forma a se tornar um hábito. É necessário determinar prazos e intervalos para o exercício de fixação, a forma de desenvolver o ensaio fica a cargo do *coachee* (pode-se escrever e ler diariamente, repetir em voz baixa, visualizar o novo pensamento/ideia antes de dormir e ao acordar).
- O que posso fazer para que o conteúdo de ressignificação seja duradouro?
- O que ganho com esse novo pensamento/ideia?
- Por que esse novo pensamento/ideia é importante?
- Como será viver este dia tendo esse pensamento/ideia?
- Crie uma frase que fortaleça a nova crença: "Eu posso", "Eu quero", "Eu mereço".

5. Crença potencializadora: inspirar o *coachee* a ponto de as próximas vivências que anteriormente evocavam a crença limitante passarem naturalmente a acessar a nova crença potencializadora. Esse processo deve ser constante e focado na autorrealização do *coachee*, deve refletir um pensamento/ideia que traga satisfação e contentamento.

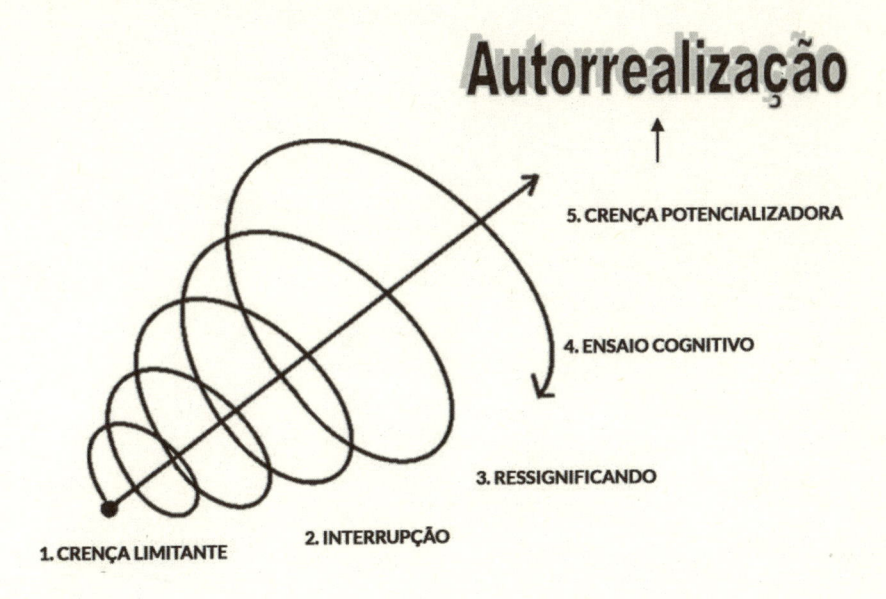

Figura 1. Espiral de ressignificação com PNL para autorrealização

Referências

DILTS, Robert. *Crenças: caminhos para a saúde e o bem-estar*. São Paulo: Summus, 1994.

LAGES, Andrea; O'CONNOR, Joseph. *Coaching com PNL: o guia prático para alcançar o melhor em você e em outros*. **2. ed.** Rio de Janeiro: Qualitymark, 2008.

ROBBINS, Anthony. *Poder sem limites: o caminho do sucesso pessoal pela programação neurolinguística*. 14. ed. Rio de Janeiro: BestSeller, 2012.

SHAPIRO, Mo. *Programação neurolinguística em uma semana*.[livro eletrônico]. São Paulo: Figurati, 2014. 2Mb; ePUB.

SOMERS, Matt. *Coaching em uma semana*. [livro eletrônico]. São Paulo: Figurati, 2014. 2Mb; ePUB.

42

O coaching a serviço de tornar as pessoas mais leves e confiantes na vida

Às vezes não precisamos de psicoterapia, mas de alguém que nos apoie na solução de algo difícil. O *coaching* nos ajuda a gerar um novo curso de ações para solucionar os problemas e desafios cotidianos, ele está a serviço daquilo que verdadeiramente nos importa – a nossa plenitude – e a viver com tudo que nos constitui como seres humanos de forma mais leve

Terezinha Lorenzon

Terezinha Lorenzon

Formada em psicologia, atua há mais de 30 anos no desenvolvimento de pessoas e organizações em Empresas Públicas e Privadas, especialista em Gestão e Desenvolvimento de Equipes pela Sociedade Brasileira de Dinâmica de Grupos- SBDG. MBA Empresarial pela Fundação Dom Cabral, formada pela Escola de Dinâmica Energética do Psiquismo – DEP, em Consultoria Sistêmica Empresarial, *Coaching* e Constelações Organizacionais - abordagem Bert Hellinger, pela Hoffmann e Partners – Alemanha, Certificada em Biologia Cultural, com Humberto Maturana pela Escuela Matriztica de Santiago. Certificada em *Coaching* Ontológico pela Newfield NetWork – Chile, Certificada em Moderação e Facilitação de Processos Participativos.

Contatos
www.thes.com.br
terezinha@thes.com.br
tcamargoloren@gmail.com
Skype: tcamargoloren
(11) 97344-6626 / (11) 3744-3683

Onde começa o processo de *coaching*?

Começa quando uma pessoa identifica que algo que lhe ocorre não está lhe agradando ou lhe fazendo bem. Um *coach* não sai por aí conquistando pessoas para serem escutadas. É necessário que a pessoa reconheça que necessita de apoio, nem sempre a pessoa sabe com clareza do que precisa, mas reconhece que necessita de ajuda para resolver algo que sozinha não está conseguindo. O *coaching* é uma ação a serviço de alguém, pressupõe ajudá-la a trilhar um caminho de autodescoberta, a abrir frestas para gerar novos entendimentos, novas explicações acerca das suas inquietações e, assim, resolver por si mesmo o que lhe inquieta.

O trabalho de *coaching* é sobre os mistérios e a beleza da vida.

Vem-me à memória uma cliente que, após uma primeira sessão, chegou dizendo que precisava saber o que eu havia feito com ela, pois desde o nosso primeiro encontro se sentia diferente e as pessoas lhe diziam que estava estranha. Segundo ela, quando se sentia irritada com algo ou com alguém ela simplesmente olhava e dizia para si mesma. "O que isto que estou sentindo tem a ver comigo?". Dizia, ainda, "nestes segundos em que eu me faço esta pergunta, parece que a pessoa com quem estou conversado muda, mas eu não sei se ela mudou, o fato é que me surgem outros pensamentos diferentes daqueles que surgiam segundos antes e mais eu deixo de ficar com tanta raiva. Então eu preciso saber o que você fez comigo".

Ao receber tais perguntas, eu observei e escutei certa inquietação na minha cliente. Percebi que a pergunta que surgia não era apenas uma mera curiosidade sobre o meu método de trabalho, interpretei também que ali se manifestava uma preocupação bastante autêntica e profunda. Assim, eu disse a ela que proporia dividir nossa conversa em duas etapas: a primeira poderíamos falar sobre o que ela estava me dizendo, mas não sobre o conteúdo em sim, mas como ela o estava manifestando. A segunda etapa, poderíamos buscar algumas explicações sobre o que estava ocorrendo com ela no seu cotidiano. Ela me olhou, ainda, um pouco desconfiada, mas topou a minha proposta.

Em sequência eu perguntei a ela o que significava pra ela mudar de opinião sobre as outras pessoas em um mesmo episódio? Ela imediatamente me respondeu que fazer isto era mostrar insegurança sobre o que estava pensando. Dizia. "Acho absurdo alguém falar algo e logo em seguida dizer coisas diferentes, isto mostra incoerência. Eu não gosto de agir assim. Pois eu demoro para falar, mas quando falo é porque tenho certeza".

A partir deste diálogo inicial foram surgindo novas perguntas e minha cliente pode descobrir que o que ela chamava de coerência tinha a ver com a crença de que "ser forte era ser alguém que quando falava conseguia sustentar o que tinha falado e manter o que falou, era ser uma pessoa de opinião própria".

Podemos imaginar o quanto esta pessoa sofria quando se dava conta de que tinha cometido um engano ou que, o que achava que era, podia não ser exatamente aquilo. Minha cliente ao descobrir esta crença começou a relatar diversas situações em que identifica a sua resistência em mudar de ideia, aceitar sugestões e até mesmo recuar de uma decisão. Dizia que isto vinha lhe custando muito esforço para manter sua *performance* no trabalho pois tinha que se superar continuamente para ter boas respostas e soluções acertadas. Dizia que estava descobrindo que embora quisesse valorizar a sua equipe de trabalho ela resistia em considerar ideias diferentes das suas. Ao final ela disse "... o pior de tudo que esta minha forma parece que vem dando certo no trabalho, apenas não tinha me dado conta do quanto isto tem sido desgastante e pesado pra mim".

Para chegar a esta conclusão minha cliente foi abrindo diferentes janelas internas. Descobrindo sua própria coerência. Janelas que se abriam para as referências que ela tinha adotado sobre o que é ser capaz e competente, janelas que se abriam para o que era valor na sua família e outras, ainda, que se abriam sobre o que é ser feminino e masculino. As janelas lhe possibilitavam reconhecer os seus próprios julgamentos sobre os fatos que ia relembrando e relatando. Mais do que relatar fatos minha cliente ia refletindo e desafiando seus próprios julgamentos e desenhando novas percepções e significados e novas narrativas sobre o mesmo fato. Isso é belo, pois nos mostra a capacidade que temos nos refazer a partir de nós mesmos.

A partir desse ponto, conforme combinado passamos a conversar sobre a pergunta inicial propriamente dita pela minha cliente no início da sessão.

Antes de conversar sobre a pergunta que ela me fez no início. Eu lhe fiz outra pergunta. Perguntei se ela poderia formular novamente a pergunta inicial. Ela então me disse. "Olha, eu penso que o que perguntei no início, agora virou outra coisa. Na verdade agora eu gostaria de saber por que a gente não percebe o que deveria?"

Eu disse uau!!! Essa realmente é outra pergunta e percebo que não está lhe doendo mudar a pergunta.

Então passamos a conversar sobre como surge o nosso aprendizado ou a transformação da nossa percepção sobre as coisas que vivemos. Aqui eu começo a discorrer um pouco sobre o que aprendo na minha prática no trabalho com o *Coaching* ontológico.

Inicialmente eu quero honrar e agradecer a algumas pessoas que possibilitaram minha própria transformação durante o ano de 2013 e a tudo que continuo aprendendo e desfrutando na vida depois do processo grandioso que vivi. São muitas pessoas, mas destaco especialmente Julio Olalla, fundador da Escuela Newfield Network, Marta Magnus e Paola Cruz, minhas supervisoras durante a certificação.

Não é minha pretensão ensinar sobre o *Coaching* Ontológico, mas gosto de falar sobre ele com base nas minhas próprias experiências, do que ocorre comigo própria quando estou em interação com meus clientes, meus familiares, meus amigos e comigo mesma.

Quando estou numa conversa com alguém estou atenta e em conexão com o que vai surgindo no meu pensar a partir do que vou escutando, vou construindo imagens, às vezes, me surge uma música ou um ritmo, vou me dando conta das sensações no meu corpo e percebendo algumas emoções. Em geral tudo isso que vai me surgindo vai me dizendo algo sobre o que está ocorrendo com a pessoa com quem estou numa conversa. Eu dou muito valor ao que vou distinguindo e então me vem algo a oferecer, seja em forma de pergunta, seja apenas como uma interpretação que pode ser validada ou não pela pessoa.

Às vezes minhas interpretações nascem de espaços quase mágicos. Meus clientes, às vezes, me perguntam. Como você sabe disso? Eu digo, eu não sei, eu apenas escutei algo que estava subentendido, no que você disse. Esta oferta que faço é muito cuidadosa, com respeito e sem apego. Se a pessoa julga que o que eu disse não lhe faz sentido, simplesmente parto para a próxima escuta.

Quando estou num atendimento a um cliente eu também aprendo sobre mim, pois na medida em que julgo e interpreto, o faço a partir de mim. O que percebo tem a ver com a minha forma particular de compreender o mundo e interpretar o que me surge. Porque o que julgo serve para o cliente? Serve quando estou em plena conexão com ele e minha sintonia possibilita acessar informações desde um lugar de amor, aceitação e muito respeito ao que ele relata ou manifesta corporalmente ou emocionalmente.

Uma distinção importante para o processo do *Coaching* é a escuta. A escuta é uma arte que exige diferentes habilidades. Escutar pressupõe uma dança entre eu que escuto com o que eu escuto e falo desde minha interpretação e o cliente que também escuta e interpreta, me devolvendo novas percepções que podem sem concordantes ou discordantes com aquilo que eu mesma falei. E assim segue a dança de interpretações e percepções.

Nós, os seres humanos, temos múltiplas escutas. Escutamos palavras, escutamos histórias, escutamos emoções, escutamos o corpo e os gestos, executamos um curso de ações. Na prática do *Coaching* Ontológico escutamos, particularmente, o que se encontra por trás das histórias que nos são relatadas. Escutar não é apenas ouvir. O ouvir é um fenômeno biológico. O escutar envolve não apenas o ouvir, que às vezes nem ocorre, no caso de pessoas surdas. Rafael Echeverría, um dos criadores do *Coaching* ontológico nos diz que "o escutar não é um ato passivo, quando escutamos distinguimos as palavras, as frases, mas também distinguimos a corporalidade de quem fala e distinguimos um curso de ações".

Quando escuto, estou buscando conexões, criando sentido naquilo que está sendo relatado pelos meus clientes, trata-se de um processo complexo, pois vou juntando relatos do cliente ao longo da conversa, com meus próprios julgamentos e isto tudo me possibilita oferecer algo ao meu cliente, a partir do qual ele se reconhece e lhe abrem novas percepções e entendimentos sobre os fatos e suas inquietações.

Um exemplo desse tipo de escuta ocorreu em outra situação quando um cliente chegou com a queixa de que percebia que sua equipe não o escutava e não o compreendia. No seu relato ele dizia "que procurava ouvir as pessoas com quem trabalhava, mas quando ele falava, no geral, todos discordavam ou não o entendia. E que isso o deixava inseguro em relação à sua capacidade de liderança". Nessa sessão exploramos vários relatos sobre situações nas quais ele identificava discordâncias. À medida que ele ia contando o ocorrido, fui escutando que o que não estava sendo relatado era uma raiva por não ter sido considerado. Essa emoção surgia sempre que havia discordâncias sobre o que ele sugeria ou expunha. No relato isso não era explícito, mas a sua corporalidade mostrava raiva e inquietação e movimento para reagir. Ao nos depararmos (eu e o cliente) com a emoção, foi possível para o cliente reinterpretar sua experiência e refazer o seu diálogo passado. Ao final, o cliente se deu conta do quanto tinha medo do confronto, pois temia perder algo importante, sua dignidade e seu espaço nos grupos dos quais fazia parte. Esse breve relato nos possibilita reconhecer que o nosso discurso é apenas a ponta do *iceberg*, como nos ensinou Freud ao explicar a estrutura do nosso inconsciente.

Como podemos treinar a nossa capacidade de escuta?

1º **Pela observação atenta** – Colocar plena atenção de forma precisa e direcionada para os detalhes. A plena atenção significa estar ao mesmo tempo focado e atento ao todo, à manifestação facial e corporal, às palavras e ao relato que a pessoa traz no seu discurso.

2º **Pelo nosso julgamento** – no *Coaching* Ontológico, a formação do nosso julgamento é diferente de ter opiniões sobre o que estamos escutando. O julgamento é fruto da nossa interpretação consciente e ativa. Nosso julgamento surge das conexões que tecemos a cada passo que vamos escutando com o objetivo de organizar os elementos que captamos e formar um todo coerente para oferecer ao cliente, seja em forma de pergunta para buscar mais informações ou para investigar um padrão de ação que se mostra no relato, ou em forma de uma metáfora.

3º **Pela percepção** – A percepção decorre das nossas distinções, fruto dos julgamentos que formamos de forma consciente e respeitosa. Julgar de forma respeitosa significa fazer correlações das informações que captamos no contexto e no discurso do cliente. A percepção busca o significado e o sentido dos relatos e do contexto percebido, assim acrescenta-se a compreensão.

4º **Pela compreensão** – Esta pressupõe a observação e a percepção. Sem a observação e a percepção também não resulta a compreensão. Sem a compreensão, aquilo que observamos, escutamos e percebemos permanece sem relação. A observação, a escuta, a percepção e a compreensão compõem um todo.

5º **Por último e absolutamente não menos importante está a intuição** – A intuição é algo que nos surge como uma clara indicação do que efetivamente ajuda o cliente a tomar consciência a dar-se conta. No *Coaching* ontológico chamamos de "flecha", pois geralmente é algo certeiro e preciso para ajudar o cliente a vislumbrar um novo curso de ações. A intuição decorre da plena sintonia e conexão com o cliente.

Outro pilar fundamental no *Coaching* Ontológico é o entendimento do conceito de "observador". Para explicar o conceito, gosto de trazer uma afirmação de um grande cientista biólogo, Humberto Maturana, "tudo que é dito é dito por alguém". Na citação, Maturana nos fornece algo da mais alta relevância para compreendermos a forma como percebemos e compreendemos o mundo e a nossa vida neste mundo. Essa frase significa reconhecer que o que existe no mundo e no viver não existe isolado e independente de quem interpreta o ocorrido. Corresponde à maneira como interpretamos e damos sentido aos fatos e às experiências que vivemos.

O trabalho do *coach* é ajudar o cliente a desenvolver uma nova coerência que inclui a reconstrução de significados por meio de uma nova linguagem, transformando suas emoções em prol de uma nova corporalidade que se manifesta num novo curso de ações.

Não existem problemas ou inquietações iguais, um problema ou uma inquietação só surge para o observador que o distingue.

Além de *coach*, sou psicóloga e consultora organizacional, isso me possibilita aportar diferentes disciplinas e técnicas a serviço do trabalho de *coaching* para integrar todas as dimensões do ser humano, o corporal, emocional, energético e espiritual, levando a pessoa a criar novas disposições corporais e emocionais para fazer frente às suas inquietações, problemas e desafios no seu cotidiano.

O *coaching* é um trabalho altamente eficaz para nos tornarmos mais funcionais, nos tornarmos mais capazes para transcender as dificuldades naturais da vida, de forma mais esperançosa e leve. Reconhecendo os grandes benefícios pessoais que obtive no meu próprio processo de certificação como *Coach* Ontológica, desejo que o trabalho de *Coaching* seja cada vez mais acessível às pessoas que buscam se sentir mais plenas e realizadas na sua vida.

43

Quem você pensa que é?

Entenda o impacto que essa percepção
gera em sua vida

Valéria Abreu

Valéria Abreu

Especialista em Eneagrama certificada pelo IESh; criadora do programa Eneagrama e as Multinteligências do Ser e autora do livro A árvore da vida. *Master coach* integral sistêmico e *coach* financeira. Desenvolveu uma metodologia própria de *coaching* integrativo à luz do Eneagrama em que trabalha os quatro centros de inteligência humana. Pedagoga graduada pela Universidade Federal do Ceará, com MBA em Gestão de Negócios pelo IBMEC/IFA7. Certificada em Restauração Emocional da Infância pelo Instituto Hoffman do Brasil; consultora DISC formada pela Etalent; formação internacional em SOAR pelo Global Institute e *trainer* na área de Inteligência Emocional no Trabalho. É empresária com 18 anos de experiência em Gestão. Diretora administrativa da G&A Arte Impressa e presidente do Instituto de Inteligência Emocional do Brasil, onde atua como palestrante, *personal coach* e *trainer* nas áreas de Eneagrama e Inteligência Emocional.

Contatos
www.iniebrasil.com.br
valeria@iniebrasil.com.br

Para responder a essas perguntas, vou começar contando a história de um avô que queria ensinar seu neto a controlar a própria raiva e entender melhor a vida e as relações que precisaria manter com as outras pessoas, para isso ele criou uma metáfora que dizia: "Quando Deus fez os homens, pensou que a humanidade seria uma unidade, talvez como uma grande árvore, forte e valiosa, de onde brotaria Fé, Esperança e Amor, e que alimentaria a si mesma e aos outros com esses frutos. Nessa unidade todos os humanos teriam apoio, jamais se sentiriam sozinhos, e cada um teria um papel muito importante para a manutenção dessa árvore, que chamou de vida.

Mais tarde, Deus percebeu que existia uma espécie de energia comum entre alguns seres da árvore e os dividiu em três grupos, que chamou de centros de Inteligência. Identificou os seres do entender, do conviver e do fazer pelas habilidades que demonstravam. Ele percebeu ainda que, mesmo pertencendo ao mesmo centro, os seres da árvore ainda assim eram diferentes, tinham características individuais, e ficou maravilhado com tamanha diversidade. Deus ficou tão feliz com sua obra que ordenou: "Que a humanidade seja assim: uma única força composta de seres individuais, diferentes e complementares". Ele acreditava que assim todos se respeitariam e viveriam em paz, entendendo a importância de cada um.

O problema é que, desde a sua origem, o homem tenta confrontar Deus e provar que há falhas em sua obra. Por razões que ele próprio desconhece, busca a qualquer preço provar que é superior, mais inteligente, mais forte ou mais amoroso. Assim, o homem vive uma eterna luta consigo mesmo e com os outros para tentar provar seu valor. Como fazemos parte da mesma árvore da vida, todos temos em potencial todo valor e capacidade de que precisamos e só não entendemos plenamente isso porque estamos em guerra com a própria vida.

Dentro de nós habita a semente da sabedoria como capacidade de entender a obra do criador, da força como capacidade de agir corretamente e em conformidade com o papel e missão de cada um e do amor que a tudo respeita, principalmente a si mesmo e aos outros. Mas, por causa da guerra que mantemos contra nossa própria árvore, perdemos o poder de usufruir os frutos dessa semente e colhemos frutos menos saborosos, menos valiosos e muitas vezes estragados, tendo uma experiência ruim de vida.

O jovem que escutava tudo atentamente disse:

— Então, vovô, a raiva que estou sentindo significa que estou em guerra contra mim mesmo?

— É uma possibilidade, vamos pensar nisso juntos, disse o avô, enquanto desenhava uma árvore numa folha de papel.

— Você me disse que vai pegar seus colegas na escola amanhã. Qual é o motivo mesmo?

— Eles me irritam dizendo que sou zangado e quero resolver tudo na força, mas eles são muito piores, um é cheio de medo e não quer enfrentar nada e o outro acha que a gente tem que ser bonzinho o tempo todo, se colocar no lugar dos outros, blá, blá, blá. Eles se acham melhores que eu, mas não são.

— Ah, entendi! Vocês acham que existe um jeito certo de viver e que por acaso esse jeito certo é o de cada um, e quem não for assim está condenado. Netinho ficou paralisado sem saber o que pensar. Então, o avô disse:

— Vamos dividir a árvore da vida em três partes, as raízes, o caule e a copa da árvore. Veja só o papel da raiz, sem reclamar ela trabalha duro dia e noite para prover, alimentar, dar sustentação ao corpo da árvore e, embora faça um trabalho importantíssimo, não pode dizer que sozinha é responsável pela vida da árvore inteira, pois ela precisa do caule, que amorosamente serve de canal para que a produção das raízes chegue até os galhos e as folhas mais distantes, distribuindo os nutrientes pelo seu corpo, assim como o coração faz com o sangue em nosso organismo. E, por fim, vejamos as folhas que formam a copa da árvore, seu papel é pegar do ambiente externo os nutrientes de que a árvore precisa para gerar energia para si mesma e alimentar os outros dois processos. A árvore faz parte de um ecossistema maior e precisa interagir com ele para renovar sua própria energia. E como gratidão por tudo o que recebe dessa interação, a árvore divide com o meio a energia e os frutos que produz.

— Veja, Netinho, com a gente não é diferente, somos como uma grande árvore, e alguns de nós pertencem ao centro da força, das ações e da sustentação, como as raízes. Outros pertencem ao centro do coração e são naturalmente participativos, bem relacionados e se dão bem com os outros, sendo prestativo como o caule faz. E outros estão mais atentos ao ambiente exterior, buscando compreendê-lo e interagir com ele como forma de vida. Você entendeu?

— Sim, vovô. Acho que o senhor está me dizendo que cada um de nós é importante do jeito que é e não tem nenhum melhor ou pior que o outro. Somos diferentes e fazemos parte da mesma árvore da vida, por isso precisamos um do outro para nossa árvore crescer e ser forte. Ah, e também aprendi que nosso valor não está no que cada um faz, e sim no fruto da árvore, que é o que a gente consegue fazer juntos na vida, é isso?

— Poxa, Netinho, eu não poderia explicar de forma mais perfeita, acho que isso é tudo que eu queria ensinar a você.

Quem dera cada um de nós tivesse aprendido essa lição. Infelizmente o que vemos em nossa cultura são famílias incentivando seus filhos a serem cada vez mais individualistas, a defenderem seu ponto de vista como verdade absoluta, escolas tentando encaixar o talento e a individualidade de cada criança em um padrão de carreira bem-sucedida, independentemente das aspirações, dos sonhos e dos desejos da criança, e o resultado disso é essa gigantesca atrofia nas emoções e nas relações humanas com as quais deparamos em casa, no trabalho, nos consultórios médicos e terapêuticos, nas sessões de *coaching*, nas zonas de guerra e na política. São pessoas que, em sua maioria, não desenvolveram uma visão integrativa da humanidade e, em vez disso, desenvolveram um olhar megalomaníaco de si mesmo, passando a acreditar que seus valores, suas opiniões e suas crenças são verdades absolutas e seguem cobrando de si e dos outros obediência cega a esses padrões.

Nascemos e trazemos conosco uma floresta de possibilidades, dons e talentos únicos que em potencial são todas as ferramentas de que precisamos em nossa aventura na Terra. Porém, Deus, as leis universais, o cosmos, a inteligência suprema ou simplesmente o processo biológico de desenvolvimento de nosso cérebro nos faz esquecer esse poder pessoal, e no vazio dessa consciência se instalam as memórias das experiências físicas, as quais nos estão sendo impostas desde a mais tenra infância.

Alguns estudiosos do desenvolvimento humano defendem que, por volta do primeiro ano de vida, a criança já não lembra mais seu propósito na Terra e que seu cérebro já está esquematizando uma estrutura de aprendizado fixo, chamado de crenças nucleares, sobre si mesma, os outros e o mundo. Se a pessoa nunca revisar esse esquema, ele se tornará uma prisão para ela. Desse conjunto de crenças nucleares partirá sua interpretação sobre os acontecimentos externos e construirá novas estruturas de pensamento sobre seu potencial e sobre quem é, mas percebam que estas já são derivadas das distorções nucleares, e não de sua essência ou poder original.

Dessas crenças intermediárias, abstraímos os pensamentos automáticos. Esses pensamentos sobre nós, sobre o outro e sobre o mundo são geralmente inconscientes e funcionam como um filtro ou uma lente que nos impede de ver a vida e os fatos de forma clara e imparcial. Filtramos por nossa lente distorcida tudo o que nos ocorre, e dessa interpretação "muitas vezes equivocada" resultam nossos comportamentos, reações e escolhas.

Então não somos culpados de nossas limitações? Até certo ponto não. O que acontece é que não podemos modificar o processo de desenvolvimento inicial, infeliz ou felizmente toda criança que nasce passará por essas etapas em seu desenvolvimento, principalmente porque esses acontecimentos se dão em uma fase em que o intelecto ainda não está desenvolvido, e a criança não pode entender com clareza e assertividade o mundo e a reação dos adultos, então as interpretações dolorosas são inevitáveis.

Por outro lado, viver toda a sua vida prisioneiro das interpretações de sua criança interior é insano e pouco assertivo. Talvez essa seja a mais correta aplicação do conceito de "livre-arbítrio", somos livres para arbitrar sobre nossa existência, nosso papel no mundo e o legado que queremos deixar para nossos descendentes. No entanto, enquanto não nos damos conta desses acontecimentos e fatos vivenciados no passado, seguimos pela vida alienados, buscando fora de nós a orientação e o poder que só existem em nossa essência, na parte esquecida para a maioria de nós.

Em meu trabalho como *coach* tenho visto inúmeras pessoas chegarem a um ponto da vida em que se sentem travadas, prisioneiras de medos de que não têm consciência e desejando alcançar uma meta e um sonho que é em grande parte para agradar a outros, e não a si mesma. Estão dissociadas de sua essência, de seu papel no mundo, e interpretando que toda a floresta universal é o que ela vê pela lente de uma única folha, que é quem ela realmente é. Somos só pequenas folhas de uma grande árvore, fazemos parte de um ecossistema, e o ecossistema é só mais um, compondo o que eu chamo aqui de floresta universal.

Em nosso processo de desenvolvimento, nos perdemos tanto de nós que passamos a acreditar mais no que os olhos veem do que no que o coração sente e, pior, a acreditar que o outro encontrou o caminho da felicidade e não sabemos por onde começar, assim, deixamos de perceber nossos verdadeiros sonhos. É como se, na ausência de nossa essência, passássemos a usar o outro como modelo de sucesso, de valor, de legado e de vida. E, por não conseguir atender a tamanhas expectativas, passamos a viver atormentados pelo imenso vazio que essa percepção gera.

Cada um de nós está aqui como parte valiosa e importante da natureza, cada um tem seu papel e sua missão. Veja que cada folha é importante para a fotossíntese e até aquelas que secam e morrem são reutilizadas no processo. Então busque processos de autoconhecimento profundo, encare seus medos, descubra qual é o seu esquema mental de funcionamento, desvende o que está por trás dos seus pensamentos automáticos, descubra suas crenças nucleares e, se elas não estiverem ajudando você, refaça-as. Esta é a boa notícia, todas essas limitações internas podem ser refeitas, desde que você tenha um propósito em mente e queira deixar uma marca na história de sua existência. Acredite, cada um que conseguir identificar e utilizar seus dons terá uma vida grandiosa.

Um processo que tenho experimentado com muita assertividade chama-se *coaching* integrativo à luz do Eneagrama. É um processo de desenvolvimento de múltiplas inteligências baseado em um conhecimento profundo dos esquemas mentais do *coachee*. Esse mapeamento é feito usando um mapa ancestral e moderno da nossa psique chamado Eneagrama. É um conhecimento que nos permite identificar nove estruturas macro, como nove ramificações na copa da árvore da humanidade, sendo cada ramificação uma estrutura de personalidade com todas as suas diversidades. Esse conhecimento profundo nos permite desvendar as dores ou as ilusões internalizadas por cada criança e as estratégias que ela desenvolveu para conviver com essa interpretação. A partir daí, o adulto consegue perceber com mais clareza quais caminhos vem percorrendo, padrões de acontecimentos que se repetem para manter suas crenças nucleares, e levamos luz a um processo que até então era inconsciente.

Essas verdades, quando reveladas, desmontam a máscara de quem pensávamos ser e nos dão oportunidade de descobrir quem somos por trás da máscara e, assim, encontrarmos todo o potencial de realização que temos. Este é o maior ganho do trabalho com o Eneagrama: encontrar caminhos de volta à essência, pois esse retorno é fundamental para nossa autorrealização.
